武揚軒健斎

即座活用 空手護身秘術

付録：魔力催眠術秘伝

八幡書店

武揚軒健齊著

即座活用

空手護身秘術

東京　青文堂書房

柔術簡易獨習器製作法圖解

（柔術修業秘法）

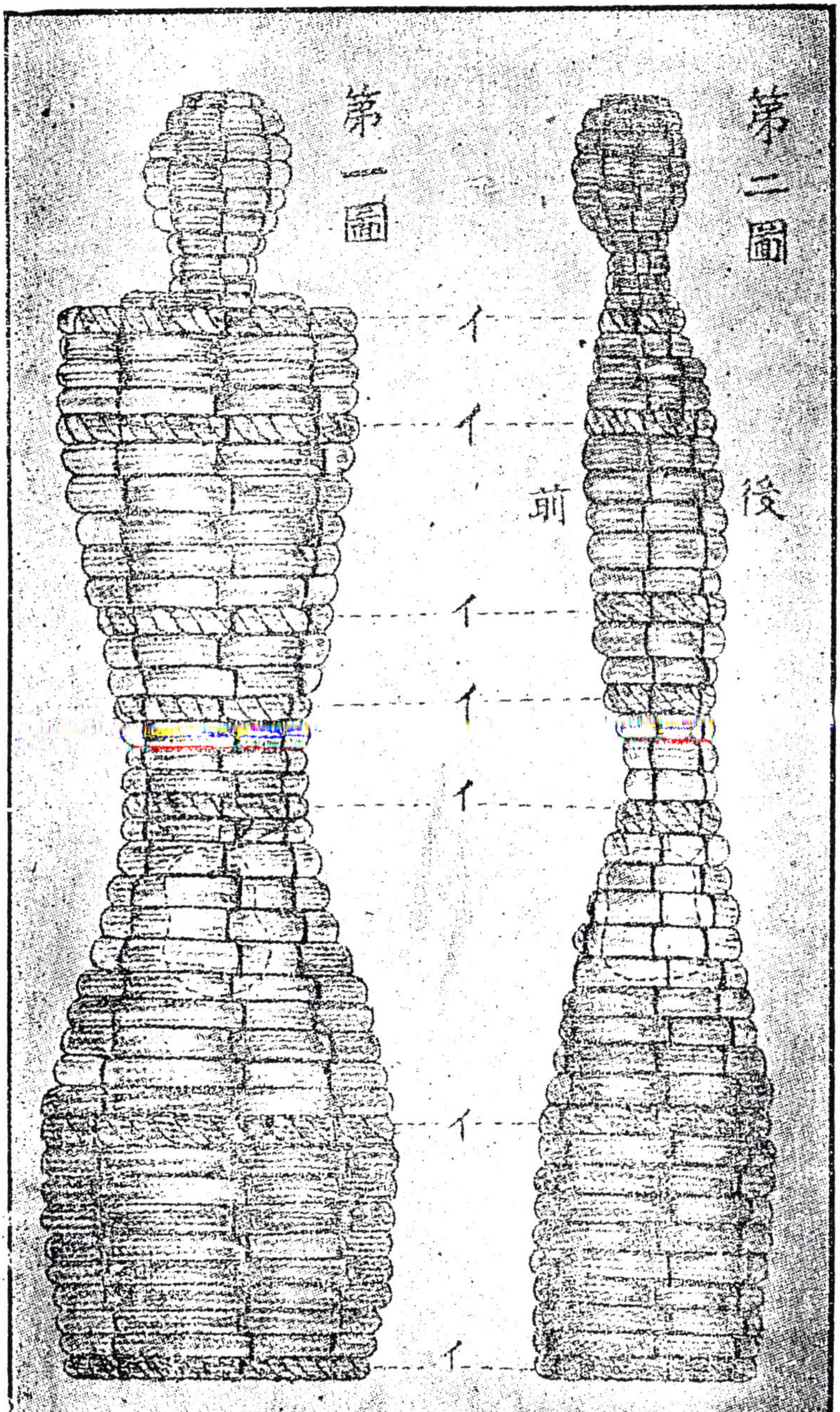

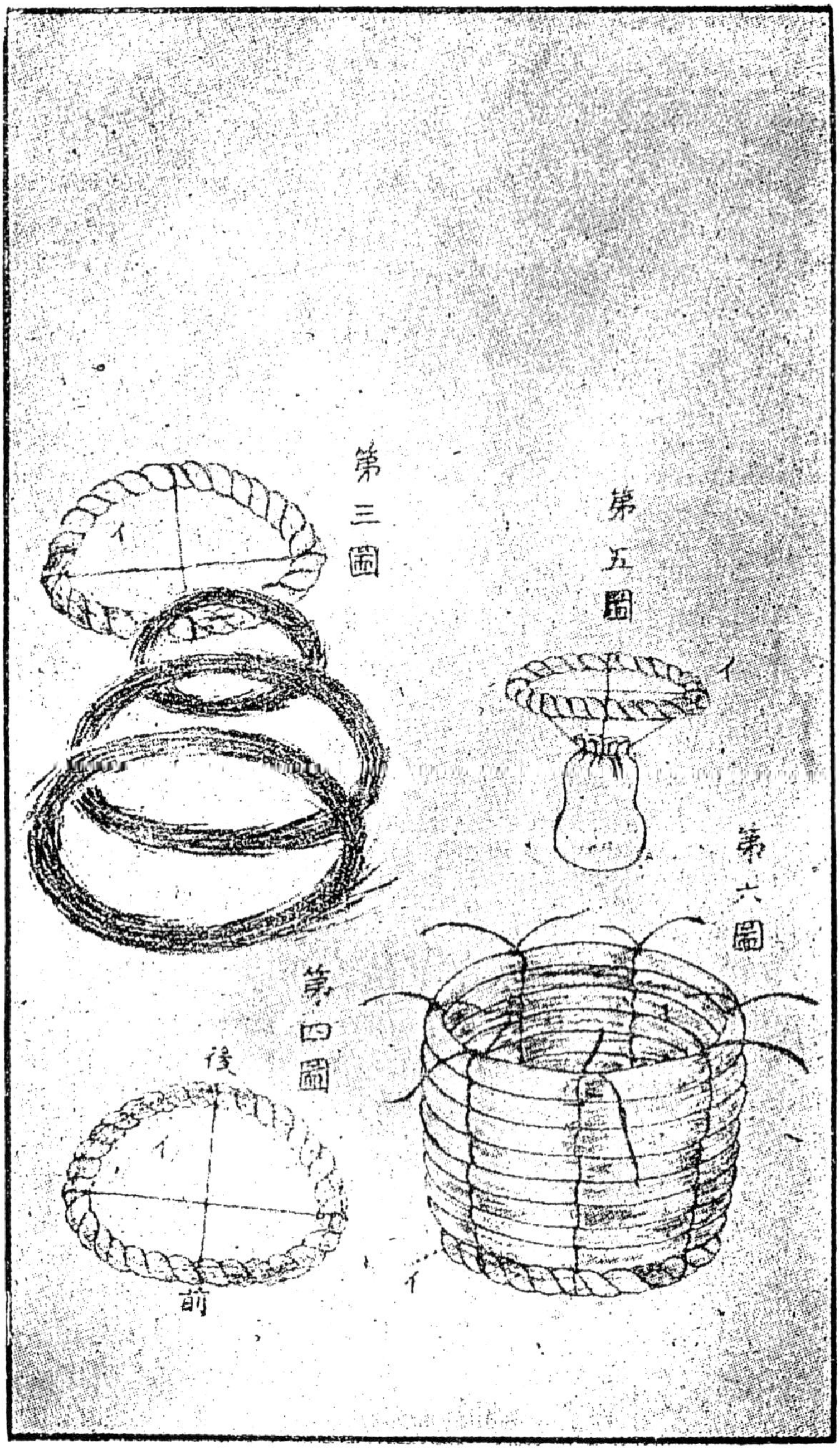

第三圖
イ
第五圖
イ
第六圖
イ
第四圖
後
イ
前

即死―即倒（當身）拳法急所圖解

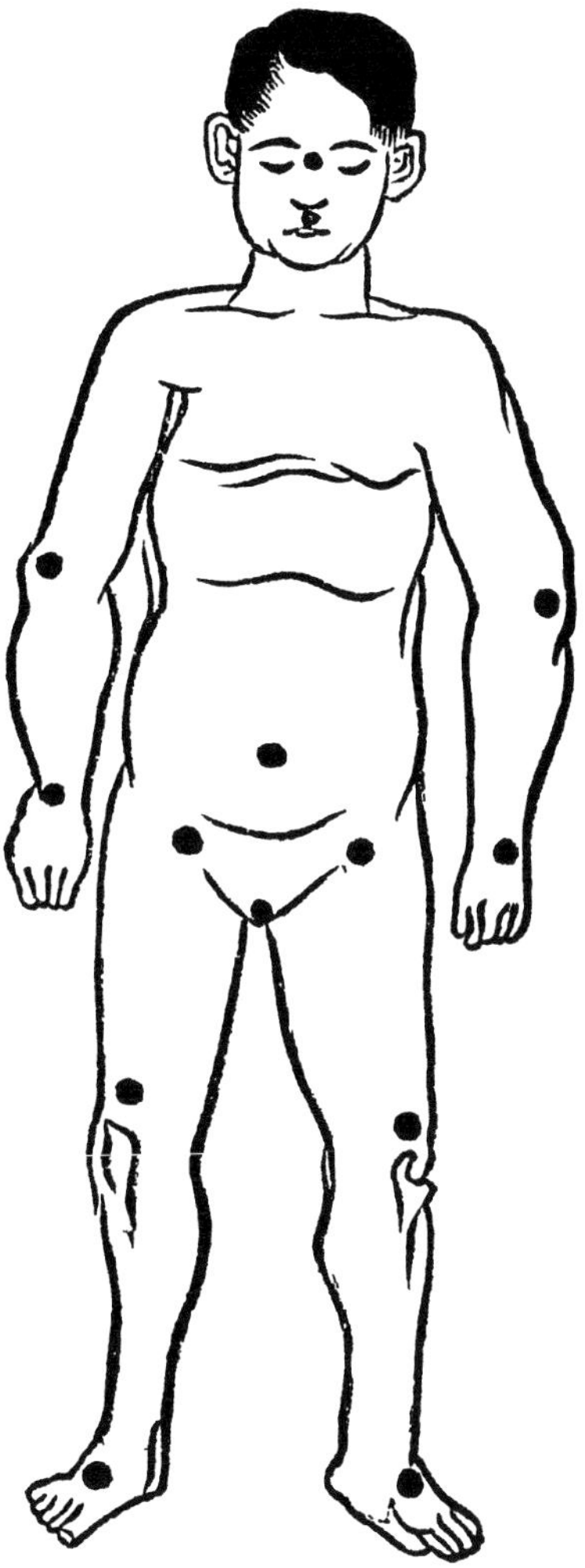

● 即死即倒（當身）
拳法急所

活法圖解

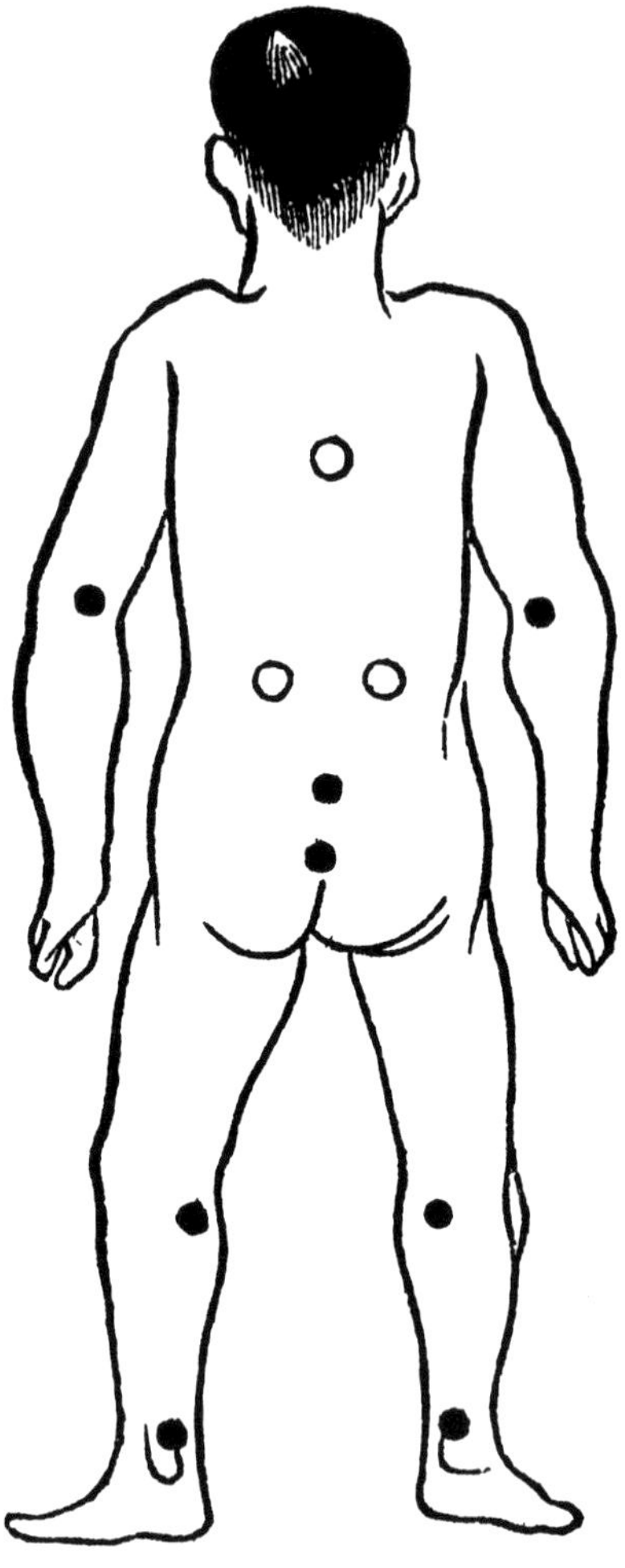

●即死即倒（當身）
拳法急所
○活法急所

即座活用 空手護身秘術

緒言

人文科學の進歩に伴ふ社會の秩序的組織は嚴肅にして毫も遺漏なきが如くなるも翻つてその實際を觀察すれば慘忍の兇行や驚怖すべき迫害暴行の枚擧に遑あらざる有樣である。されば世の男も女も誰れか自己の生命を擁護するの術を研究するの徒勞を叫ぶものあらんや。

護身の方術は必須にして從來のピストル、短刀、シコミ杖等の類は全く時代護身の要求として賞揚せられたるものである。然しこれ等の器具は往々その目的を誤り易く害大にして益少なくこれが爲めには却つて甚しき危險を招くに至るものである。然らば果して如何なる方法手段が最も理想的護身術であるかと云ふに古來より柔術、劍術等の活用せられつゝありと雖もその術は廣汎にして而かも熟練に非常なる困難と時日を要するのである、茲に著者が多年苦心の研讃によりて新たに發表せる空手護身術なるものはあらゆる武術の精粹を探究しその適用を自在ならしめ臨機應變あらゆる危險に際して活用すれば手に何物を所持せず、身に寸鐵を帶びずとも自身に暴害を與へるものを防ぎ敵を倒し賊を捕ることを得る極めて簡易＝安全＝危險なき男女護身術也、殊にその練習上達にも何等器物も費用も要せず實地は勿論小學、中學生徒等の武俠的遊戯法としても極て新らしき文明的勝利護身法である、讀者幸に熟讀玩味してその活用を的確ならしめ斯術の眞價を發揚せられん事を偏に希望する次第である。

大正六年三伏炎熱の候

向陵の寓舍　著者識

即座活用

空手護身秘術目次

◎強力の敵前面より我帯を固く持ちたる時の護身術
◎夫の不在中二人の賊侵入して強奪と獣慾を迫られた時の護身術
◎敵我が両腕を捕りて頭部を胸に當て押し來る時の護身術
◎掏摸あり突き當り我が時計財布類をスランとせし時の護身術
◎敵我が片膝を兩手で抱き引き行く時の護身術
◎不意に河中に突落されし時の護身術
◎夜中我れ仰臥の時賊我が腹上に跨り刀を我首に當て正に切らんとせし時の護身術
◎我れに二倍せる敵の後より抱き止めし時の護身法
◎人家稀れなる山中にて強敵に出遇ふた時の護身法
◎敵我が正面より刀を振りつゝ近く時の護身術
◎巡査に追ひつめられし賊が投刀を以て飛込み逃げ來りし時の護身法
◎敵我が眞後より不意に首に抱き付き倒さんとせし時の護身術

◎空手にて座せる時敵後方より一刀に切り下せし時の護身法
◎角力に勝つ柔術の極意
◎歩行中強敵後から手拭で喉を締めた時の護身法
◎敵あり急に後より兩脚を捕り倒さんとせし護身法
◎敵八人吾を道に擁し白刄の切先きを向け詰掛ける時の護身法
◎敵拳を振り上げて打ち來る時一喝にて立ち悚ませる法
◎敵に喉を締められし時長く耐へる術
◎自分より脊の高い敵に對する術
◎我れマントを着て居る時敵後方より抱き付いたならば如何にして勝を得るか
◎我より數倍力ある相手に相撲で勝つ法
◎敵兇器を以て我を切らんとする時に我が身を隠す術
◎敵我が寢所に忍び入り胴に跨り刀を我が頸に當てゝ威す時の護身術

◎敵不意に我が前より五六寸の小刀にて切り付けんとする護身術
◎敵我に催眠術、忍術をかけんとする時の破術法
◎敵我に催眠術、忍術をかけんとする時の破術法
◎敵眞向より拳固を振て打ち來る時の護身術
◎二人の敵我兩手を捕りて左右に引く時の護身術
◎一人の賊の爲め猿轡を傚められ手を後ろにくゝり上られたる時の護身法
◎突然發狂者に組み付かれたる時の護身術
◎暴れ馬を止める術、猛獸、狂犬に出合たる時の護身術
◎水中にて敵と出合ひし時の護身法
◎敵術を知らず無暗に及物或は棒等を縱横に振り廻して向ひ來る時の護身術
◎敵銃劍を以て我左胸を突かんとする時の護身術（但し敵は力量我に五倍もある大男です）
◎敵我に組み付き來るを蹴飛す術

◎不意に刀を振り上げて我を切らんとする護身術
◎敵槍の如きものにて突き來る時の護身法
◎就眠中何時敵に襲はれても眼を覺す法
◎敵拔刀にて我に切り付くる時手刀にて受ける秘術
◎敵我後より追ひかけ來る時の護身術
◎敵鐵砲を以て十數間の距離にて我を覗ひ打たんとする時の護身術
◎强力の敵に我が右足を捕り上げられた時の護身術
◎婦人が夜道に强力の男の戯れかゝられた時の護身術
◎强盜侵入して金庫への案内を迫りたる時の護身法
◎敵外套を着、我れ和服なる時、敵は吾を摑むに便なるも我は敵を摑むに不便なりその時の護身法
◎雨天の外我れ足駄を穿き片手に傘、片手に硝子を携へて歩行中强敵に襲はれし時の

○人遁の術
○禽遁の術
○獣遁の術
○魚遁の術
○虫遁の術
○日遁の術
○月遁の術
○星遁の術
○雲遁の術
○霧遁の術
○雷遁の術
○電遁の術

目次終

空手護身術 實地即座活用法問答

（活用適應諸術は後章に詳説せり）

問　仰臥《ぎやうぐわ》せる時《とき》敵《てき》兩名《りやうめい》左右《さいう》より我兩手節《わがりやうてぶし》をしかと押《おさ》へ膝《ひざ》を横腹《よこはら》にあて時々脇腹《ときどきわきはら》を以《もつ》て我胸《わがむね》を押《おさ》へ今《いま》一人《にん》は我腹上《わがふくじやう》に馬乘《うまのり》となりて咽喉《のど》を締《し》めんとする時《とき》の護身法《ごしんぽふ》、

答　不意《ふい》に足《あし》にて一人《にん》の敵《てき》を蹴放《けはな》して一人《にん》の敵《てき》には拳法《けんぱふ》を施《ほどこ》せばよいのである。

問　一人《にん》の敵後《てきうしろ》より左手《さしゆ》にて我《わ》が後襟《うしろえり》を捕《と》り一人《にん》は前方《ぜんぱう》より刀《かたな》を以《もつ》て我《わ》が左胴《さどう》を切《き》らんとする時《とき》の護身法《ごしんぱふ》

答　右手《うしゆ》にて我《わ》が兩前襟《りやうまへえり》を堅《かた》く摑《つか》み右方《うはう》より體《たい》を轉換《てんくわん》して敵《てき》に面《めん》しながら我首《わがくび》を敵《てき》の左腕《さわん》の下《した》より外方《ぐわいはう》に出《いだ》す時《とき》は敵《てき》の手《て》は逆《ぎやく》に締《し》まるから此機《このき》を逸《いつ》せず左拳《さけん》にて胸部《きようぶ》へ拳法《けんぱふ》を施《ほどこ》すか又《また》は隱囊《いんなう》（睾丸《かうくわん》）を蹴《け》るがよし。

若《も》し前《まへ》の如《ごと》く回體《くわいたい》した時《とき》一人《にん》の敵《てき》切《き》り下《おろ》さば左足《さそく》を一歩《ぽ》進《すゝ》ませつゝ左手《さしゆ》にて其切《そのきり》下《おろ》す肱下《ひぢした》を捕《とら》へ押《お》し上《あ》げつゝ敵《てき》の左足《さそく》を我左足《わがさそく》にて後外方《うしろそと》に刈《か》り倒《たを》して刀《かたな》を奪《うば》ふのである、此場合《このばあひ》左手《さしゆ》にて肱《ひぢ》を拂《はら》つたならば右手《うしゆ》を離《はな》して適當《てきたう》の所《ところ》を捕《と》るも良《よ》く又拳法《またけんぽふ》を施《ほどこ》すも良《よろ》いのである。

問 二人《にん》の盗賊《とうぞく》忍《しの》び入《い》りて一人《にん》は我《わ》が枕頭《ちんとう》に刀《かたな》をつき立《た》て一人《にん》は夜具《やぐ》の上《うへ》からゆり起《おこ》し目醒《めさ》めたる時《とき》の護身法《ごしんはふ》、

答 第一《だい》に精神《せいしん》を沈着《ちんちやく》にしてあわて騒《さわ》がずにそしらぬ振《ふ》りで起坐《きざ》して賊《ぞく》の言《い》ふがまゝに低頭平身《ていとうへいしん》し先《ま》づ刀《かたな》を持《も》てる賊《ぞく》の油斷《ゆだん》を見計《みはから》ひ拳法《けんぽふ》によりて即倒《そくたう》せしめ次《つぎ》に他《た》の一人《にん》を頸締《くびしめ》にして後《の》ち早縄術《さうじやうじゆつ》で兵子帯《へこおび》の類《るゐ》で捕縛《ほばく》するがよい。

問 敵《てき》四人《にん》にて一人後《にんうしろ》より二人左右《にんさいう》より迫《せま》り一人前方《にんまへ》より鎗《やり》にて胸部《きやうぶ》を突《つ》かんとせし時《とき》の護身法《ごしんはふ》、

答 此場合《このばあひ》には前敵《ぜんてき》は少《すこ》しも恐《おそ》るゝに足《た》りないのです何《なん》となればそのまゝ突《つ》けば我《われ》を

抱《いだ》きし者《もの》も共《とも》に傷《きず》ける恐《おそれ》あり、又我《またわれ》少《すこ》しく動《うご》く時《とき》に突《つ》き出《だ》せば左右《さいう》の者《もの》を傷《きず》つくる恐《おそれ》があるからである、故《ゆゑ》に我《われ》は前敵《ぜんてき》を眼中《がんちう》に措《を》かずして百人捕《にんどり》の術《じゆつ》を應用《おうよう》して先《ま》づ三人《にん》を倒《たを》し後鎗《のちやり》を持《も》てるものに對《たい》してはその素早《すはや》く手許《てもと》に繰込《くりこ》みて拳法《けんぽふ》を施《ほどこ》せばよいのです。

問　強力《きやうりき》の敵前面《てきぜんめん》より我帶《わがおび》を固《かた》く持《も》ちたる時《とき》の護身術《ごしんじゆつ》、

答　拳法即ち《けんはふすなは》即死《すくし》即倒術《そくたうじゆつ》を行《おこな》ひて脱《のが》れることが出來《でき》る。

問　夫《をつと》の不在中《ふざいちう》二人《にん》の賊侵入《ぞくしんにふ》して強奪《がうだつ》と獸慾《じうよく》を迫《せま》られた時《とき》の護身術《ごしんはふ》、

答　あわてず騒《さわ》がず虚心平氣《きよしんへいき》たるべし、素《もと》より護身術《ごしんじゆつ》に心得《こころえ》あれば先《ま》づ強力《きやうりき》なる賊《ぞく》に近《ちか》よりて當身《あてみ》を以《もつ》て即倒《そくたう》せしめ素早《すはや》く一人《にん》の賊《ぞく》の飛《と》びかゝる暇《いとま》なき程度《ていど》に足《あし》を以《もつ》てその睾丸《かうぐわん》を蹴飛《けとば》すべし。

答　敵我《てきわ》が兩腕《りやうて》を捕《と》りて頭部《とうぶ》を胸《むね》に當《あ》て押《お》し來《く》る時《とき》の護身術《ごしんじゆつ》、

答　膝車《ひざぐるま》の技《わざ》を用《もち》ゆれば投《な》げ倒《たを》せます。

問　掏摸《すり》あり突《つ》き當《あた》り我《わ》が時計財布類《とけいさいふるゐ》をスランとせし時《とき》の護身術《ごしんじゆつ》、

答　時計類《とけいるゐ》に手《て》をかけなばその手《て》を把《とら》へて逆手捕《ぎやくてどり》によりて強《つよ》く懲《こら》し將來《しやうらい》を戒《いまし》め追《お》ひやるか又《また》は巡査《じゆんさ》に引渡《ひきわた》すがよい。

問　敵我《てきわ》が片膝《かたひざ》を兩手《りやうて》で抱《いだ》き引行《ひきゆ》く時《とき》の護身術《ごしんじゆつ》、

答　抱《かゝ》へし敵《てき》の手《て》を逆手捕《ぎやくてどり》にて捻倒《ねぢたふ》し頸絞《くびしめ》にてひねり倒《たふ》すのがよい。

問　不意《ふい》に河中《かちう》に突落《つきおと》されし時《とき》の護身術《ごしんじゆつ》、

答　水練《すゐれん》の心得《こゝろえ》あるものなれば決《けつ》して差支《さしつかへ》なきも左程心得《さほどこゝろえ》なきものは大抵《たいてい》あわてゝ急《きう》に岸《きし》に近《ちか》よらんとするものなれども兎《さ》に角沈着《かくちんちやく》に俗《ぞく》に立泳《たちおよぎ》をなせば心得《こゝろえ》なき者《もの》も暫時《ざんじ》泳《およ》げるものなればその間《あひだ》に救《すくひ》を請《こ》ふなり又《また》は水勢《すゐせい》に逆《さか》はずに少《すこ》しく下流《かりう》に流《なが》され「クイ」のある場所《ばしよ》又《また》は淺瀬《あさせ》に至《いた》るを待《ま》つべし。

問　夜中《やちう》我《わ》れ仰臥《ぎやうぐわ》の時賊我《ときぞくわ》が腹上《ふくじやう》に跨《また》がり刀《かたな》を我首《わがくび》に當《あ》て正《まさ》に切《き》らんとせし時《とき》の護身術《ごしんじゆつ》

答　この場合《ばあひ》には既《すで》に敵《てき》に死命《しめい》を制《せい》せられんものであるから氣合術《きあひじゆつ》を活用《くわつよう》して敵《てき》を恐《きよう》

怖《よ》せしむるより外《ほか》はないのです。さもなければ負傷《ふしやう》を恐《おそ》れずに身命《いのち》を抛《なげう》つ覺悟《かくご》で迅速《じゆんそく》にその身を進返《しんたい》するか或《あるひ》は足《そく》部《よ》より其《その》まゝ首《くび》の方《はう》へ急《きつ》に回轉《くわいてん》するかして運《うん》を天《てん》に任《まか》す外《ほか》はないのです。

問　我《わ》れに二倍《ばい》せる敵《てき》の後《うしろ》より抱《だ》き止《と》めし時《とき》の護身法《こしんはふ》、

此《こ》の場合《にあひ》には踵《かゝと》にて後方《こうはう》へ睾丸《かうぐわん》を蹴上《けあ》げるか、又《また》は後頭《こうとう》にて敵《てき》の面《つら》を當《あ》てるのよろしい。

問　人家《じんか》稀《まれ》なる山中《さんちう》にて強敵に出逢《であ》ふた時《とき》の護身法《ごしんはふ》、

答　拳法《けんはふ》によりて即倒《そくたう》せしめ捕縄術《ほじやうじゆつ》を施《ほどこ》し後活法《のちくわつはふ》にて生《い》かし將來《しやうらい》を戒《いまし》め道案内《みちあんない》でもさせれば便利《べんり》である。

問　敵我《てきわ》が正面《しやうめん》より刀《かたな》を振《ふ》りつゝ近《ちかづ》く時《とき》の護身術《こしんじゆつ》、

答　忍術《にんじゆつ》の虚實變換法《きよじつへんくわんはふ》によりて敵《てき》の虚《きよ》を狙《ねら》ふて拳法《けんはふ》を施《ほどこ》すのである。

問　巡査《じゆんさ》に追《お》ひつめられし賊《ぞく》が拔刀《ぬきみ》を以《もつ》て飛込《とびこ》み逃《に》げ來《きた》りし時《とき》の護身法《ごしんはふ》、

答　この場合《ばあひ》には忍術《にんじゆつ》の虚實法《きよじゆつはふ》を用《もち》ひ先《ま》づ賊《ぞく》を安心《あんしん》させる爲《た》め隱蔽《いんぺい》してやるからこの方《はう》へ隱《かく》れよと同情《どうじやう》し置《お》き然《しか》る後《のち》に賊《ぞく》の油斷《ゆだん》につけ込《こ》み白刄捕《しらはどり》の術《じゆつ》にて白刄《しらは》を奪取《うばひと》り當身《あてみ》にて即倒捕縛《そくたうほばく》して巡査《じゆんさ》に引渡《ひきわた》す。

但《たゞ》し突然《とつぜん》横合《よこあひ》から飛《と》びかゝると危險《きけん》があります。

問　敵《てき》我《わ》が眞後《まうしろ》より不意《ふい》に首《くび》に抱《だ》き付《つ》き倒《たを》さんとせし時《とき》の護身術《ごしんじゆつ》、

答　肱《ひぢ》にて拳法《けんぱふ》を行《おこな》ふか又《また》は倒《たを》され乍《なが》ら抱《かゝ》へたる敵《てき》の腕《うで》を逆《ぎや》に捕《と》り捻《ねぢ》るのである。

問　空手《くうしゆ》にて座《ざ》せる時敵後方《ときてきこうはう》より一刀《たう》に切《き》り下《お》ろせし時《とき》の護身法《ごしんはふ》、

答　振《ふ》り向《む》きつゝ一歩《ほ》進《すゝ》みて刀下《たうか》より敵《てき》に接近《せつきん》し返切《へんせつ》の直ヽ《ちよくに》　術《じゆつ》を應用《おうよう》するか一歩《ぽ》其《その》まゝ前《まへ》へ出《で》れば打《う》ち下《お》ろしたる刀《かたな》に空撃《くうげき》させる事《こと》が出來《でき》る故其機《ゆゑそのき》に乘《じよう》じて敵《てき》に接近《せつきん》して臨機適當《りんきてきたう》の技《わざ》を施《ほどこ》すのである。

問　角力《すまふ》に勝《か》つ柔術《じうじゆつ》の極意《ごくい》、

巴投《ともゑなげ》、横掛《よこかけ》、浮落《うきおとし》等《とう》の如《ごと》く自分《じぶん》の體《からだ》を先《さき》に付《つ》けて施《ほどこ》す投技《なげわざ》を除《のぞ》けば凡《すべ》ての投技《なげわざ》有《いう》功《かう》であります。

問　歩行中《ほかうちう》強敵《きやうてき》後《うしろ》から手拭《てぬぐひ》で喉《のど》を締《し》めた時《とき》の護身法《ごしんはふ》、

答　此《こ》の場合《はあひ》には首《くび》を左右《さいう》何《いづ》れかへ捻《ひね》りながら其顋《そのあご》の下《した》へ指《ゆび》を一本《ほん》でも二本《ほん》でも入《い》れゝば決《けつ》して絶息《ぜつそく》する事《こと》はないからかくして體《たい》を急速《きうそく》に下《さ》げ片手《かたて》にて敵《てき》の肩邊《かたあたり》を捕《とら》へて我肩上《わがかたうへ》より投《な》げ飛《と》ばすか又《また》は拳法《けんはふ》を行《おこな》ふのであります。

問　敵《てき》あり急《きう》に後《うしろ》より兩脚《りやうきやく》を捕《と》り倒《たを》さんとせし護身法《ごしんはふ》、

答　振《ふ》り向《む》きざま敵《てき》の何所《どこ》でも引《ひ》き掴《つか》み一所《しよ》に倒《たを》れて締技《しめわざ》或《あるひ》は拳法《けんはふ》を以《もつ》てするのである。要《えう》するに倒《たを》されても恐《おそ》るゝに足《た》らぬ場合《はあひ》であるから其《その》まゝ倒《たを》されて敵《てき》の兩手《りやうて》を振《ふ》り離《はな》して立上《たちあが》るも近《ちか》づくを待《ま》ちて適當《てきたう》の技《わざ》を行《おこな》へばよいのである。

問　敵《てき》八人吾《にんわれ》を道《みち》に擁《えう》し白刄《はくじん》の切先《きつさき》を向《む》け詰掛《つめか》ける時《とき》の護身法《ごしんはふ》、

答　此《こ》の場合《はあひ》には忍術《にんじゆつ》の虚實《きよじつ》變換法《へんくわんはふ》を用《もち》ひて敵《てき》を欺《あざむ》いて逃《の》がるゝか又《また》は生死《しせい》を賭《と》し

てその中《なか》の一二人《にん》に素早《すはや》く飛付《とびつ》き拳法《けんはふ》即《すなは》ち即死《そくし》即倒術《そくたうじゆつ》を施《ほどこ》せば容易《ようい》に脱《だつ》することが出來《でき》る。

問　敵拳《てきこぶし》を振《ふ》り上《あ》げて打《う》ち來《きた》る時《とき》一喝《かつ》にて立《た》ち悚《すく》ませる法《はふ》、

答　此《こ》の場合《ばあひ》は氣合術《きあひじゆつ》によりて敵《てき》の膽《たん》を奪《うば》ふの手段《しゆだん》を取《と》ればよいのである、即《すなは》ち氣合《きあひ》術《じゆつ》の一喝法《かつはふ》を活用《くわつよう》すればよいのである。

答　敵《てき》に喉《のど》を締《し》められし時長《ときなが》く耐《こら》へる術《じゆつ》、

答　息《いき》を充分《じうぶん》に吸入《すひい》れて居《を》れば比較的長《ひかくてきなが》く耐《こら》へられるものです、然《しか》しこの時《とき》には常《つね》に深呼吸法《しんこきふはふ》を練習《れんしふ》して居《を》らねば一寸困難《ちよつとこんなん》である。

問　自分《じぶん》より脊《せ》の高《たか》い敵《てき》に對《たい》する術《じゆつ》、

答　柔術《じうじゆつ》にては捨身技《すてみわざ》を施《ほどこ》すが一番《ばん》よいのである。

問　我《わ》れマントを着《き》て居《ゐ》る時敵後方《ときてきこうはう》より抱《いだ》き付《つ》いたならば如何《いか》にして勝《かち》を得《う》る

答　我《わ》が後頭部《こうとうぶ》を以《もつ》て敵《てき》の面部《めんぶ》を強《つよ》く當《あ》てゝ倒《たを》すがよい。

問　我《われ》より數倍力《すうばいちから》ある相手《あひて》に相模《すまふ》で勝《か》つ法《はふ》。

答　捨身技《すてみわざ》か又《また》は逆手捕《ぎやくてどり》を用《もち》ゆればよろしい。

問　敵兇器《てききやうき》を以《もつ》て我《われ》を切《き》らんとする時《とき》に我《わ》が身《み》を隱《かく》す術《じゆつ》。

答　忍術《にんじゆつ》の虚實變換法《きよじつへんくわんはふ》によりてその身《み》を隱《かく》し逃《に》げるか又《また》は敵《てき》の意外《いぐわい》に出《い》で、拳法等《けんはふとう》の技《わざ》を行《おこな》ふべきである。

問　敵我《てきわ》が寢所《しよじよ》に忍《しの》び入《い》り胴《どう》に跨《またが》り刀《かたな》を我《わ》が頸《くび》に當《あ》て、威《おど》す時《とき》の護身術《ごしんじゆつ》。

答　片手《かたて》にて刀柄《たうつか》から敵《てき》の手《て》を捕《とら》へ片手《かたて》にて當身《あてみ》（拳法《けんはふ》）を施《ほどこ》す事《こと》も出來《でき》れば兩手《りやうて》にて逆手捕《ぎやくてどり》にする事《こと》も出來《でき》ます。

逆手捕《ぎやくてどり》にする事《こと》も出來《でき》ます。

問　敵不意《てきふい》に我《わ》が前《まへ》より五六寸《すん》の小刀《せうたう》にて切《き》り付《つ》けんとする護身術《ごしんじゆつ》、

答　切《き》らんとする肘上《ひぢうへ》を押《お》へて腕《うで》を逆《ぎやく》に捕《とら》へて腕《うで》を逆《ぎやく》に捕《とら》へる事《こと》が出來《でき》ますそしてそれに當身《あてみ》を（即《すなは》ち拳法《けんはふ》）を施《ほどこ》せばよい。

問　敵我《てきわれ》に催眠術《さいみんじゆつ》、忍術《にんじゆつ》をかけんとする時《とき》の破術法《はじゆつはふ》、

答　敵《てき》の精神《せいしん》に壓倒《あつたう》されぬやうに氣《き》に油斷《ゆだん》せずに意志《いし》を堅固《けんご》にすれば決《けつ》してかゝるものではないのです、忍術《にんじゆつ》にしても豫《あらかじ》め忍術《にんじゆつ》そのものゝ本體《ほんたい》を知《し》り置《お》けば其《そ》の術《じゆつ》を破《やぶ》ることも容易《たやす》く出來《でき》るものです。

問　敵眞向《てきまつかう》より拳固《けんこ》を振《ふつ》て打《う》ち來《きた》る時《とき》の護身術《ごしんじゆつ》、

答　この塲合《はあひ》には片腕《かたうで》を額上《がくじやう》に翳《かざ》して受《う》け止《と》め體《たい》を敵《てき》の直下《ちよくか》に廻《まは》り込《こ》み腕《うで》を擔《かつ》いで脊《せ》負投《おひなげ》にするか、前同樣《ぜんどうやう》に受《う》け止《と》めて手首《てくび》を握《にぎ》り大外刈《おほそとかけ》を掛《かけ》る等《とう》をなす。危急《ききう》の塲合《はあひ》は片手《かたて》にて受《う》けるや否《いや》や片手《かたて》或《あるひ》は足《あし》にて當身《あてみ》を行《おこな》ふべし。

問　二人《にん》の敵我兩手《てきわがりやうて》を捕《よ》りて左右《さいう》に引《ひ》く時《とき》の護身術《ごしんじゆつ》、

答　我兩手《わがりやうて》を握拳《あくけん》となしながら急《きう》に臀部《でんぶ》を地《ち》に付《つ》ける樣《やう》になし、右手《みぎて》を引《ひ》き脱《はつ》くか、又《また》は急《きう》に仰向《あをむき》に倒《たを》れながら敵《てき》の腕《うで》を蹴《け》つて放《はな》さしむるもよいのです。

問　一人《にん》の賊《ぞく》の爲《た》め猿轡《さるぐつわ》を篏《は》められ手《て》を後《うし》ろにくゝり上《あげ》られたる時《とき》の護身法《ごしんじゆつ》、

答　足《あし》を以《もつ》て賊《ぞく》の睾丸《かうぐわん》を蹴飛《けとば》せば即倒《そくたう》するものなればそれより家人《かじん》なり近隣《きんりん》の人《ひと》を足《あし》

や體《からだ》を以《もつ》て戸障子《としやうじ》を蹶《け》り叩《たゝ》きて急《きふ》を知《し》らすがよい。

問　突然發狂者《とつぜんはつきやうしや》に組《く》み付《つ》かれたる時《とき》の護身術《ごしんじゆつ》、

答　狂人《きやうじん》は非常《ひじやう》に力強《ちからつよ》く且《か》つ苦痛《くつう》の感覺《かんかく》なき故《ゆゑ》なか〳〵屈服《くつぷく》するには困難《こんなん》のものであるが、この場《ば》合《あひ》最《もつと》も適當《しきたう》なるは喉締《のどしめ》である、喉締《のどしめ》は直《すぐ》に絶息《ぜつそく》するを以《もつ》て彼我《ひが》の負傷《ふしやう》の虞《おそ》れがない。

若《も》し兇器等《きやうきとう》を持《も》つて向《むか》ひ來《きた》る場合《ばあひ》は拳法即《けんぱふすなは》ち當身《あてみ》がよい。

問　暴《あ》れ馬《うま》を止《と》める術《じゆつ》、猛獸《まうじう》、狂犬《きやうけん》に出合《であひ》たる時《とき》の護身術《ごしんじゆつ》、

答　この場合《ばあひ》には精神《せいしん》を集力《しふりよく》して暴《あ》れ馬《うま》の眼《め》を睨《にら》みつける即《すなは》ち氣合術《きあひじゆつ》を行《おこな》ふのである馬糞又《ばふんまた》は灰《はひ》、砂等《すなとう》をその面部《めんぶ》に投《な》げ付《つ》くるもよろしい。

問　水中《すゐちう》にて敵《てき》と出合《であ》ひし時《とき》の護身法《ごしんはふ》、

答　水中試合法《すゐちうしあひはふ》によるのをよろしとする。

問　敵術《てきじゆつ》を知《し》らず無暗《むやみ》に刃物或《はものあるひ》は棒等《ぼうとう》を縦横《じうわう》に振《ふ》り廻《まは》して向《むか》ひ來《きた》る時《とき》の護身術《ごしんじゆつ》、

答　かゝる塲合《ばあひ》には身《み》を轉《てん》じて手元《てもと》に飛《と》び込　か敵《てき》の勞《つか》れに乘《じやう》じて當身即《あてみすなは》ち拳法《けんぽふ》を施《ほどこ》すのである。

問　敵銃劍《てきじうけん》を以《もつ》て我左胸《わがさきやう》を突《つ》かんさする時《とき》の護身術《ごしんじゆつ》、（但《たゞ》し敵《てき》は力量《りきりやう》我《われ》に五倍《はい》もある大男《おほをとこ》です）

答　左胸《さきやう》を突《つ》かんとするのですから右足《うそく》を一歩前《ほまへ》に進《すゝ》めるか或《あるひ》は左足《さそく》を一歩退《ほしりぞ》けば突《つ》きを避《さ》ける事《こと》が出來《でき》るから手元《てもと》に付《つ》け入《い》つて臨機《りんき》の技《わざ》（當身《あてみ》がよい）を施《ほどこ》すのですが五倍《はい》の力量《りきりやう》の優《まさ》りし敵《てき》なら投技《なげわざ》は餘程熟練《よほどじゆくれん》しなくてはかゝりません。

問　敵我《てきわれ》に組《く》み付《つ》き來《きた》るを蹴飛《けとば》す術《じゆつ》、

答　この塲合《ばあひ》には何所《どこ》へでも當身《あてみ》をすれば敵《てき》はよろめき倒《たを》れるものであるが强敵《きやうてき》なればし睾丸《かうぐわん》を蹴飛《けとば》すが最《もつと》もよろしいのである。

問　不意《ふい》に刀《かたな》を振《ふ》り上《め》げて我《われ》を切《き》らんとする護身術《ごしんじゆつ》、

答　急《きふ》に體《たい》を轉《てん》して手許《てもと》に繰込《くりこ》み當身《あてみ》の術《じゆつ》を行《おこな》ふか又《また》は足《あし》にて睾丸《かうぐわん》を蹴飛《けとば》すがよい。

問　敵槍《てきやり》の如《ごと》きものにて突《つ》き來《きた》る時《とき》の護身法《ごしんはふ》、

答　この時《とき》は體《たい》を轉《ろ》ばして得物《えもの》を握《にぎ》り左《ひだり》か右《みぎ》の方《はう》かに押《お》し付《つ》けるか又《また》は奪ひ捕《さ》ればよろしい。

問　就眠中何時《しうみんちういつ》敵《てき》に襲《おそ》はれても眼《め》を覺《さ》ます法《はふ》、

答　昔《むかし》より武術《ぶじゆつ》の達人《たつじん》などは心眼《しんがん》と云《い》ふて就眠中何時敵《しうみんちうなんどきてき》が襲《おそ》ふてもスグ目醒《めさま》すと云《い》ふ事《こと》であるがこれは精神修養《せいしんしうやう》の結果《けつくわ》に外《ほか》ならない、この心掛《こゝろがけ》を以《もつ》て練習《れんしふ》すれば何人《なんぴと》にも出來《でき》る樣《やう》になるものである。

問　敵拔刀《てきばつたう》にて我《われ》に切《き》り付《つ》くる時手刀《ときしゆたう》にて受《う》ける秘術《ひじゆつ》、

答　手刀《しゆたう》を以《もつ》て受止《うけと》むるとは刀《かたな》の刄《は》を受《う》けるにあらず刀《かたな》の斜《なゝめ》を打《う》ち拂《はら》ふか握柄《にぎりえ》を受《う》け止《と》むるのであります。

問　敵我後《てきわがうしろ》より追《お》ひかけ來《きた》る時《とき》の護身術《ごしんじゆつ》、

答　敵《てき》の我《われ》に近《ちか》いたら振《ふ》り向《む》いて急《きう》に巴投《ともえなげ》(柔術《じうじゆつ》の投《なげ》)にて投《な》げるがよい然《しか》し危急《ききう》の場《ば》

合《あひ》は當身《あてみ》が最《もつと》も有効《いうかう》である。

問　敵鐵砲《てきてつほう》を以《もつ》て十數間《すうけん》の距離《きより》にて我《われ》を覗《ねら》ひ打《う》たんとする時《とき》の護身術《ごしんじゆつ》、

答　凡《すべ》て兇器《きやうき》を持《も》ちし敵《てき》に對《たい》しては身命《しんめい》を惜《をし》まずして猛烈《まうれつ》の氣合《きあひ》を示《しめ》し一寸《すん》の隙《すき》を見《み》出《だ》すや否《いな》や石火《せきくわ》の如《ごと》く手元《てもと》に付《つ》け入《い》るべきものであるが、十數間《すうけん》の距離《きより》では中々《なか／＼》一足飛《そくと》びに手元《てもと》に付《つ》け入《い》る事《こと》が出來《でき》るものでないから之《これ》に近《ちか》づくには千鳥形《ちどりがた》に走《はし》り迫《せま》るか地形《ちけい》の隱《かく》るべき場所《ばしよ》を見付《みつ》けたなら直《たゞ》ちに之《これ》に身《み》を隱《かく》すべきである。

問　强力《がうりき》の敵《てき》に我《わ》が右足《うそく》を捕《と》り上《あ》げられた時《とき》の護身術《ごしんじゆつ》、

答　その捕《と》られたる足《あし》を早《はや》く敵《てき》の股間《こかん》に差入《さしい》れるか又《また》は巴投等《ともへなげとう》の柔術《じうじゆつ》を施《ほどこ》すがよい。

問　婦人《ふじん》が夜道《よみち》に强力《きやうりき》の男《をとこ》の戯《たはむ》れかゝられた時《とき》の護身術《ごしんじゆつ》、

答　こんな怪《け》しからぬ奴《やつ》があつたら近《ちか》より來《きた》らば大抵《たいてい》は女《をんな》と侮《あなど》り敵《てき》は油斷《ゆだん》し居《ゐ》るものなれば拳法《けんぽふ》を施《ほどこ》して即倒《そくたう》せしむればよいのです。

問　强盗侵入《がうたうしんにふ》して倉庫《さうこ》への案内《あんない》を迫《せま》りたる時《とき》の護身法《ごしんはふ》

答　初《はし》めから反抗《はんかう》の意《い》を表《へう》するは賊《ぞく》をして警戒《けいかい》せしむることになるから可成外面《なるべくぐわいめん》に恐《きよう》怖《ふ》の様子《やうす》を見《み》せてその實《じつ》はシッカリ度胸《どきやう》を据《す》へて唯々諾々《ゐゝだくだく》その意《い》に従《したが》ふ如《ごと》くして賊《ぞく》の先《さ》きに歩《ほ》を進《すゝ》めその油斷《ゆだん》を見計《みはか》ふて拳法《けんはふ》を施《ほどこ》して即倒《そくたう》せしめ早繩《はやなは》を施《ほどこ》し活法《くわつぱふ》により生捕《いけどり》にすべし。

問　敵外套《てきぐわいたう》を着《き》、我《わ》れ和服《わふく》なる時《とき》、敵《てき》は吾《われ》を摑《つか》むに便《べん》なるも我《われ》は敵《てき》を摑《つか》むに不便《ふべん》なりその時《とき》の護身法《ごしんはふ》。

答　敵《てき》の兩肱下《りやうひぢした》を捕《と》りて釣《つ》り込《こ》めば我《われ》に利《り》があるものである。

問　雨天《うてん》の夜《よ》我《わ》れ足駄《げた》を穿《は》き片手《かたて》に傘《からかさ》、片手《かたて》に硝子《がらす》を携《たづさ》へて歩行中強敵《ほかうちうきやうてき》に襲《おそ》はれし時《とき》の護身術《ごしんじゆつ》、

答　足駄《げた》を脱《ぬ》ぎ携帯物《けいたいぶつ》を捨《す》てゝ素早《すはや》く拳法《けんはふ》を施《ほどこ》せば敵《てき》は即倒《そくたう》するものである。

問　敵《てき》あり我《われ》をピストルにて射《う》たんとする時《とき》の護身法《ごしんはふ》、

答　此《こ》の危急《ききう》の場合《ばあひ》には地形《ちけい》を利用《りよう》して身《み》を躱《か》くすか、或《あるひ》は忍術《にんじゆつ》を行《おこな》ひ手元《てさき》に飛込《とびこ》む

か、又《また》稍《やゝ》遠《とほ》き時《とき》は千鳥形《ちどりがた》に突進《とつしん》して敵《てき》に近《ちか》づき當身《あてみ》を施《ほどこ》すを良《よ》しとする。

空手護身術 活用秘術の極意

■空手護身術としての活用柔術の秘訣

◎はしがき

柔術《じうじゆつ》は武藝《ぶげい》の根源《こんげん》にして弓馬《きうば》槍砲銃術《さうはうじうじゆつ》の基《もと》である、且《か》つ柔術《じうじゆつ》は何事《なにごと》にも應用《おうよう》が出來《でき》る第《だい》一腹《はら》が座《すは》りて決斷《けつだん》疾《はや》く心中《しんちう》を丈夫《ぢやうぶ》にする尚《な》ほ他人《たにん》の暴害《ばうがい》を防《ふせ》ぐの外障害《ほかしやうがい》物或《あるひ》は水《みづ》を踰《こ》え危難《きなん》を免《まぬが》るゝにも適《てき》し之《これ》を學《まな》ぶは好《よ》き運動《うんどう》にて衛生《ゑいせい》の助《たすけ》ともなる、人《ひと》たる者《もの》は護《ご》身《しん》の心得《こゝろえ》なかるべからずである。

昔《むかし》は町人《ちやうにん》と雖《いへど》も旅行《りよかう》の時《とき》には旅差《たびさし》とし脇差《わきざし》を佩《はい》し途中《とちう》にて賊難《ぞくなん》を防《ふせ》ぐの用意《ようい》があつた、今《いま》は軍人《ぐんじん》と警官《けいくわん》の外役人《ほかやくにん》でも刀劍《たうけん》を佩《お》びない、稀《まれ》に町人《ちやうにん》にても短銃《ピストル》又《また》は短刀仕込《たんたうしこみ》杖《つゑ》を携《たづさ》ふる者《もの》もあるけれどもそれにはむつかしい取締《とりしまり》があつて面倒《めんだう》で却《かへ》つて危險《きけん》があるものである。

○空手《むて》にて兇器《きようき》を持《も》つ者《もの》に勝《まさ》てる

○小兵《こへう》の者《もの》が大力《たいりき》の相撲取《すまふとり》を投《な》げ倒《たほ》す

空手《ひて》にて兇器《きようき》を持《も》ち又《また》は强力《がうりき》の者《もの》に勝《か》つには此柔術《このじうじゆつ》は好適《かうてき》の術《じゆつ》である。

柔術極秘眞傳《じうじゆつごくひしんでん》に曰《いは》く

年齢《ねんれい》廿二三歳《さい》の至《いたつ》て小兵《こへう》の武士《ぶし》大阪《おほさか》より堺《さかひ》へ行《ゆ》きたるに大和橋《やまとはし》より其南《そのみなみ》なる小橋《せうけう》にかゝるに其小橋《そのせうけう》の上《うへ》に酒《さけ》に酔《ゑ》ひたる大《だい》の相撲取《すまふとり》ありて大手《おほて》を廣《ひろ》げて往來《わうらい》を妨《さまた》ぐ武士《ぶし》は酔狂人《すゐきやうじん》と思《おも》ふ故《ゆゑ》に之《これ》を除《のぞ》けたるに油斷《ゆだん》やありけん相撲取《すまふとり》は武士《ぶし》を執《とら》へて差上《さしあ》たり偖《さ》て仰向《あふむ》きて武士《ぶし》に向《むか》ひサア斯様《かやう》にすれば如何《いか》にせんも我《わ》が思《おも》ひの儘《まゝ》なり斯《か》くして投《な》げくれは此小川《このをがは》の石垣《いしがき》にて脳《なう》は碎《くだ》けて即死《そくし》すべし、サア詫《わび》を致《いた》せ詫《わび》すれば赦《ゆる》すと曰《い》ふ、武士《ぶし》は之《これ》に答《こた》へず差上《さしあげ》られたるまゝ死《し》したるやうになり居《ゐ》たり、相撲取《すまふとり》は如《い》何《か》に腕力《わんりよく》強《つよ》くとも永《なが》き間《あひだ》に腕力《わんりよくよわ》弱《よわ》り腕《かひな》のだるむに隨《したが》ひて差上《さしあ》げける武士《ぶし》を下《おろ》したるを武士《ぶし》は此《こ》處なりとて下《おろ》さるゝや否《いなや》、神速《しんそく》に相撲取《すまふとり》の肋《あばら》へ眞《しん》の當《あ》てを入《い》れたるにぞ相撲取《すまふとり》は呀《うん》と曰《い》ひて即座《そくざ》に倒《たほ》れたり、武士《ぶし》は其間《そのあひだ》に行過《ゆきす》ぎたるが相撲取《すまふとり》は夫《それ》より其《その》頃《ころ》の一時《じ》ばかりも氣絶《きぜつ》して辛《から》うじて息吹返《いきふきかへ》し四邊《あたり》をキヨ〳〵眺《なが》めながら嗚呼侍《あゝさむらひ》には迂闊《うくわつ》に相手《あひて》にはなれぬと曰《い》ひて大《おほい》に後悔《こうくわい》したりと云《い》ふ。

柔術《じうじゆつ》の心得《こゝろえ》あるものは柔術《じうじゆつ》の心得《こゝろえ》なき壯士《さうし》を投《な》げ又《また》は伏《ふ》せる事《こと》も出來《でき》るものである、萬々《ばんばん》己《おのれ》の力《ちから》のみを恃《たの》む術《じゆつ》でない。

◎柔術修業の極意

柔術《じうじゆつ》を修業《しうげふ》をなさんとするには一、道場修業《だうぢやうしうげふ》、二、單獨修業《たんどくしうげふ》、三、相互修業《さうごしうげふ》、四、用《よう》器《き》修業《しうげふ》とあるものであるが、（一）と（三）の場合《ばあひ》は専《もつぱ》ら師《し》に就《つ》いて修業《しうげふ》する世間《せけん》一般《はん》の方法《はうはふ》である、から茲《こゝ》には専《もつぱ》ら（二）（四）の場合《ばあひ》に就《つ》きてその修業《しうげふ》の方法《はうはふ》を説《と》かんとするものである。

由來柔術《ゆらいじうじゆつ》は獨習《どくしふ》は困難《こんなん》である、師《し》に就《つ》かざれば出來《でき》るものではないと云《い》ふ樣《やう》な觀念《くわんねん》であつたが進歩《しんぽ》せる今日《こんにち》では一定《てい》の指導型典《しだうけいてん》宜《よろ》しきを得ば師《し》に付《つ》きたると同《おな》じくそれを實地《じつち》に活用《くわつよう》することが出來《でき》るものである。

◎柔術に用ゆる術語解

○一試合《しあひ》を一本《ほん》　○挑《かゝ》る者《もの》を使人《しじん》

○挑《かゝ》らるゝ者《もの》を受人又《うけにんまた》は受《うけ》

○此他取《このほかと》る、受《うけ》る、掛《かゝ》る、當《あた》る、拂《はら》ふ、切《き》る、倒《たほ》す、蹴込《けこみ》、投《な》げなど謂《い》ふ

◎單獨獨習法

柔術修業秘法《じうじゆつしうげふひはふ》に曰《いは》く、單獨《たんどく》の獨習《どくしふ》とは相手《あひて》なしに修行《しうげふ》することを謂《い》ふのであつて寢《ね》て居《ゐ》て教授書《けうじゆしよ》を讀《よ》み手《て》も足《あし》も動《うご》かさずに習《なら》ふと云《い》ふ意味《いみ》ではない、尤《もつと》も或程度《あるていど》までの研《けん》

究《きう》は寝《ね》て居《ゐ》ても出來《でき》るが投法《なげはふ》、締法《しめはふ》、拳法《けんはふ》の如《ごと》き技術《ぎじゆつ》に至《いた》つては、體《たい》を動《うご》かさずに修《し》練《れん》し得《う》る道理《だうり》はないのである、然《しか》らば如何《いか》にして爲《な》すべきものであるかと云《い》ふに先《ま》づ柔術《じうじゆつ》の目的《もくてき》、性質《せいしつ》、名技《めいぎ》の理《り》法《はふ》を能《よ》く研究《けんきう》して柔術《じうじゆつ》の意義《いぎ》を充分《じうぶん》に會得《ゑとく》し我《わ》が修業《しうげふ》の方針《はうしん》を定《さだ》めねばならぬ、例《たと》へば速成《そくせい》を期《き》するもので、普通以上《ふつういじやう》の力量《りきりやう》あらば、投法を力量普通以下《りきりやうふつういか》ならば拳法を、體軀矮小《たいくわいせう》ならば締法を修業《しうげふ》して先《ま》づ之《これ》に上達《じやうたつ》し然《しか》る後《のち》他《た》の業《げふ》を修練《しうれん》すべきものであると云《い》ふやうに豫《あらかじ》め其《そ》の方針《はうしん》を定《さだ》むることが單獨《たんどく》々習者《しふしや》の最《もつと》も肝腎《かんじん》なるところである、それから技術《ぎじゆつ》の練習《れんしふ》に入《い》るのであるが、之《これ》には二つの方《はう》法《はふ》がある、一は相手《あひて》を想像《さうぞう》して行《おこな》ふのであつて、即《すなは》ち相手《あひて》あるが如《ごと》く、空《くう》に對《たい》して業《わざ》を施《ほどこ》し動作《どうさ》を慣《な》らすのである、此方法《このはうはふ》は最初一寸《さいしよちよつと》氣《き》の乘《の》らぬものであるが眞面目《まじめ》に熱《ねつ》心《しん》に氣《き》合《あひ》を込《こ》めて行《おこな》ふときは相手《あひて》の體《たい》が髣髴《はつふつ》として見《み》ゆる樣《やう》になつて來《く》るから實際《じつさい》に相手《あひて》ある如《ごと》く總《すべ》ての業《わざ》を練習《れんしよ》し得《う》るのである、古來斯《こらいし》道《だう》の達人《たつじん》は皆實地《みなじつち》の修業《しうげよ》と共《とも》に、此修練《このしうれん》を積《つ》んだものである、殊《こと》に拳法《けんはふ》の如《ごと》きは此方法《このはうはふ》に依《よつ》て練習《れんしふ》しなければ、眞《しん》の妙《めう》術《じゆつ》を會得《ゑとく》することは出來《でき》るものでない、西洋《せいやう》の拳闘術《ボツクニング》や支那《しな》の摔跤把式《ショワエチヤュパーミー》などは重《おも》に此方法《このはうはふ》に依《よつ》て練習《れんしふ》するのであるが、非常《ひじやう》に上達《じやうたつ》するものである、一は適宜《てきぎ》の物體《ぶつたい》を相手《あひて》として行《おこな》ふのであつて例《たと》へば柱《はしら》とか、藁人形《わらにんぎやう》とか、籾俵《もみだはら》の如《ごと》きものを相手《あひて》に、投《な》げたり、締《し》めたり倚身《なほみ》を施《ほどこ》したりして練習《れんしふ》するのである、此方法《このはうはふ》は熱心《ねつしん》に工風《くふう》を凝《こ》らして修行《しうぎやう》したならば人間相手《にんげんあひて》よりも技《ぎ》の理《り》を會得《ゑとく》すること容易《ようい》であつて手足腰《てあしこし》の働《はたら》きも忽《たちま》ち發達《はつたつ》するものであるから種々《しゆ〲》の業《わざ》が意《い》の如《ごと》く發《はつ》するやうになるのである、現《げん》に庭《てい》前《ぜん》の柳樹《りうじゆ》を相手《あひて》として腰業《こしわざ》の達人《たつじん》となつた實例《じつれい》も隨分多《ずゐぶんおほ》いが、毎朝起床《まいあさきしやう》の際《さい》は自己《じこ》の枕《まくら》を絞《し》めて咽喉締《いんこうしめ》の極意《ごくい》を得《ゑ》た實例《じつれい》も少《すく》ない、又彼《またか》の拳法《けんはふ》の達人《たつじん》が、手刀《しゆたう》や拳固《げんこ》を以《もつ》て厚《あつ》き板《いた》を打《う》ち割《わ》り或《あるひ》は猛獸《まうじう》を一打《ひさう》ちに斃《たほ》すと云《い》ふ術《じゆつ》を得《ゑ》たるは、皆此方法《みなこのはうはふ》に依《よつ》て練習《れんしふ》したものである、即《すなは》ち人間相手《にんげんあひて》にては一々即死即倒《そくしそくたう》せしむることは出來《でき》ぬから唯《たゞ》理法《りはふ》丈《だけ》を知《し》るに止《とゞ》まるものであつて、手刀《しゆたう》や握拳《にぎりけん》に強《つよ》く鍛《きた》えるには是非共《ぜひとも》、刺布《さしぬの》、濡《ぬれ》紙《がみ》、革嚢《かはふくろ》の類《るゐ》を打突《うちつき》して練習《れんしふ》する外《ほか》はないのである。

◎用器獨習法

用器《ようき》獨習法《どくしふはふ》とは柔術獨習器又《じうじゆつどくしふきまた》は簡易《かんい》獨習器《どくしふき》等《とう》の器物《きぶつ》を相手《あひて》に練習《れんしふ》をなす方法《はうはふ》で左《さ》に柔術修業秘法《じつじゆつしうげふひはふ》を引用《いんよう》してその簡易《かんい》獨習器《どくしふき》製作方法《せいさくはうはふ》を說《と》かん。本器《ほんき》は野口式獨習器《のぐちしきどくしふき》に倣《なら》ひ最《もつと》も簡易《かんい》に製作《せいさく》したるものにして、材料《ざいれう》は藁《わら》と割竹《わりたけ》を用《もち》ひ、何人《なんぴと》にも作《つく》り得《う》るものなれば、費用《ひよう》は極《きは》めて低廉《ていれん》なり、然《しか》して其《そ》の製作法《せいさくはふ》は後章圖解《こうしやうづかい》說明《せつめい》と參照《さんせう》せば容易《ようい》に諒知《れうち》し得《う》べし。

第《だい》一圖《づ》は本器《ほんき》の正面《しやうめん》を第《だい》二圖《づ》は其側面《そのそくめん》を示《しめ》したるものにして本器《ほんき》は底部《ていぶ》より膝部《しつぶ》に於《おい》て少《すこ》しく膨大《はつだい》し、腰部《ようぶ》は細《ほそ》く、腹部《ふくぶ》又膨《またふく》れ肩《かた》の所《ところ》は巾廣《はゞひろ》く厚《あつ》さを減《げん》じ、頭部《とうぶ》を細《ほそ》く頭部《とうぶ》を圓《まる》く、人間《にんげん》の自然體《しぜんたい》に擬《ぎ》し練習《れんしふ》に便《べん》ならしめたるものにて、圖中腰《づちうこし》の下部《かぶ》に點《てん》線《せん》を以《もつ》て記《しる》したるは砂嚢《すなふくろ》の位置《ゐち》を示《しめ》したるなり但《たゞ》し大《おほ》さは自己《じこ》の體《たい》に匹敵《ひつてき》せしむるを可《か》とすれども幵《そ》は適宜《てきぎ》なりとて

第《だい》三圖《づ》は未《いま》だ編《あ》まざる藁輪《わらわ》、個々《こゝ》の形狀《けいじやう》を示《しめ》したるものにして、イの印《いん》なる輪《わ》は其《その》心《しん》に割竹《わりだけ》を入《い》れ、變形《へんけい》なからしむる爲《た》め、麻糸《あさいと》を十字《じ》に釣《つ》り、細《ほそ》き繩《なは》を以《もつ》て堅《かた》く卷《ま》き付《つ》けたるものにて此輪《このわ》は本器《ほんき》の底《そこ》に一、膝部《しつぶ》に一、腰部《にゝぶ》に二、腹部《ふくぶ》に一、胸部《きようぶ》に一、肩部《けんぶ》に一、合計《がふけい》大小《たいせう》七個《こ》と爲《な》す。

第《だい》四圖《づ》は底《そこ》の形《かたち》を示《しめ》したるものにて、即《すなは》ち後方《こうはう》は凸《あう》に前面《ぜんめん》の膨《ふく》れ極《きは》めて少《すくな》く恰《あだか》も圓《まる》き兩斷《りやうだん》し斷面《だんめん》が兩角《りやうかく》を圓《まる》めたる如《ごと》き形《かたち》にして直徑橫《ちよくけいよこ》一尺《しやく》一寸縱《すんたて》八寸位《すんぐらゐ》を適當《てきたう》とす。

第《だい》五圖《づ》は、砂囊《すなぶくろ》（即《すなは》ち抵抵《ていく》重囊《かさねぶくろ》）を腰部《ねうぶ》の竹輪《たけわ》に堅《かた》く吊《つ》りたる形《かたち》にして砂囊《すなぶくろ》は二重布《ちうねの》の袋《ふくろ》に五百目乃至《めないし》一貫目《くわんめ》の砂《すな》を入《い》れ其口《そのくち》を閉《さ》ち四本《にほん》の麻糸《あさいと》を以《もつ》て輪《わ》に結《むす》び附《つ》け斯《か》くなりたるものを編《あ》み込《こ》むべし。

第《だい》六圖《づ》は、本器《ほんき》を底部《ていぶ》より膝部《しつぶ》まで編《あ》みたるところも示《しめ》したるものにて其《そ》の編《あ》み方《かた》は濕《し》めりたる細《ほそ》き繩《なは》を以《もつ》て、一輪《わ》毎《ごと》に一重《ひとへ》結《むす》びに締《し》めて堅《かた》く編《あ》み上《あ》げるものなり。圖《づ》は七廻《さは》り編《あ》みたるも、十廻《さは》り乃至《ないし》十四廻《くわいさは》り編《あ》むを可《か》とす。

野口式柔術獨習器《のぐちしきじうじゆつどくしふき》なるものは我國農商務省《わがくにのうしやうむしやう》の專賣特許品《せんばいとくきよひん》にして斯道《しだう》の達人《たつじんの》野口潜龍軒《のぐちせんりうけん》氏《し》が苦心《くしん》の結果新發明《けつくわしんはつめい》せられたる獨特《どくとく》の器械《きかい》にして定價《ていか》は特別製《とくべつせい》二十圓《ゑん》、上製《じやうせい》十五圓《ゑん》、普通製《ふつうせい》、十圓《ゑん》との事《こと》で頒布所《はんぷじよ》は東京芝公園帝國尙武會《とうきやうしばこうゑんていこくしやうぶくわい》であるとの事《こと》である。

◎柔術獨習秘傳（柔術修業秘法）

一、直接師《ちよくせつし》に就《つ》き學《まな》ぶの意思《いし》にて修行《しうぎやう》すべき事《こと》

二、丹田集力法《たんでんしふりよくはふ》、及《および》握《にぎり》拳集力法《けんしふりよくはふ》を勵行《れいかう》すべき事《こと》

三、實地活用的《じつちくわつようてき》の業《わざ》を主《しゆ》として修行《しうぎやう》すべき事《こと》

◎柔術の護身術として活用し易き術式

○膝《ひざ》車《くるま》

足技《あしわざ》の部《ぶ》に屬《ぞく》し敵《てき》の膝《ひざ》の外側《ぐわいそく》を我足《わがあし》の平《ひら》にて支《さ》へて引《ひ》き倒《たふ》すのである。

○燕《つばめ》返《かへ》し

之《こ》れも亦《ま》た足技《そくぎ》であつて敵《てき》が我足《わがあし》を掃《はら》ひ來《き》た時《とき》に我《われ》は其掃《そのはら》はれたる足《あし》を脫《ぬ》くや否《いな》やその足《あし》にて掃《はら》ひ來《き》た敵《てき》の足《あし》を掃《はら》ひ返《かへ》すのである。

○捨《すて》身《み》

捨身《すてみ》には眞捨身《ますてみ》と横捨身《よこすてみ》とあり。

○眞《ま》捨《すて》身《み》

眞捨身《ますてみ》には裏投《うらなげ》なる術《じゆつ》が屢々《しばしば》應用《おうよう》されるそれは敵《てき》の後《うしろ》に踏《ふ》み込《こ》み敵《てき》の帶《おび》の邊《あたり》を抱《いだ》き上《あ》げながら我体《わがたい》を後《うしろ》に捨《すて》るのである。

○横《よこ》捨《すて》身《み》

横捨身《よこすてみ》の横車《よこぐるま》は眞捨身裏投《ますてみうらなげ》の變化《へんくわ》したものであつて裏投《うらなげ》は敵《てき》の後《うしろ》に我体《わがたい》を捨《す》てるのであるが横車《よこぐるま》は敵《てき》の前《まへ》に我体《わがたい》を捨《す》てるのである、詳言《しやうげん》すれば裏投《うらなげ》を掛《か》けんと敵《てき》の体《たい》に抱《いだ》き付《つ》きたる時敵《じてき》が急《いそい》で腰《こし》をかゝめて防《ふせ》がんとしたならば裏投《うらなげ》も施《ほどこ》すことが出來《でき》ぬから其反對《そのはんたい》に前面《ぜんめん》より我片足《わがかたあし》を敵《てき》の兩足《りやうあし》の間《あひだ》に辷《すべ》り込《こ》みながら我体《わがたい》を捨《す》てゝ敵《てき》を投《な》げるのである。

○逆《ぎやく》　鎌《かま》

逆鎌《ぎやくかま》は体落《たいおとし》の部《ぶ》に屬《ぞく》する足業《あしわざ》である足《あし》を地《ち》に踏《ふ》み付《つ》けずに敵《てき》の足《あし》を苅《か》り倒《たほ》すのである

○肩《かた》　落《おとし》

手業《てわざ》にして之《これ》は敵《てき》の腋《わき》の下《した》が我肩先《わがかたさき》に密接《みつせつ》する様《やう》にして敵《てき》を倒《たほ》すのである。

○脊《せ》　負《おひ》　投《なげ》

之《こ》れは敵《てき》の脇《わき》の下《した》が我肩《わがかた》の上《うへ》に密接《みつせつ》する様《やう》にする故《ゆゑ》に肩落《かたおとし》は敵《てき》の体《たい》が我《わ》が右前隅《みぎまへすみ》に落《お》ち背負投《せおひなげ》は我《わ》が前《まへ》に投《なげ》るのである。

○巴《ともゑ》　投《なげ》

本巴《ほんともゑ》（兩足巴《りやうあしともゑ》、寢捨身《ねすてみ》）は眞捨身《ますてみ》に屬《ぞく》し、巴投《ともゑなげ》と回様《こうやう》に唯敵《たゞてき》の下腹《したはら》に片足《かたあし》を當《あ》てると兩足《りやうあし》を當《あ》てると同様《ごうやう》である。

○腰《こし》車《くるま》

腰業《こしわざ》であつて腰《こし》が敵《てき》の腰《こし》の外側《ぐわいそく》に出《い》で敵《てき》の体《たい》と我《わ》が体《たい》と交叉《かうさ》した様《やう》にするのである。

○頸《くび》締《しめ》

敵《てき》は腰《こし》を屈《かゞ》めて組《く》み付《つ》き來《きた》る、我《われ》は右手《めで》を以《もつ》て敵《てき》の首《くび》を其後方《そのこうはう》より抱《かゝ》へ左手《ゆんて》にて我《わ》が右手先《めでさ》きを握《にぎ》りて右手《めて》の力《ちから》を助《たす》け上体《じやうたい》を反《そ》りながら敵《てき》の頸《くび》を締《し》め呼吸《こきふ》の絶止《ぜつし》するを見《み》て突《つ》き倒《たほ》すのである。

○離《はな》れ形《かた》（怪力を顯し片端から投げる術）

離《はな》れ形《かた》は立合式《たちあひしき》は中段《ちうだん》に似《に》たる所《ところ》なれども離《はな》れて取《と》るを主《しゆ》とするゆゑ離《はな》れ形《かた》とは云《い》ふのである。

講談《かうだん》、小説《せうせつ》などに武士《ぶし》の人《ひと》を投《な》ぐる畫《ぐわ》を書《か》きたるは多《おほ》くは離《はな》れ形《かた》に書《か》きたり即《すなは》ち遠《とほ》く人《ひと》を投《な》げ退《の》けたる形《かた》ちである、昔《むかし》より豪傑《がうけつ》が人《ひと》を片端《かたはし》より投《な》げたりとか人礫《じんけつ》を打《う》ちたりとか物《もの》の本《ほん》に見《み》ゆれども怪力《くわいりき》ある者《もの》の外《ほか》は左様《さやう》に掴《つか》んでは投《な》げ執《こつ》ては投《な》げなど出來《でき》るものにあらず、投《な》げらるゝ者《もの》は勝《か》たんとして自分《じぶん》が充分《じうぶん》に力《ちから》を入《い》れ我《わ》が力《ちから》の勢《いきほひ》を敵《てき》に利用《りよう》せられ敵《てき》の術《じゆつ》に乘《の》りて投《な》げらるゝなり。

その離《はな》れ形《かた》の圖解《づかい》は後章《こうしやう》にあり參照《さんせう》せらるべし。

○百人《にん》捕《どり》（多数の敵を容易に制する術）

制定《せいてい》基本《きほん》詳解《しやうかい》に曰《いは》く、

百人捕《にんどり》（要領《えうりやう》）四人《にん》の敵《てき》は同時《どうじ》に進《すゝ》み寄《よ》りて二人《にん》は前《まへ》より我《わ》が左右《さいう》の手《て》を握《にぎ》り他《た》の二人《にん》は左右《さいう》より我《わ》が体《からだ》を抱《いだ》き締《し》む、我《われ》は頭《あたま》を以《もつ》て左右《さいう》の敵《てき》の面部《めんぶ》に假當《かりあて》を施《ほどこ》すや否《いな》や右握《みぎにぎり》拳《こぶし》を以《もつ》て左前《ひだりまへ》の敵《てき》の面部《めんぶ》に假當《かりあて》を施《ほどこ》すや否《いな》や右握拳《みぎにぎりこぶし》を以《もつ》て左前《ひだりまへ》の敵《てき》の脇腹《わきはら》に當身《あてみ》を行《おこな》ひ、左手《さしゆ》を以《もつ》て右前《みぎまへ》の敵《てき》の右手先《うしゆさき》を逆《ぎやく》に捩《ひね》りながら跪《ひざま》づきて之《これ》を倒し右手《みぎて》に拳固《げんこ》を作《つく》りて再《ふたゝ》び掛《かゝ》り來《く》る敵《てき》に備《そな》ふ。

（解説《かいせつ》）此技《このわざ》は敵《てき》が四人《にん》であるから便宜上《べんぎじやう》我《われ》より見《み》て右《みぎ》の端《はし》の敵《てき》を甲《かふ》とし、次《つぎ》を乙《おつ》とし、次《つぎ》を丙《へい》とし、左《ひだり》の端《はし》を丁《てい》として説《と》くことゝする。

（注意《ちうい》）人《ひと》が眞《しん》に活動《くわつどう》してゐたならば一人《にん》の敵《てき》も捕《と》り付《つ》くことの出來《でき》るものではなく全《まつた》く動《うご》かずに居《ゐ》るも一時《じ》に四人以上《にんいじやう》の敵《てき》は捕《と》り着《つ》けないのであるから、此技《このわざ》を充分《じうぶん》に會得《ゑとく》したならば如何《いか》に多勢《たせい》の敵《てき》も容易《ようい》に制《せい》し得《う》るのである。再言《さいげん》すれば苟《いやし》くも柔術《じうじゆつ》の心得《こゝろえ》あるものは敵《てき》を前方《まへ》に受《う》けて備《そな》へるから二人以上《にんいじやう》の敵《てき》に同時《どうじ》に我《わ》が體《たい》を捕《と》らせるやうな迂濶《うくわつ》のことは絶對《ぜつたい》になき筈《はず》なれば此技《このわざ》の如《ごと》き場合《ばあひ》に實際《じつさい》に於《おい》て決《けつ》してないのであるが此動作《このどうさ》に熟達《じゆくたつ》したならば、各技《かくわざ》の變化自在《へんくわじざい》となつて二人《にん》の敵《てき》にも三人《にん》の敵《てき》にも五人《にん》の敵《てき》にも業《わざ》の應用《おうよう》が出來《でき》るのであつて、所謂動作《いはゆるどうさ》亂《みだ》れて型《かた》を離《はな》れず技《わざ》を忘《わす》れて其《その》妙出《めさい》づるの域《ゐき》に達《たつ》し電光石火《でんくわうせきくわ》の早業《はやわざ》神變《しんぺん》不可思議《ふかしぎ》とも云《い》ふべき動作《どうさ》が自《みづか》ら我身《わがみ》に備《そな》はるに至《いた》るのである。

而《しか》して此技《このわざ》を練習《れんしふ》するに當《あた》りて心得居《こゝろえを》らねばならぬことは

一、敵《てき》の捕《と》りつく其瞬間前《そのしゆんかんぜん》に於《おい》て少《すこ》しく體《たい》を下《おろ》しながら兩手《りやうて》を握拳《にぎりこぶし》となすべき事《こと》。

二、敵《てき》の面部《めんぶ》に假當《かりあて》を施《ほどこ》すとき。敵《てき》の面部《めんぶ》隔《へだ》り居《を》らば我《わ》が體《たい》を急《きう》に稍《やゝ》下《さ》ぐべき事《こと》。

三、頭《あたま》を以《もつ》て當《あて》を行《おこな》ふときは、必《かなら》ず臼齒《うすば》を噛《か》み締《し》むべき事《こと》。

四、右握拳《みぎにぎりこぶし》にて丙《へい》を突《つ》くときは之《これ》と同時《どうじ》に左手《さしゆ》を少《すこ》しく引《ひ》くべき事《こと》。

五、陰嚢《いんのう》を蹴《け》るの隙《すき》なきときは潜龍《せんりう》(向脛《むかうすね》)を蹴《け》るべき事《こと》。

六、左手《さしゆ》に乙《おつ》の右手首《みぎてくび》を捕《さ》るときは、我《わ》が右手《みぎて》の運轉《うんてん》に依《よつ》て之《これ》を助《たす》くべき事《こと》。

七、手首《てくび》は成《な》るべく掌《たなそこ》に近《ちか》き方《はう》を摑《つか》みて充分《じうぶん》に捩《ねじ》るべき事《こと》。

八、體《たい》を左方《さはう》に向《む》けて跪《ひざま》づくときは、乙《おつ》を倒《たを》す爲《ため》全力《ぜんりよく》を注《そゝ》ぎて急にすべき事《こと》。

等《こう》であつて之《これ》に戻《もど》らぬやうに練習《れんしふ》を積《つま》ば、其間《そのあひだ》に微妙《びめう》なる體《たい》の働《はたら》き出《い》でゝ容易《やうい》に眞技《しんぎ》を會得《えとく》することが出來《でき》るのであるから必《かなら》ず漫《みだり》に我流《がりう》を以《もつ》て技《わざ》を崩《くづ》してはならぬ。

○衆敵《しうてき》に對《たい》する必勝《ひつしやう》の秘決《ひけつ》

一、直《たゞち》に身命《しんめい》を忘《わす》るべし。

（譬）神《かみ》を念《ねん》じて相打《あひうち》の覺悟《かくご》せよ。

一、心《こゝろ》を以《もつ》て敵《てき》の鋭氣《えいき》を抑《おさ》ゆべし。

（譬）先《ま》づ各々《めいく》の眼《め》を見《み》て笑《えみ》を漏《もら》せ。

一、速《すみやか》に有利《いうり》の位置《ゐち》を占《し》むべし。

（譬）敵中《てきちう》に入《い》らざれば後側《こうそく》の楯《たて》に據《よ》れ。

一、最近《さいきん》の敵《てき》を先《ま》づ突《つ》くべし。

（譬）先《せん》を越《こ》し弓手《ゆんで》に當《あ》て馬手《めて》に捕《と》れ。

一、引上《ひきあ》げの機《き》を知《し》るべし。

（譬）遁《のが》れて安《やす》きに入《い》るは勝《かち》と知《し》れ。

○同《ごう》　上《じやう》　咒《にゆ》　文《もん》

闘是《こうぜ》天命衆《てんめいしゆう》　敵潰《てきくわい》　敗御誠《はいぎよせい》　正《しやう》

（之《これ》を三唱《しやう》して下腹《かふく》を引《ひ》くべし）云々。

○白《しら》　刄《は》　捕《とり》

制定基本詳解《せいていきほんしようかい》によれば白刄捕《しらはとり》　敵《てき》は立膝《たてひざ》の姿勢《しせい》にて我《われ》の頭上《づじやう》に切《き》り込《こ》み來《きた》る我《われ》も立膝《たてひざ》の儘《まゝ》身を轉《か》はしながら右手《うしゆ》を以《もつ》て之《これ》を受《う》け流《なが》すと同時《ごうじ》に敵《てき》の手元《てもと》に入《い》れば敵《てき》は刀《はかたな》を收《をさ》めて一歩退《ほしりぞ》き再《ふたゝ》び我《われ》の右肩《うけん》に切《き》り込《こ》み來《きた》る此時我《このときわれ》は前《まへ》と同樣《ごうやう》に刀《かたな》を受《う》け流《なが》して手元《てもと》に入《い》る。

（注意）　此技《このわざ》は早《はや》く手元《てもと》に入《い》ることが肝要《かんえう》であつて敵《てき》の體《たい》に捕《さ》り着《つ》きさへすれば、機《き》に臨《のぞ》み變《へん》に應《おう》ずる當業《あてわざ》なり締業《しめわざ》なり適宜《てきぎ》の業《わざ》を施《はさこ》して敵《てき》を制《せい》することは容易《やうい》なのである、即《すなは》ち敵《てき》は體《たい》に捕《こ》り着《つ》かれたならば刀《かたな》を用《もち》ゐるを得《ゑ》ざるは勿論《もちろん》、刀《かたな》を持《も》ち居《ゐ》るが爲《ため》却《かへつ》て其手《そのて》は用《よう》をなさぬから敵《てき》が刀《かたな》を棄《す》てぬ中《うち》に早《はや》く適當《てきたう》の業《わざ》を掛《か》けたならば、我《わ》が意《い》の儘《まゝ》に行《ゆ》くのである、故《ゆゑ》に右手《うしゆ》を以《もつ》て刀《かたな》を受《う》け流《なが》すと同時《ごうじ》に左手《さしゆ》を以《もつ》て其右奥袖《そのみぎおくそで》を掛《かけ》るやうにせねばならぬのであるが、此刀《このかたな》を受《う》け流《なが》すことに熟達《しゆくたつ》しなかつたならば、斯《か》くなすことの出來《でき》るものではないから此技《このわざ》は先《ま》づ刀《かたな》の受《う》け流《なが》し法《はふ》を修練《しうれん》すべきものであつて、之《これ》を俗《ぞく》に

○眞《しん》劍《けん》白《しら》刄《は》捕《さり》

と稱《しよう》し斯術《しじゆつ》の極意秘訣《ごくいひけつ》になつてゐるのである、今其方法《いまそのはうはふ》を示《しめ》さば、敵《てき》は刄《は》引眞刀《ひきしんたう》を用《もち》ゐ我《われ》は最初《さいしよ》右手《めて》に籠手《かごて》を着《つ》けて練習《れんしふ》し、其捩《そのにぎ》りの所《ところ》を以《もつ》て打《う》ち卸《おろ》す敵《てき》の刀《かたな》の側面《そくめん》（即《すなは》ち平《ひら》）を斜《なゝめ》に打《う》つことが出來《でき》るやうになつたならば次《つぎ》には籠手《かごて》を廢《はい》し手拭《てぬぐひ》を手首《てくび》より

四指《し》にまで卷《ま》き着《つ》け、其端《そのはし》を拇指《おやゆび》に抑《おさ》へて掌《たなそこ》に握《にぎ》り）て練習《れんしふ》し、次《つぎ》には手巾《はんけち》の類《るゐ》を丸《まる》め之《これ》を（圖）の如《ごと》く握《にぎ》りて行《おこな》ふのであつてこの打《う》ち流《なが》しが出來《でき》るやうになれば最早《もはや》之《こ》れ以上《いじやう》の練習《れんしふ》を要《えう》せず空拳徒手《くうけんとしゆ》能《よ》く白刄《はくじん》を制《せい》し得《う》るのである。而《しか》して柔術家《じうじゆつか》平素《へいそ》の心《こゝろ》得中《えちう》にもある如《ごと》く柔術家《じうじゆつか》は常《つね》に手拭《てぬぐひ》を携帶《けいたい》すべきものであるから實地《じつち》の場合《ばあひ》に之《これ》を用《もち》ゆることも出來《でき》るのである。又用意《またようい》し可《べ》きものは鍔《つば》にて（圖）の如《ごと》きものを作《つく》り或《あるひ》は手《はん》巾《けち》に石《いし》、木片《もくへん》の類《るゐ》を包《つゝ》みて用《もち》ゐ或《あるひ》は安全護身器《あんぜんごしんき》鐵扇等持《てつせんとうも》つて打《う》ち流《なが》しの用《よう》に供《きやう》するのであるが、之等《これら》は參考《さうかう》までに示《しめ》したのであるから諸子《しよし》は左《さ》の心得《こゝろえ》及《およ》び咒文《じゆもん》を咀嚼肝銘《そしやくかんめい》して空拳徒手《くうけんとしゆ》能《よ》く功《かう》を奏《そう》するやうにならねばならぬ。

○白刄《しらは》捕《とり》三戒《かい》

一、身《み》を轉《かは》さば敵《てき》に近《ちか》づくが爲《ため》と心得《こゝろえ》必《かなら》ず遠《とほ》ざかるべからず。

一、太刀先《たちさき》六寸《すん》を避《さ》けて打《う》ち落《おと》せ鍔際《つばぎは》六寸《すん》は刀《かたな》なきものと知《し》れ。

一、敵《てき》の刀《かたな》短《みじか》きときは鍔《つば》を除《よ》けて前膊《まへかた》を打《う》て我《われ》に信念確固《しんねんかくこ》なれば白刄《しらは》も用《よう》をなさぬなり。

○白《しら》及《は》捕《こう》呪《じゆ》文《もん》

天勝速日眞人神心《てんしやうそくじつじんしんしん〱》

（丹田《たんでん》に集力《しふりよく》して三唱《しやう》すべし）

◎最も必要なる拳法（當身

拳法《けんぽふ》は當身《あてみ》とす稱《しよう》す昔《むかし》は極秘《ごくひ》として容易《やうい》に之《これ》を傳授《でんじゆ》するを許《ゆる》さゞりき、この術《じゆつ》は空手《からて》護身術《ごしんじゆつ》に應用《おうよう》すべき重要《ぢうよう》なる技《わざ》に屬《ぞく》するのである例之《たとへば》、强力偉大《がうりきゐだい》の敵《てき》又《また》は兇器《きようき》を持てる敵《てき》に會《くわい》したる時《とき》、或《あるひ》は一人《にん》にて衆敵《しうてき》に向《むか》ふ場合《ばあひ》等《とう》之《こ》れに勝《か》つには是非《ぜひ》共《とも》この拳法《けんぽふ》を心得《こゝろえ》居《を》らねば護身《ごしん》することが出來《でき》ぬ。

この法《はふ》の目的《もくてき》たるや一時《じ》敵《てき》を絶息《ぜつそく》せしめ、全《まつた》く我《わ》れは危地《きち》を脫《だつ》せる後《のち》、活法《くわつはふ》を施《ほどこ》して蘇生《そせい》せしめその非《ひ》を說破《せつぱ》して善道《ぜんだう》に立《た》ち歸《かへ》らしめるか又《また》は之《これ》を適當《てきたう》に處置《しよち》するものである。

拳法《けんぽふ》は充分《じうぶん》に獨習《どくしふ》によつて練習《れんしふ》出來《でき》るものである精神《せいしん》を統一《とういつ》して一心不亂《しんふらん》にその急所《きふしよ》を見《み》かけて之《これ》を打《う》てば必《かなら》ずや即殺即倒《そくさつそくたう》の功《かう》を奏《そう》すべきは請合《うけあひ》である。

◎即死即倒の急所圖解

柔術《とうじゆつ》の極意《ごくい》として重要《ちうえう》なる技術《ぎじゆつ》にして且《か》つ空手護身術《くうしゆごしんじゆつ》として最《もつと》も肝要《かんらう》なるは即死即倒《そくしそくたう》の術《じゆつ》即《すなは》ち急處《きうしよ》の當身《あてみ》の術《じゆつ》である偖《さ》て此《こ》の術《じゆつ》は決《けつ》して人《ひと》を殺《ころ》すにあらずして人《ひと》を懲《こら》し己《おの》れを防《ふせ》ぎ護《まも》るに止《とゞ》まるものである。

○甲　即死《そくし》急所《きふしよ》の解説《かいせつ》

天到《てんたく》（天道）顖門《ひよめき》さて小兒の時に頭の脈脈打つ處

霞《かすみ》（柱内）顳顬俗にニメカミと稱する處

下昆《かこん》、頤《い》溝《こう》のこと

肢中《しちう》（秘中）頸《くび》の正面《しやうめん》

脇陰《わきいん》、腋の下部

稲妻《いなづま》、上腹部の前側面

烏兎《うと》（眉間のこと）

人中《じんちう》、鼻の下上唇の上、眞直の溝

松風《まつかぜ》（村雨）頸の側面

水月《すゐげつ》、俗に水落と稱す

月影《つきかげ》、乳の下部

明星《みやうじやう》、臍の眞下約一寸の處

陰嚢《いんのう》（睪丸、鐘）きんたま
尾胝《びてい》（魚尾）脊柱の最下部
活殺《くわつさつ》、脊柱の第五節と第六節の間

○乙　即倒急所《そくたうきうしよ》の解説《かいせつ》

段中《だんちう》（雁下《かりした》）胸節の抱柄さ胸節体の軟骨接合節
尺澤《しやくたく》　脉所
夜光《やくわう》、大腿上部の前内側面
甲利《かふり》、（高利足）眞背の中央より少しく内側
早打《はやうち》、第三肋骨と第四肋骨の間
肘詰《ひぢつめ》、肘の外側
草麻《くさま》非《ひ》（刈當）腓下《こひらのした》

西風光《せいふうくわう》、背柱第九節の左右、第十一節の左右、
頸中《けいちう》、頸の後方中央部
胸尖《きやうせん》、胸節の下端部
潜龍《せんりう》、大腿下部の前外側面
內黒節《ないこくせつ》、脛節の下端
獨古《ごくこ》、耳の後節直下凹部
腕馴《うでなれ》、上膊後側の中央部
後稲妻《うしろいなづま》、大腿後側の上部中部

◎活　法

○急處活《きうしよくわつ》の圖解說明《づかいせつめい》

敵《てき》又《また》は人《ひと》の氣絕《きぜつ》したるとき活法《くわつはふ》を施《ほどこ》せば自《みづか》ら吹返《ふきかへ》し蘇生《そせい》するものなれば斯《かゝ》る塲合《ばあひ》には是《これ》に活《くわつ》を入《い》れ所《どころ》を知《し》らざれば蘇生《そせい》せしむる事《こと》が出來《でき》ない、圖《づ》の白圈《はくけん》は活《くわつ》の入處《いれどころ》即《すなは》ち活《くわつ》の急處《きうしよ》なり、よく記憶《きおく》し置《お》くべし此法《このはふ》は獨《ひと》り對敵護身《たいてきごしん》のみならずして救急療法《きふきうれうはふ》として墜落《つゐらく》、卒倒《そつたう》、人事不省《じんじふせい》、溺死《できし》、縊死《えつし》者等《しやとう》を救《すく》ふ塲合《ばあひ》にも用《もち》ゆべきである。

○活《くわつ》の入《い》れ方《かた》

人工呼吸法《じんこうこきふはふ》と略《ほ》ぼ同《ごう》一のものである。活《くわつ》を入《い》るゝは成《な》るべく氣絕《きぜつ》してより時間《じかん》の經《た》たぬうちにすべし、時間《じかん》を經《たち》すぎたるは其效《そのかう》なし、活《くわつ》の入《い》れ所《どころ》は前《まへ》の脊面圖《はいめんづ》にて知《し》りたるべし。この活《くわつ》の入《い》れ方《かた》には二人法《にんはふ》一人法等《にんはふとう》あるも今《いま》先《ま》づ二人法《にんはふ》を述《の》べんに一人《にん》は前《まへ》へ廻《まは》り一人《にん》は後《うし》ろより抱《いだ》き起《おこ》し前《まへ》なる者《もの》は氣《き》絶《せつ》したる者《もの》の胸《むね》を充分《じうぶん》に撫《な》で下《おろ》し胸《むね》を抱《かゝ》へて矯《た》め居り後《うし》ろなる者《もの》の右《みぎ》の手《て》にて活《くわつ》を入《い》るゝなり併《しか》し此時前《このときまへ》なる抱《かゝ》へ人《にん》と後《うし》ろの居《ゐ》る人《ひと》と氣合《きあひ》の齟齬《くひちが》はぬやう双方開閉《さうはうかいへい》と掛聲《かけごゑ》を合《あは》せて入《い》るべし、左《さ》すれば氣絶《きせつ》したる者《もの》は息吹《いきふ》きかへして蘇生《そせい》すべし、又《また》一人法《にんはふ》はその者《もの》の背後《はいご》に廻《まは》り活《くわつ》の急所《きふしよ》へ術者《じゆつしや》の膝《ひざ》を當《あ》て兩手《りやうて》にてその肩《かた》を持《じ》し呼吸《こきふ》を一致《ち》して後方《こうはう》へ整然《せいぜん》と一、二、三、と掛聲《かけごゑ》を合《あは》せて呼吸法《こきふはふ》を行《おこな》ふべし。息吹《いきふ》きかへしたる時《とき》は胸先《むなさき》を上《うへ》より下《した》へ撫《な》で下《おろ》すべし、然《しか》る後《のち》、救急藥《きうきふやく》又《また》は冷水《れいすゐ》をも飲《の》まるべし。

◎柔術必勝法

柔術《じうじゆつ》にて勝《か》ちを取《と》るは腕《うで》を折《を》るか喉《のど》を締《しめ》るか睾丸《きんたま》を締《しめ》るか肋骨《はばら》三枚《まい》を挫《くじ》くかなりとす又眉間《またみけん》を打《う》ち或《あるひ》は睾丸《きんたま》を蹴《け》るは肝要《かんえう》の手《て》わざなり、居取《ゐとり》なわは膝《ひざ》を掛《か》けることゝ立會《たちあひ》にては足《あし》を掛《か》けることゝ總《すべ》て體《たい》をかはすことゝ當《あて》を入《い》るゝことは大《たい》なる心得事《こゝろえごと》にて是等《これら》を防《ふせ》ぐことも心得《こゝろえ》べき事《こと》なり、何分《なにぶん》にも透間《すきま》なく注意《ちうい》し相手《あひて》の透《すき》を考《かんが》へ神速《しんそく》にして後《おく》れを取《と》らぬやうにすべし、手《て》つきの握《にぎ》り拳《こぶし》座《すは》るときの（居合腰《ゐあひごし》）伏《ふ》せたる時《とき》に足《あし》を投《な》げ出《だ》し他《た》の一方《ぱう》の足《あし》を爪立《つまだ》てるなど能《よ》く心《こゝろ》を留《と》むべきである。

以上《いじやう》の必勝法《ひつしようはふ》は空手護身術《くうしゆごしんじゆつ》としても心得《こゝろえ》べき事枘《ことがら》である。

空手護身術に活用すべき氣合術

◎はしがき

氣合術《きあひじゆつ》とは相手《あひて》の虚《きよ》に乘《じよう》じて實《じつ》を避《さ》けて勝利《しようり》を得《う》る術《じゆつ》である之《こ》の現象《げんしやう》は誠《まこと》に不思議《ふしぎ》のものである、例《たと》へば人心《じんしん》を操縦《さうじう》して己《おの》れの意《い》の儘《まゝ》に働《はたら》かしめ、護身用《ごしんよう》としてピストルに優《まさ》り、金儲《かねまうけ》として千金《きん》の資本《しほん》に價《あたひ》し、柔道《じうだう》にまれ相撲《すまふ》にあれ、且《か》つは膽力《たんりよく》の養成《やうせい》、心身《しん〱》の療養《れうやう》にも甚大《じんだい》なる効果《かうくわ》がある。

この術《じゆつ》の奇現象《きげんしやう》は鐵棒《てつぼう》も飴細工《あめさいく》の如《ごと》く柔《やはらか》く曲《ま》け、暴行者《ばうかうしや》も不動《ふどう》の金縛《かなしばり》となし火《ひ》も猶《な》ほ熱《あつ》からず、此《こ》の術《じゆつ》の習得《しふとく》の活動的現社會《くわつどうてきげんしやくわい》に處《しよ》するものは何人《なんぴと》も必須《ひつす》の要件《えうけん》であらねばならぬ。

◎氣合術とは如何なる術か

古來《こらい》より我國特命《わがくにとくめい》の武士《ぶし》道中《だうちう》に氣合術《きあひじゆつ》なる者《もの》がある、刑事《けいじ》巡査《じゆんさ》が犯人《はんにん》を追跡《つひせき》し捕縛《ほばく》する場合《ばあひ》に不知《しらず》不識《しらず》此術《このじゆつ》の一部《ぶ》を應用《おうよう》しつゝあるのである、例《たと》へば現行犯人逃走《げんかうはんにんたうさう》したるとき刑事《けいじ》巡査《じゆんさ》が其後《そのあと》を追《お》うて捕《とら》へんとする時《とき》に犯人《はんにん》は餘程先《よほどさき》に逃《に》げ、十間《けん》も先《さき》を歩《あゆ》みつゝあるにも拘《かゝは》らず此時巡査大喝《このときじゆんさたいかつ》一聲《せい》「シメタ」と叫《さけ》ぶや犯人《はんにん》は思《おも》はず足《あし》すくみて倒《たを》れ捕縛《ほばく》せらるゝことがある又此術《またこのじゆつ》に達《たつ》せる劍客《けんかく》は歩行《ほかう》しつゝある者《もの》に一言《げん》「エイッ」と氣合《きあひ》を掛《か》くれば立《た》ち止《とま》りて歩《あゆ》めなくなることあり、或《あるひ》は劍客《けんかく》互《たがひ》に雌《し》雄《ゆう》を爭《あらそ》ふ場合《ばあひ》にも突然此氣《とつぜんこのき》合《あひ》を掛《か》け敵《てき》をして敗北《はいほく》せしむること珍《めづ》らしくない。

大凡社會《おほよそしやくわい》に立《たつ》て事《こと》を爲《な》さんとする者《もの》は何業《なにげふ》を問《と》はず人心操縦即《じんしんさうじうすなは》ち氣合術《きあひじゆつ》に長《ちやう》じ膽力《たんりよく》を鍛錬《たんれん》する必要《ひつえう》がある、大《だい》にしては國《くに》と國《くに》との關係《くわんけい》にも人心操縦《じんしんさうじう》に妙《めう》を得《ゑ》ば單《たん》に外交《ぐわいかう》のみにも戰爭《せんさう》をなし降伏《かうふく》せしめたるより以上《いじやう》の好結果《かうけつくわ》を收《をさ》むることが出來《でき》る、小《せう》にしては妻女《さいじよ》やおさんを甘《うま》く操縦《さうじう》することも出來《でき》る、若《も》し個人同志《こじんどうし》の間《あひだ》に生《しやう》じたる談判《だんぱん》の交《かう》渉《しやう》でも操縦法《さうじうはふ》に熟達《じゆくたつ》せんか自分《じぶん》の主張《しゆちやう》を相手方《あひてかた》に悉《こと〴〵》く認諾《にんだく》せしめ乍《なが》ら相手方《あひてかた》を喜《よろこ》ばしむることが出來《でき》るものである、それに反《はん》して操縦法《さうじうはふ》に疎《うと》からんか自分《じぶん》の意見《いけん》は相手《あひて》方《かた》の怨《うらみ》を買《か》ひ怒《いかり》に觸《ふ》れ却《かへつ》て敵《てき》を設《まう》けたる外何等《ほかなんら》の得《う》ることなくして仕舞《しま》ふ場合《ばあひ》もある要《えう》するに氣合術《きあひじゆつ》は武士道《ぶしだう》の一種《しゆ》たるも精神鍛練《せいしんたんれん》に資《し》することが尠《すく》なくない。

◎氣合術修業の極意

○單《たん》獨《ごく》獨《ごく》習《しふ》法《はふ》

（イ）　氣海丹田《きかいたんでん》の修養《しうやう》

氣海《きかい》又《また》は丹田《たんでん》とは如何《いか》なる處《ところ》を稱《しよう》するかと云《い》ふに臍輪《せいりん》の處《ところ》を氣海《きかい》といひ、臍下《せいか》一寸《すん》五分《ぶ》の處《ところ》を丹田《たんでん》といふ、即《すなは》ち氣海《きかい》、丹田《たんでん》の修養《しうやう》とは下腹部《かふくぶ》に心を聚めて力《ちから》が籠《こも》つて居るやうにするといふことである。

一體人間《たいにんげん》なるものが何《なに》かの原因《げんいん》によりて驚《おどろ》きたる場合《ばあひ》には必《かなら》ず下腹《したはら》が小《ちい》さく、又《また》は病《びやう》身殊《しんこと》に神經病《しんけいびやう》の人《ひと》などは腹部《ふくぶ》が小《ちい》さく無力《むりよく》のものである、されば腹《はら》の小《ちい》さい人《ひと》は到底《たうてい》氣合《きあひ》を掛《か》くる資格《しかく》はないのであるから常《つね》に腹式呼吸法《ふくしきこきふはふ》によりて下腹《かふく》の修養《しうやう》をなし精神《せいしん》を凝《こ》めて沈着心《ちんちやくしん》を養成《やうせい》せねばならぬ、腹式呼吸《ふくしきこきふ》は精神肉體《せいしんにくたい》と共《とも》に力《ちから》を増大《ぞうだい》するものである。

勇氣《ゆうき》と膽力《たんりよく》は氣合術《きあひじゆつ》を行《おこな》ふ極意《ごくい》の根本《こんぽん》ともいふべきものである。

（ロ）　無我《むが》無慾《むよく》の修養《しうやう》

氣合術《きあひじゆつ》を行《おこな》はんとするには術者《じゆつしや》即《すなは》ち行《おこな》ふ者《もの》の精神《せいしん》が虚心平氣《きよしんへいき》なるべきことと換言《くわんげん》すれば所謂《いはゆる》無《む》念《ねん》無《む》想《さう》の状態《じやうたい》にあるべき事《こと》である。

一心《しん》不亂《らん》に氣合術《きあひじゆつ》のことのみに全力《ぜんりよく》を傾《かた》けるのでなければ到底對人敵手《たうていたいじんてきしゆ》に勝《か》つ事《こと》が出《で》來《き》ぬ、氣合術《きあひじゆつ》に成功《せいかう》することは出來《でき》ない、よく術者自身《じゆつしやじしん》の虚心平氣《きよしんへいき》にして敵《てき》の弱點《じやくてん》を衝《つ》きて瞬間《しゆんかん》に勝《か》ち得《え》ねばならぬ。勝伯曰《かつはくいは》く心《こゝろ》は明鏡止水《めいきやうしすゐ》の如《ごと》しといふ事《こと》は若《わか》い時《とき》に習《なら》つた劍術《けんじゆつ》の極意《ごくい》だが、外交《ぐわいかう》にもこの極意《ごくい》を應用《おうよう》して少《すこ》しも誤《あや》まらなかつた、かういふ風に應接してかういふ風《ふう》に切拔《きりぬ》けるなど豫《あらかじ》め見込《みこみ》を立《た》てゝ置《お》くのが世間《せかん》の風《ふう》だけれどもこれが一番《ばん》わるいよ、おれなどは何《な》にも考《かんが》へたり目論見《もくろみ》たりすることはせぬ、たゞ一切《せい》の思慮《しりよ》を捨《す》てゝしまつて妄想《もうさう》や邪念《じやねん》が靈智《れいち》を曇《くも》らすことのないやうにしておくばかりだ、即《すなは》ち所謂明鏡止水《いはゆるめいきやうしすゐ》のやうだ心《こゝろ》を磨《みが》ぎ澄《す》ましておくばかりだかうして置《お》くと機《き》に臨《のぞ》み變《へん》に應《おう》じて事《こと》に處《しよ》する方策《はうさく》の浮《うか》び出《づ》ること恰《あだか》も影《かげ》の形《かたち》に從《したが》ひ響《ひゞき》の聲《こゑ》に應《おう》ずる如《ごと》くなるものだと

無我無慾《むがむよく》になるには即《すなは》ち自己《じこ》催眠《さいみん》の狀態《じやうたい》にあらねばならぬ、それが爲《ため》に催眠術《さいみんじゆつ》により て無我《むが》の境《さかひ》に入《い》る事《こと》を修養《しうやう》するが緊要《きんえう》である。

(八)　自信力《じしんりよく》の修養《しうやう》

術者《じゆつしや》は必《かなら》ず自己《じこ》の氣合術《きあひじゆつ》によりて敵《てき》を倒《たを》し得《う》べしとの確心《かくしん》ありて後《のち》に行《おこ》ふべし然《しか》らざれば、その成功《せいかう》は望《のぞ》むべからずして全《まつた》く失敗《しつぱい》に終《をは》るは當然《たうぜん》である、その自信力《じしんりよく》を修養《しうやう》

するには精神修養《せいしんしうやう》にあるものである、氣合術獨習法中勝伯《きあひじゆつどくしふはふちうかつはく》の實驗談《じつけんだん》として記《き》する處《ところ》を見《み》るに曰《いは》く。

危難《きけん》に際會《さいくわい》して逃《のが》れぬ場合《ばあひ》と見《み》たら先《ま》づ身命《しんめい》を捨《す》てゝかゝつた、而《しか》して不思議《ふしぎ》にも一度《ど》も死《し》なゝかつた、こゝに精神上《せいしんじやう》の一大作用《たいさよう》が存在《そんざい》するものだ、一たび勝《か》たんとするに急《きう》なる時《とき》は忽《たちま》ち頭熱《とうねつ》し、胸躍《むねおど》り、措置《そち》却《かへつ》て顛倒《てんたう》し進退度《しんたいど》を失《しつ》するの患《うれい》を免《まぬか》れることは出來《でき》ない、若《も》し或《あるひ》は遁《のが》れて防禦《はうぎよ》の地位《ちゐ》に立《た》たんと欲《ほつ》す忽《たちま》ち退縮《たいしゆく》の氣《き》を生《しやう》じ來《きた》りて相手《あひて》に乘《じやう》せられるのだ、事大小《ことだいせう》となく此《こ》の規則《きそく》に支配《しはい》されるのだ、おれは此《こ》の人間精神上《にんげんせいしんじやう》の作用《さよう》を悟了《ごれう》して何時《いつ》も先《ま》づ勝敗《しようはい》の念《ねん》を度外《どくわい》に置《お》き虚心坦懷《きよしんたんくわい》事變《じへん》に處《しよ》した。

◎氣合術實地上達法

(イ) 術者《じゆつしや》の姿勢方式《しせいはうしき》

姿勢及《しせいおよ》び態度《たいど》はすべて對敵手《たいてきしゆ》の注意《ちうい》を引《ひ》き付《つ》けねばならぬ、即《すなは》ち術者《じゆつしや》の態度《たいど》服装《ふくさう》等《とう》に特長《とくちやう》がなければならぬ。

先《ま》づ氣合術《きあひじゆつ》を行《おこな》はんとせば、丹田《たんでん》(下腹《かふく》)に精神《せいしん》を凝《こ》めて直立《ちよくりつ》して不動《ふどう》の姿勢《しせい》を取《と》る事《こと》が肝要《かんえう》である、姿勢《しせい》が惡《わる》ければ從《したが》つて精神《せいしん》も亂《みだ》れて不統一《ふとう》となるから到底氣合術《たうていきあひじゆつ》に成功《せいかう》することは出來《でき》ぬものである。

（ロ）其《その》の種《しゆ》類《るゐ》

氣合術《きあひじゆつ》の奥義《おくぎ》は相手《あひて》の實《じつ》を避《さ》けて虚《きよ》を衝《つ》く事《こと》が此《こ》の術《じゆつ》の要點《えうてん》である、即《すなは》ち虚實洞察法《きよじつどうさつはふ》である。

◎氣合術實術實行法

榴來博士《やくらいはかせ》の精神《せいしん》の虚《きよ》を故意的《こいてき》に誘起《いうき》する術《じゆつ》に曰《いは》く、(イ)轉氣法《てんきはふ》　(ロ)挫折法《ざせつはふ》　(ハ)誘《いう》念法《ねんはふ》　(ニ)利用法《りようはふ》　(ホ)放任法《はうにんはふ》これなり

(イ)轉氣法《てんきはふ》、敵手《あひて》が一意《い》專心《せんしん》我《わ》れに向《むか》つて迫《せま》り來《きた》る時《とき》は其氣《そのき》猛烈《まうれつ》にして乘《じやう》すべき處《ところ》無《な》きときは其精神《そのせいしん》を他《た》に轉《てん》せしめ其《そ》の刹那《せつな》に於《お》ける虛《きよ》に乘《じやう》じて切《き》り入《い》り以《もつ》て勝《かち》を制《せい》するものである。

例《たと》へば劍術《けんじゆつ》を行《おこな》ふ場合《ばあい》に切《き》り込《こ》まんとするも全身《ぜんしん》に分厘《ぶんりん》の虛卽《きよすなは》ち弱點《じやくてん》もなき場合《ばあひ》に實《じつ》は左手《さしゆ》を擊《う》たんとする心《こゝろ》あり乍《なが》ら態《わざ》と右手《うしゆ》を擊《う》ちかゝる、然《しか》るに敵《てき》は右手《うしゆ》を擊《う》たれまじと全力《ぜんりよく》を右手《うしゆ》の防禦《ばうぎよ》に用《もち》ふ然《しか》るとき左手《さしゆ》に對《たい》する防禦力《ばうぎよりよく》は全《まつた》く虛《きよ》となるその虛《きよ》に乘《じやう》じて左手《さしゆ》を擊《う》つなり之《こ》れ卽《すなは》ち轉氣法《てんきはふ》なり

(ロ)挫折法《ざせつはふ》、敵《てき》が勢《いきほひ》强《つよ》く進《すゝ》み來《きた》る機《はづみ》を引《ひ》き外《はづ》して其《そ》の英氣《えいき》を挫《くぢ》き以《もつ》て其《そ》の虛《きよ》に乘《じやう》ずるを云《い》ふ。

例《たと》へば柔術《じうじゆつ》に於《お》ての奧義《おくぎ》には全身《ぜんしん》の力《ちから》を容易《やうい》に入《い》れざるにあり若《も》し敵《てき》を倒《たを》さんとて全身《ぜんしん》の力《ちから》を凝《こ》めんか、其《そ》の力《ちから》を外《はづ》さるゝと自分《じぶん》の力《ちから》で自分《じぶん》が倒《たを》るゝこと珍《めづ》らしからず、又《また》十の力《ちから》がなきものが、十の力《ちから》を出《だ》さば其《それ》よりは力《ちから》が次第《しだい》々《/\》に減《げん》するもので

ある。

（ニ）誘念法《いうねんはふ》、敵《てき》の精神《せいしん》が或《ある》一點《てん》に活動《くわつどう》する塲合《ばあひ》に於《おい》て其《それ》と抵觸《ていしよく》せざる方面《はうめん》より說《と》き起《おこ》し知《し》らす識《し》らすの間《あひだ》に自分《じぶん》の意《い》の如《ごと》くにする術《じゆつ》を云《い》ふ、この方法《はうはふ》は多《おほ》く催眠術《さいみんじゆつ》の暗《あん》示《じ》によりて行《おこな》はれる。

（ニ）利用法《りようはふ》、相手《あひて》の長所《ちやうしよ》とする所《ところ》を稱揚《しやうやう》して其《そ》の自負心《じふしん》を悅《よろこ》ばせ置《お》き後《のち》に自分《じぶん》の思《おも》ふ通《とほ》りとなす法《はふ》である。

（ホ）放任法《はうにんはふ》、相手方《あひてかた》の活動《くわつどう》を正面《しやうめん》より制止《せいし》せんとせずして却《かへ》つて其《そ》の儘《まゝ》にして自然《しぜん》に止《とゞ》まるに至《いた》らしむる法《はふ》を云《い》ふ。

○氣《き》合《あひ》術《じゆつ》

氣合術《きあひじゆつ》を行《おこな》ふには「ヱイッ」といふ大喝《たいかつ》一聲《せい》を掛《か》けるを普通《ふつう》とす或人《あるひと》は此《こ》の掛聲《かけごゑ》の効力《かうりよく》を說明《せつめい》して曰《いは》く少《すこ》しく重《おも》い者《もの》を持上《もちあ》げるに一聲《せい》「ソレッ」といふ掛聲《かけごゑ》をすると不思議《ふしぎ》にも容易《ようい》に輕々《かる〴〵》しく持上《もちあ》げるものだと云《い》はれて居《ゐ》る、この掛聲《かけごゑ》と同時《どうじ》に全身筋肉《ぜんしんきんにく》は緊縮《きんちやう》し精氣旺盛《せいきわうせい》となり勇氣《ゆうき》が出《で》るものである。

◎阿呍の呼吸方式

阿呍の呼吸とは如何《いか》なるものか即《すなは》ち阿《あ》は息《いき》を吐《は》き出《だ》す姿《すがた》、呍《うん》は息《いき》を吸《す》ひ込《こ》む姿《すがた》である息《いき》を吐《は》き出《だ》す時《とき》は筋骨《きんこつ》が弛《ゆる》む、息《いき》を吸《す》ひ込《こ》んで下腹《したはら》に入《い》れると筋骨《きんこつ》が締《しま》るなり、阿《あ》の時《とき》は力《ちから》なく呍《うん》の時《とき》は力《ちから》が入《い》る、即《すなは》ちこれ虚實《きよじつ》にして我《わ》れ突《つ》いて敵《てき》の虚《きよ》を撃《う》つのは即《すなは》ち下腹《したはら》に息《いき》を入《い》れて敵《てき》の吐《は》く息《いき》の時《とき》に突《つ》くので突《つ》くに應《おう》じて倒《たを》れるなり、氣合《きあひ》を掛《か》ける妙機《めうぎ》は即《すなは》ち之《こ》れである、我《われ》は息《いき》を引《ひ》き込《こ》んで居《ゐ》て敵《てき》の吐《は》く息《いき》と見《み》る機《き》一髮《はつ》「エイッ」と聲《こゑ》を掛《か》けると立《たちどこ》ろに敵《てき》の氣《き》を奪《うば》ひ去《さ》ることが出來《でき》るのである。

◎氣合術は昔から武術の秘訣

武術《ぶじゆつ》に於《おい》ては古來《こらい》より氣合《きあひ》、矢聲《やごゑ》と稱《しよう》し武士《ぶし》が勝負《しやうぶ》の場合《はあひ》には必《かなら》ず用《もち》ゆられて居《ゐ》つた様《やう》で徳川氏時代《とくがはしじだい》は盛《さかん》であつた、名人《めいじん》は彼《か》の伊藤《いとう》一刀齋《たうさい》、宮本武藏《みやもとむさし》、荒木又右衛門《あらきまたうゑもん》等《とう》があつた。

氣合術《きあひじゆつ》は元來《ぐわんらい》が心《こゝろ》の作用《さよう》であつて外觀《ぐわいくわん》に現《あら》はれたる擧動《きよどう》は心《こゝろ》の作用《さよう》を大《だい》ならしめ又《また》は之《これ》によりて生《しやう》じたる結果《けつくわ》と見《み》るべきものである、即《すなは》ち此《こ》の術《じゆつ》は心《こゝろ》と心《こゝろ》との感通以心傳《かんつういしんでん》心《しん》の術《じゆつ》である。

氣合術《きあひじゆつ》は他《た》の劍術《けんじゆつ》、柔術《じうじゆつ》、馬術《ばじゆつ》、弓術《きうじゆつ》、槍術《さうじゆつ》、砲術等《はうじゆつとう》の如《ごと》き武藝《ぶげい》とは同《おな》じからずして之れ皆武藝《ぶげい》を行《おこな》ふべき根源《こんげん》となるべき精神《せいしん》の鍛錬法《たんれんはふ》である。

◎氣合術は合氣術と違ふ

氣合術《きあひじゆつ》を行《おこな》ふときは肉體《にくたい》の力《ちから》を主《しゆ》とし精神力《せいしんりよく》を從《じう》として其働《そのはたらき》を外部《ぐわいぶ》に發動《はつどう》するも合《あひ》氣術《きじゆつ》は之《こ》れに反《はん》して精神《せいしん》の力《ちから》を主《しゆ》として肉體《にくたい》の力《ちから》を從《たて》として人《ひと》を制《せい》せんとするものである、故《ゆゑ》に合氣《あひき》は氣合《きあひ》よりも進《すゝ》めるものである。

◎氣合術は文明的の空手護身術

氣合術獨習法《きあひじゆつどくしふはふ》に曰《いは》く、文明《ぶんめい》の世《よ》に於《おい》ては護身用《ごしんよう》としては法律《はふりつ》なるものありて吾人《ごじん》の生《せい》命財産《めいざいさん》に危害《きがい》を加《くは》へんとするものあるときは充分《じうぶん》に保護《ほご》せられ安心《あんしん》なりと雖《いへど》も法律《はふりつ》による國家《こくか》の保護《ほご》を俟《ま》つ遑《いとま》なき場合《ばあひ》に於《おい》ては法律《はふりつ》は正當防衛權《せいたうばうゑいけん》なるものを吾人《ごじん》に與《あた》へて其《そ》の條件《でうけん》を具備《ぐび》せる場合《ばあひ》に於《おい》ては吾人《ごじん》は人《ひと》を殺《ころ》すことも出來《でき》る又其場合《またそのばあひ》に於《おい》ては一私《し》人《じん》と雖《いへど》も檢事《けんじ》同樣《どうやう》の權利《けんり》を得《え》て危險《きけん》なる現行《げんかう》の大犯罪者《だいはんざいしや》を捕縛《ほばく》する權利《けんり》をも有《いう》す、斯《か》樣《やう》なる場合《ばあひ》に於《おい》て正當防衛權《せいたうばうゑいけん》を行使《かうし》するとき吾人《ごじん》は短銃《たんじう》を以《もつ》て之《これ》を防《ふせ》がんか短銃《たんじう》は頗《すこぶ》る危險《きけん》にして若《も》し誤《あやまつ》て犯人以外《はんにんいぐわい》の人《ひと》に銃丸《じうぐわん》が當《あた》りしときは却《かへつ》て吾人《ごじん》は過失《くわしつ》傷害《さつしやうがい》罪を犯《をか》せしものとして法律《はふりつ》に觸《ふ》るゝこととなる、又之《またこ》れが取扱《とりあつかひ》の上《うへ》に於《おい》ても注意《ちうい》を怠《おこた》ると飛《と》んだことを惹《ひ》き起《おこ》す虞《おそ》れあり却《かへ》つて寧《むし》ろ所持《しよぢ》せざるに勝《まさ》るの嘆《たん》を發《はつ》すること少なきにあらず。

之《これ》に反《はん》して氣合術《きあひじゆつ》なるものは頗《すこぶ》る安全《あんぜん》なり先《ま》づ充分《じうぶん》に心《こゝろ》を靜《しづ》めて敵《てき》の虚《きよ》を認《みと》め其虚《そのきよ》に乘《じやう》じて突《つ》き込《こ》み以《もつ》て敵《てき》の精神《せいしん》を奪《うば》ひ肉體《にくたい》をして意《い》の儘《まゝ》となすなり故《ゆゑ》に過失傷害罪《くわしつしやうがいざい》を犯すの虞《おそれ》なし此術《このじゆつ》は身《み》に寸鐵《すんてつ》を帶《を》びずして活殺自在《くわつさつじざい》の働《はたらき》をなす至極安全《しごくあんぜん》にして便利《べんり》なり。云々、

◎氣合術應用の範圍

○金儲《かねもうけ》の秘訣《ひけつ》としての應用《おうよう》

此法《このはふ》は何人《なんぴと》も望《のぞ》む所《ところ》にして濡《ね》れ手《て》で泡《あは》一攫《くわく》千金《きん》の掴《つか》み取《ご》りを實行《じつかう》せんと夢《ゆめ》みるもの々し、誰《たれ》か安樂《あんらく》なる金儲《かねもうけ》を得《ね》ん事《こと》を願《ねが》はざるものあらんや、氣合術《きあひじゆつ》は前陳《ぜんちん》の如《ごと》く相手方《あひてかた》の精神《せいしん》の實《じつ》を避《さ》けて虚《きよ》を突《つ》くの術《じゆつ》である、故《ゆゑ》に苟《いやしく》も人《ひと》を相手《あひて》とする業務《げふむ》に之《これ》を應用《おうよう》すれば必《かなら》ず相手方《あひてかた》を心服《しんぷく》せしめて自己《じこ》の意《い》の儘《まゝ》に爲《な》すことを得《う》、從《したがつ》て金《かね》なり女《をんな》なり地位《ちゐ》なり名譽《めいよ》なりに滿足《まんぞく》することを得《う》べしと。

○人心《しんしん》を操縦《さうじう》としての應用《おうよう》

氣合術《きあひじゆつ》は相手《あひて》の者《もの》に對《たい》して萬事《はんじ》の懸引上《かけひきじやう》に交際上《かうさいじやう》に應用《おうよう》して妙《めう》な作用《さよう》のあるものである、操縦法《さうじうはふ》とは相手方《あひてかた》の精神《せいしん》の虚《きよ》を洞察《さうさつ》して其實《そのじつ》を避《さ》けてその虚《きよ》を衝《つ》くの術《じゆつ》である愈《いよ》相手方《あひてかた》と談判《だんはん》せんとする塲合《ばあひ》には相手方《かた》は我主張《わがしゆちやう》に反抗《はんかう》せんとする精神《せいしん》にして少《すこ》しのすきもなきときは我《わ》が言《げん》を述《の》ぶるも悉《ことごと》く無効《むかう》に歸《き》すべし此《かく》の如《ごと》き人《ひと》の精神《せいしん》を操縦《さうじう》するに二種類《しゆるゐ》がある。

一は敵《てき》の反抗精神《はんかうせいしん》を威壓《ゐあつ》すること他《た》は反抗精神《はんかうせいしん》に油斷《ゆだん》をさして其《そ》の虚《きよ》を衝《つ》き或《あるひ》は却《かへつ》て之《これ》を利用《りよう》して談判《だんはん》の効果《かうくわ》を助《たす》くる者である、この後者《こうしや》の塲合《ばあひ》を氣合術《きあひじゆつ》と云《い》ふのである。

◎膽力養成法としての應用

氣合術《きあひじゆつ》の練習《れんしふ》によりて臍下丹田《せいかたんでん》を練《ね》り精神《せいしん》を不動《ふどう》の境《さかひ》に置《お》けば從《したがつ》て膽力増大《たんりよくぞうたい》し、泰《たい》山前《ざんぜん》に崩《くづ》れ怒濤《ごとう》後《うしろ》を襲《おそ》ふも毫《がう》も動《どう》せざる程《ほど》の膽力家《たんりよくか》となるべし前陳説明《ぜんちんせつめい》せる氣合術《きあひじゆつ》な行《おこな》ふ極意《ごくい》を確守《かくしゆ》すれば自《みづか》ら會得《ゑとく》することが出來《でき》る。

○柔術《じうじゆつ》の極意《ごくい》としての應用《おうよう》

氣合術《きあひじゆつ》は實《じつ》に柔術《じうじゆつ》の極意《ごくい》とも稱《しよう》すべきものである、即《すなは》ち柔術《じうじゆつ》にも術式《じゆつしき》種々《しゆ〳〵》あり曰《いは》く投《なげ》業《わざ》、固業《かためわざ》、立業《たちわざ》、捨身業《すてみわざ》、締業《しめわざ》、抑業《おさへわざ》、關節業等《くわんせつわざとう》ありて其《そ》の變化《へんくわ》極《きは》めて多《おほ》しと雖《いへど》も其《そ》の極秘《ごくひ》は一にして曰《いは》く「柔能《じうよ》く剛《がう》を制《せい》す」と此《こ》の外《ほか》に斯術《しじゆつ》の根底《こんてい》ある無《な》しと即《すなは》ち敵《てき》の虚《きよ》を衝《つ》くの氣合術《きあひじゆつ》の原理《げんり》を完全《くわんぜん》に會得《ゑとく》せば柔術《じうじゆつ》の奥義《おくぎ》は充分《じうぶん》である。

○相撲必勝《すまふひつしやう》として應用《おうよう》

相撲《すまふ》の必勝《ひつしやう》の奥《おく》の手《て》も要《えう》するに氣合術《きあひじゆつ》に外《ほか》ならず、相撲寶鑑《すまふほうかん》（相撲立合《すまふたちあひ》の心得《こゝろえ》）に曰《いは》く本來無《ほんらいむひ》一物《ぶつ》と思《おも》ふべし心《こゝろ》を虚《きよ》にして敵手《あひて》を待《ま》つ敵手《あひて》は實《じつ》なり故《ゆゑ》に虚心《きよしん》を以《もつ》て敵《てき》を知《し》るべしと、相撲《すまふ》の傳書《でんしよ》にあるは此事《このこと》なり此《こ》の敵《てき》を知《し》るとは敵《てき》の得手《えて》、不得手《ふえて》の處《ところ》、又《また》は强弱《きやうじやく》を知《し》るといふ事《こと》なり、是《これ》を唯《たゞ》一に收《をさ》め忍《しの》ひて立《た》つといふ、譬《たと》へば業《わざ》は經外《きやうぐわい》に別傳《べつでん》たり、業《わざ》を以《もつ》て勝《か》つことを勤《つと》むるなかれ只心《たゞこゝろ》の一手《て》にあるものと知《し》るべし、譬へば經文《きやうもん》の外《ほか》に佛法《ぶつぽふ》あるが如《ごと》く氣《き》治《おさま》らざれば其業《そのわざ》も動搖《どうねう》して甚《はなは》だ危《あやう》し其本《そのもと》亂《みだ》れて末《すゑ》治《おさま》らざるは自然《しぜん》の理《り》なり、傳書《でんしよ》に多《おほ》く不動心《ふどうしん》といふ事《こと》を說《と》きたるは心《こゝろ》を動《うご》かさずして只《たゞ》一圖《づ》に忍《しのぶ》といふ文字《もんじ》を忘《わす》るべからず、必《かなら》ず勝《かた》んと思《おも》ふべからず、只負《たゞまけ》まじと大事《だいじ》を取《と》り假初《かりそめ》にも派手《はで》なる取方《とりかた》をなすは大《だい》なる過《あやま》ちなりと知《し》るべし。

七體《たい》七足《そく》の虚實《きよじつ》とは何《なん》ぞ、

是《こ》れは口傳《くでん》の事《こと》にして容易《やうい》に人《ひと》に示《しめ》すべきものにあらざれども此《こ》の道熱心《みちねつしん》の人《ひと》に敎《をし》へおかば終身益《しうしんえき》を得《う》ること少《すく》なからざる事《こと》を信《しん》じ爰《こゝ》に其大略《そのたいりやく》を記《しる》す。

(イ)強 弱 虚實《きやうじやくきよじつ》の體《たい》、強《つよ》きもの必《かなら》ず勝《か》つにあらず又弱《またよわ》きもの必《かな》らず負《ま》くるにあらず虚《きよ》と見《み》える時《とき》は之《こ》れ實《じつ》なり業《わざ》は總《すべ》て強 弱虚實《きやうじやくきよじつ》ともに必《かな》らず時《とき》に臨《のぞ》み變化《へんくわ》するものなり眞劍《しんけん》の勝負《しやうぶ》は習《なら》ふとも得《う》ること能《あた》はず思《おも》ふとも容易《やうい》に得《う》る事能《ことあた》はざるものなり、只稽《たゞけい》古《こ》する時《とき》は妙術《めうじゆつ》いで來《きた》り其場《そのば》に臨《のぞ》む時《とき》は彼我《ひが》の強 弱《きやうじやく》自《おの》づから分《わか》るものなり依《よつ》て是《これ》を一人自得《ひとりじとく》の妙術《めうじゆつ》といふ、師匠《しやう》たりといへども口傳又《くでんまた》は手《て》にて敎授《けうじゆ》する能《あた》はざる事《こと》なり。

(ロ)强柔弱剛《きやうじうじやくがう》の體《たい》、力强《ちからつよ》しと雖《いへど》も氣《き》柔《やは》らかにして力《ちから》を蘊《たくは》ふるものは弱《よは》く見《み》ゆれども人《ひと》は必《かなら》ず强《つよ》し譬《たと》へば敵手《あひて》を見計《みはか》らひ其分《そのぶん》に應《おう》じて取組《とりく》む時《とき》は何程《なにほど》の變化《へんくわ》相手《あひて》にありと雖《いへど》も本心《ほんしん》を失《うしな》はざれば驚《おどろ》く事《こと》なく思《おも》ふまゝに立會《たちあ》はるゝものなり然《しか》るに弱《よは》きものと見《み》ては一ト揉《もみ》に押《お》し倒《たを》さんと思《おも》ひ、本心《ほんしん》を失《うしな》い居《を》る時《とき》敵手《あひて》の方《はう》に案外《あんぐわい》の變化《へんくわ》ありて仕掛《しかけ》られたる時《とき》は己《おの》れより下手《へた》の者《もの》にも負《まけ》る事《こと》あるものなり此《こ》の理《り》を會得《えとく》せざれば銘人《めいじん》の地位《ちゐ》に至《いた》ること能《あた》はず、是《これ》を强柔弱剛《きやうじうじやくがう》の心得《こゝろえ》と云《い》ふ、尤《もつと》も大關《おほぜき》の地位《ちゐ》にある力士《りきし》は片時《へんし》も此工夫《このくふう》を忘《わす》るべからず。

(ハ)有無《うむ》の體《たい》　變化《へんくわ》する其本《そのもと》を見知《みし》り相手《あひて》の强弱《きやうじやく》を知《し》るを肝要《かんえう》とす、有時《いうじ》は無心《しん》にして無時《むじ》は有心《いうしん》と知《し》るべし只《たゞ》一身《しん》を守《まも》る事《こと》を勤《つと》め相手《あひて》を倒《たを》す事《こと》を勤《つとむ》るなかれ我《わ》が體《たい》に相手《あひて》の取組時《とりくむとき》は無《む》にして勝時《かつとき》は有《いう》とすべし皆臍下《みなせいか》の一心《しん》にある妙手《めうしゆ》といふ是《これ》なり。

(ニ)餘力《よりよく》の體《たい》　是《これ》は力《ちから》を遣《つか》ふ時《とき》は少《すこ》しく餘《あま》るやうに蘊《たくは》へ遣《つか》はざる時《とき》は不足《ふそく》と心得《こゝろえ》、只《たゞ》自己《じこ》の分量《ぶんりやう》を知《し》つて内端《うちは》に心得《こゝろえ》、堅《かた》きものを柔《やは》らかに遣《つか》ふ心持《こゝろもち》にて相手《あひて》と立合時《たちあふとき》は必《かなら》らず勝《かつ》ものと知《し》るべし。
(ホ)過不及《すぎたるはおよはず》の體《たい》　縦《たと》ひ相手《あひて》は我《われ》より劣《おと》るものと雖《いへ》ども己《おの》れが力《ちから》にまかせ無理《むり》に勝《かつ》は不可《ふか》なり若《も》し力《ちから》を一杯《はい》に出《だ》し倒《たを》し損《そん》じたる時《とき》は我《われ》より劣《おと》るものに負《まけ》る事《こと》あり、古人《こじん》の謂《い》ふ過《すぎ》たるは及《およ》ばざるが如《ごと》しと是《これ》れをいふなり、総《すべ》て氣《き》あせり氣短《きみじ》かなるは斯道《しだう》の大《おほい》に忌《い》む所《ところ》なり、常《つね》に土俵《どへう》に上《のぼ》りては氣《き》を鎮《しづ》め心《こゝろ》を平《たひら》かにして相手《あひて》に向《むか》ふを以《もつ》て第《だい》一とするなり。
(ヘ)九死《し》一生《しやう》の體《たい》　都《すべ》て取組《とりくみ》時《とき》は己《おの》れが業《わざ》を殘《のこ》さず十分《ぶん》に施《ほどこ》すを善《よし》とす勝負《しやうぶ》に臨《のぞ》み二心《しん》を抱《いだ》くは最《もつと》も嫌《きら》ふ所《ところ》なり又《また》氣《き》の長短《ちやうたん》に場合《ばあひ》と時《とき》とあり能《よ》く此處《このところ》を分別《ふんべつ》して今《いま》は此等《こゝら》彌々《いよ〳〵》危《あやう》しと見《み》る時《とき》は氣《き》を短《みじ》かく力《ちから》をも一杯《はい》に出《だ》す是《これ》を九死《し》一生《しやう》の體《たい》といふなり。
(ト)一體《たい》一生《しやう》の捻《ひねり》　一體《たい》とは心氣手《しんきて》足《あし》とも兼《かね》ていふ捻《ひね》りとは業《わざ》の名《な》にて惣《すべ》て體《たい》には規矩《きく》なかるべからず、若《も》し此心得《このこゝろえ》なくして體《たい》にひずみの生《しやう》ずる時《とき》は縦《たと》ひいかなる妙手《めうしゆ》を出《だ》すも對手《あひて》に感《かん》せぬものなり故《ゆゑ》に眞劍《しんけん》の勝負《しやうぶ》をなす時《とき》は必《かな》らず己《おの》れが不斷《ふだん》得手《えて》を施《ほどこ》すものなり、是《こ》れ不斷得《ふだんえ》たるを以《もつ》て一體《たい》にひづみなく全身《ぜんしん》に精神《せいしん》と力量《りきりやう》の滿《み》ち渡《わた》るが故《ゆゑ》に勝《かち》を得《う》るなり若《も》し之《これ》に反《はん》して不得手《ふねて》を施《ほどこ》す時《とき》は手足心力《しゆそくしんりよく》共《とも》に不揃《ふそろへ》にして相手《あひて》を感《かん》せしむる事能《ことあた》はざるが故《ゆゑ》に負《まけ》となるなり是則《これすなは》ち一體《たい》に規矩《きく》なきに依《よ》るなり我《わ》が得手《えて》を以《もつ》て取組《とりく》む時《とき》は相手方《あひてかた》にては己《おの》れの得手《ねて》を施《ほどこ》すこと能《あた》はず、自《おの》づと負《まけ》となるなり故《ゆゑ》に一體《たい》一生《しやう》一の捻《ひね》り是《これ》を三具揃《ぐそろへ》といふされども此道《このみち》に入《い》り十年以内《ねんいない》の執行《しつかう》にては此規矩《このきく》に當《あた》る人殆《ひとほと》んど稀《まれ》なり云々《うんく》。

○其他《そのた》氣合術《きあひじゆつ》を應用《おうよう》すべき場合《ばあひ》

一、書道《しよだう》の奥義《おくぎ》となる。

二、習字《しよじ》の秘訣《ひけつ》となる。

三、健康法《けんかうはふ》となる。

四、精神修養法《せいしんしうやうはふ》となる。

五、精神療法《せいしんれうはふ》となる。

六、長命術《ちやうめいじゆつ》となる。

七、力量増加法《りきりやうぞうかはふ》となる。

八、疼痒無感法《とうようむかんはふ》となる。

九、燃火冷感法《ねんくわれいかんはふ》となる。

十、歩行停止法《ほかうていしはふ》となる。

十一、口中點火法《こうちうてんくわはふ》となる。

十二、熱觸鐵火法《ねつしよくてつくわはふ》となる。

十三、不動金縛法《ふどうかなしはりはふ》となる。

十四、鐵棒屈曲法《てつぼうくつきよくはふ》となる。

十五、其他《そのた》各種《かくしゆ》の勝負法《しやうぶはふ》となる。

◎合氣の術

○合氣《あひき》の術《じゆつ》とは何《なに》ぞ

孫子《そんし》曰《いは》く『百戰百勝、非善之善者也、不戰而屈㆓人之兵㆒善之善者也』之《こ》れ殆《ほと》んど合氣《あひき》の術《じゆつ》である、合氣《あひき》の術《じゆつ》なるものは兩雄將《りやうゆうしやう》に闘《たゝか》はんとして而《しか》してまだ劍《けん》を交《まじ》へず、甲《かふ》の一雄《ゆう》乙《おつ》の一雄《ゆう》に先《さき》ちて早《はや》く既《すで》に敵《てき》の氣《き》を制《せい》す、局外者《きよくぐわいしや》は之《これ》を觀《み》て其何《そのなん》の故《ゆゑ》なるを知《し》らず然《しか》れども其兩雄間《そのりやうゆうかん》には、已《すで》に其勝敗決《そのしやうはいけつ》して亦敢《またあへ》て爭《あらそ》ふ可《べか》らず、是《これ》を名《な》づけて合氣《あひき》の術《じゆつ》と云《い》ふ。

○合《あひ》氣《き》の秘《ひ》訣《けつ》

合氣《あひき》の奧義《おくぎ》は要《えう》するに敵人讀心《てきじんどくしん》の術及《じゆつおよ》び掛聲《かけごゑ》の合氣《あひき》を學修《がくしう》するのである、是《こ》れが最《もつと》も緊要《きんえう》の事《こと》である。

合氣《あひき》の術《じゆつ》の秘密《ひみつ》の奧義《おくぎ》を得《え》んと欲《ほつ》せば必《かなら》ず先《ま》づ讀心術《どくしんじゆつ》と氣合術《きあひじゆつ》とを學修《がくしう》せざるべからず。

○合氣術《あひきじゆつ》は一瞬間讀心術《しゆんかんどくしんじゆつ》

一瞬間讀心術《しゆんかんどくしんじゆつ》を施《ほどこ》すことは果《はた》して如何《いか》にすべきか、若《も》し人《ひと》ありて腦中《のうちう》また人《ひと》を撃《うた》んとする思慮《しりよ》を起《おこ》さずして無縁無故《なえんなこ》にして突然撃《とつぜんう》つものあらば如何に迅速《じんそく》なる讀心《どくしん》の術《じゆつ》も亦如何《またいかん》ともすべからず然《しか》れども人《ひと》の人《ひと》を撃《う》つや、腦中《のうちう》また之《これ》を撃《うた》んとする思慮《しりよ》を起《おこ》さずして無縁無故《むねんりこ》にも突然之《とつぜんこれ》を撃《う》つものに非《あら》ず、人《ひと》を撃《う》つや之《これ》を撃《う》つの前必《まへかなら》ず先《ま》ず腦《のう》中之《ちうこれ》を撃《うた》んとするの思慮《しりよ》を起《おこ》して而《しか》して後《のち》に之《これ》を撃《う》つものにして其間亦多少の髮《はつ》を容《い》る可《べ》きものありて存《そん》するのである、これを撃《うた》んと思《おも》ふと之《これ》を撃《う》つとの間《ひだ》、既《すで》に其髮《そのはつ》を容《い》るべきものありとせば則《すなは》ち人《ひと》の將《まさ》に人《ひと》を撃《うた》んとするや、其内心《そのないしん》に思《おも》ふものありて、亦外貌《またぐわいばう》に顯《あら》はれざる理《り》なし、必《かなら》ずや額《ひたひ》に映《えい》じ眼に閃《ひらめ》き或《あるひ》は唇《くちびる》に感《かん》じ色《いろ》に發《はつ》し叉手《きたて》に觸《ふ》れ足《あし》に動《うご》く可《べ》きものであつて全体總《ぜんたいすべ》べて內心《ないしん》の思慮決斷《しりよけつだん》を顯《あら》はす所《ところ》の「インスピレーション」と爲《な》らざるものはない、所謂容貌《いはゆるようばう》は精神《せいしん》の門戸《もんこ》なるものである、人《ひと》はそれを隱《かく》すには困難《こんなん》である、若《も》し或《あるひ》は之《これ》を隱《かく》すものありとするも、亦其隱《またそのかく》れたるより顯《あら》はるゝはなく、微《かす》かなるより顯はるゝはなし、去《さ》れば一旦《たん》既《すで》に人《ひと》の將に人《ひと》を撃《うた》んとして而《しか》して腦中《のうちう》に之《これ》を思慮《しりよ》するや、五官《くわん》外《ぐわい》貌《はう》は都《すべ》て皆《み》な是《こ》れ其内心《そのないしん》の思慮決斷《しりよけつだん》を顯《あら》はす可《べ》きものとすれば其間如何《そのあひだいか》に迅速《じんそく》なるも是《こ》れによりて以《もつ》て其心《そのこゝろ》を讀《よ》み取《と》ること、亦敢《またあへ》て難《かた》きに非《あら》ざる也《なり》。

好《よ》し假令《たとへ》其内心《そのないしん》の思慮決斷《しりよけつだん》を顯《あら》はさゞらんとして務《つと》めて之《これ》を掩蔽《えんぺい》するにもせよ、之《これ》を顯《あら》はさゞらんとして之《これ》を務《つと》むれば則《すなは》ち又其之《またそのこれ》を務《つと》むるの狀《じやう》、陰然《いんぜん》顯《あら》はれて亦得《またえ》て之《これ》を掩《お》ふべからずである、若《も》し又強《またし》ひて之《これ》を蔽《お》はんとすれば則《すなは》ち其狀《そのじやう》、愈々《いよ〳〵》顯《あら》はれて其拙《そのせつ》益々《ます〳〵》甚《はなは》だし、故《ゆゑ》に一旦《たん》既《すで》に腦中《のうちう》に描《ゑが》きたる思慮《しりよ》の五官《くわん》外《ぐわい》貌《はう》に顯《あら》はれんとするを止《とゞ》むるの難《かた》きは地球《ちきう》の運轉《うんてん》を止《とゞ》むるに似《に》たる次第《しだい》である。

故《ゆゑ》に合氣《あひき》の術《じゆつ》に要《えう》する迅速無間《じんそくむけん》の讀心術《どくしんじゆつ》を施《ほどこ》さんとするには必《かなら》ず先《ま》づ心氣《しんき》の鍛練《たんれん》を要《えう》するのである、斯《かく》の如《ごと》くにして既《すで》に能《よ》く心氣《しんき》の鍛練《たんれん》を爲《な》し、又能《またよ》く敵人《てきじん》の腦中《のうちう》に殺氣《さつき》を起《おこ》すと倶《とも》に我《わ》れ能《よ》く一瞬《しゆん》倏《たちま》ち其心《そのこゝろ》を讀《よ》み取《と》ることを得《え》ば彼《か》れが殺氣《さつき》の將《まさ》に充《み》ちんとするに先《さき》だち、我《わ》れ能《よ》く之《これ》を制《ぜい》することを最《もつと》も易々《い〳〵》たるの業《わざ》にて合氣《あひき》の術《じゆつ》の奥義《おくぎ》に入《い》る纔《わつ》かに一髮《はつ》の間《かん》のみ。

○合氣術《あひきじゆつ》の掛聲《かけごゑ》

抑《そもそ》も合氣《あひき》の術《じゆつ》を施《ほどこ》すには敢《あへ》て刀劍等《たうけんとう》の得《う》るを要《えう》せず全《まつた》く身《み》に寸鐵《すんてつ》なくして以《もつ》て能《よ》く之《これ》を施《ほどこ》すを得《う》る法《はふ》である即《すなは》ち前述《ぜんじゆつ》の氣合術《きあひじゆつ》を應用《おうよう》すれば充分《じつぶん》なものである。

○合氣《あひき》の術極意《じゆつごくい》

先哲《せんてつ》の所謂《いはゆる》「先《さき》んずれば則《すなは》ち人《ひと》を制《せい》し、後《うく》るれば則《すなは》ち人《ひと》に制《せい》せらる」と是《こ》れ殆《ほとん》ど合《あひ》氣《き》の術《じゆつ》の用《よう》を說《と》くものである、然《しか》れども唯《た》だ單《たん》に先《さき》んずれば則《すなは》ち人《ひと》を制《せい》すとのみ云《い》ひて其先《そのさき》んずべきの機會《きくわい》を云《い》はず徒《いたづ》らに先《さき》んずるは不可《ふか》である、その機會《きくわい》を得《う》るを肝要《かんえう》とする、元來合氣《ぐわんらいあひき》の術《じゆつ》と云《い》ふ其《そ》の文字《もじ》の上《うへ》より之《これ》を觀《み》れば、則《すなは》ち甲乙《かふおつ》の兩雄《りやうゆう》、將《まさ》に相《あひ》擊《うた》んとして雙方《さうはう》の氣合《きあひ》、一圖《づ》に勝合《かちあ》ふたる所《ところ》、是《こ》れ即《すなは》ち合氣《あひき》の術《じゆつ》たるに似《に》たりと雖《いへど》も斯《か》くては其氣合《そのきあひ》には甲乙《かふおつ》なし、既《すで》に甲乙《かふおつ》なければそれ之《これ》を得《う》る將《は》た又何《またなに》かせんである去《さ》れば合氣《あひき》の術《じゆつ》と云《い》ふも敵《てき》に一步先《ほさき》んず可《べ》きこと固《もと》より論《ろん》なし。

玄機至微造化《げんきしびざうくわ》の臨《のぞ》む所《ところ》、敵人《てきじん》の脳中躍然《のうちうやくぜん》として殺氣《さつき》を起《おこ》し将《まさ》に我《わ》れを撃《うた》んとするや、我《わ》が迅速無間《じんそくむげん》の読心術《どくしんじゆつ》倏《たちま》ち敵人《あひて》の心《こころ》を読《よ》み取《と》り其彼《そのか》れが、将《まさ》に我《わ》れを撃《うた》んとする寸《すん》前《ぜん》、殆《ほと》んど間髪《かんはつ》を容《い》れず霹靂《へきれき》一閃瞬時《せんしゆんじ》ヤッと一聲《こゑ》、敵人《あひて》の心胸《しんきやう》を撃《うつ》は、彼《か》れは其聲《そのこゑ》四支《し》五體《たい》に徹底《てつてい》して昏然物《こんぜんもの》の黒白《こくびやく》を分《わか》つ遑《いとま》なく、背後《はいご》に倒《たを》るべし、是《こ》れ即《すなは》ち合氣《あいき》の術《じゆつ》、秘密《ひみつ》の奥義《おくぎ》として、其《その》ヤッとの一聲《せい》は早からず、遅からず、正に其中間即《すなは》ち敵人《あひて》の将《まさ》に我《わ》れを撃《うた》んとする寸前殆《すんぜんほと》んど間髪《かんはつ》を容《い》れざるの、機會《きくわい》に在《あ》る可《べ》きこと最《もつと》も深《ふか》く注意《ちうい》を要《えう》すべき所《ところ》である、是《こ》れ彼《か》の敵人《あひて》の氣合《きあひ》、将《まさ》に乘《ゆ》らんとする所《ところ》を早《はや》くも我《わ》が猛烈神《まうれつしん》妙《めう》なる一聲《せい》の掛聲《かけごゑ》を以《もつ》て其《そ》の鋭氣《えいき》を奪《うば》ふものなるが故《ゆゑ》に彼《か》れは己《おの》れが将《まさ》に發《はつ》せんとしたる氣《き》の突然遽《とつぜんには》かに壓抑《あつよく》に遇《わ》ひて其氣《そのき》の勢《いきほひ》を却《かへ》つて己《おの》れの心胸《しんきやう》に反撃《はんげき》し、加《くは》ふるに合《あひ》氣術《きじゆつ》、神妙《しんめう》の一聲《せい》、恰《あたか》も利剣《りけん》の如《ごと》く其間《そのあひだ》に乘《じやう》じて進撃《しんげき》し來《きた》る、如何《いか》なる豪傑《がうけつ》と雖《いへ》ども安《いつ》んぞ能《よ》く直立《ちよくりつ》することを得《え》んやである、必《かなら》ず大地《だいち》に顛倒《てんたう》して時《とき》に絶息《ぜつそく》するに至《いた》るものである、是《こ》れ素《もと》と無形《むけい》の氣合《きあひ》に屬《ぞく》するものなれば、傍人《はうじん》は其結果《そのけつくわ》たる顛倒《てんたう》は見得《みえ》らるれども、その何《なに》が故《ゆゑ》に顛倒《てんたう》したるかは原因《げんいん》は不明《ふめい》にて殆《ほと》んど之《こ》れを知《し》る者《もの》なけん、然《しか》し右述《みぎの》ぶる所《ところ》の状態《じやうたい》は陰然具《いんぜんつぶ》さに之《こ》れに合氣《あひき》の術《じゆつ》の有《いう》するありて心眼《しんがん》を以《もつ》て之《これ》を視《し》察《さつ》すれば一も隠《かく》す所《ところ》なく明白《めいはく》に知《し》ることを得《う》るのである。若《も》し能《よ》く其機會《そのきくわい》を得て以《もつ》て一聲《せい》の氣合《きあひ》を當《あ》てなば其《そ》の人間《にんげん》たると禽獸《きんじう》たるを問《こ》はない苟《いやしく》も我《わ》れに敵對《てきたい》することなし、皆《み》な以《もつ》て之《これ》を倒《たを》す事《こと》が出來《でき》る、然《しか》れども彼《か》れ若《も》し我《わ》れに敵對《てきたい》することなく平然無邪氣《へいぜんむじやき》にてあらんか、合氣《あいき》の術《じゆつ》も到底施《たうていほさこ》す能《あた》ざる次第《しだい》である。

合氣《あひき》の術《じゆつ》は素《も》と兩雄將《りやうゆうま》さに相撃《あひうた》んとする塲合《ばあひ》を意味《いみ》するものである。

■空手護身術としての相撲四十八手

◎柔術との差異

柔術《じうじゆつ》は柔《じう》を以《もつ》て剛《がう》を制《せい》するの術《じゆつ》、角力《すまふ》は讀《よ》んで字《じ》の如《ごと》く力《ちから》を角《かく》するのである、然《しか》し角《すま》力も全《また》く力《ちから》のみにては無《な》い、手《て》と云ふものはある、して見《み》ると柔道《じうだう》と似寄《によ》つて居《ゐ》る點《てん》も有《あ》る、相撲《すまふ》の手《て》は裏表《うらおもて》四十八手《て》と云《い》ふて居《ゐ》るが之《こ》れは全《まつた》く古法《こはふ》であつて今《いま》では實際《じつさい》四十八手《て》に止《とゞ》らない、所謂《いはゆる》機《き》に臨《のぞ》み變《へん》に應《おう》じてするのであるから四十八手《て》は更《さら》に手捌《てさばき》八十二手《て》、手砕《てくだき》八十六手《て》、紛《まぎれ》十二手《て》など云《い》ふ手《て》も出來《でき》又新《またあらた》たに工夫《くふう》された手《て》も出《で》て來《き》て今《いま》では非常《ひじやう》に複雜《ふくざつ》したものになつて居《ゐ》る、然《しか》し今《いま》は唯古法《たゞこはふ》四十八手《て》の如何《いか》なるものであつたかと云《い》ふことだけを示《しめ》さん。

相撲《すまふ》の手《て》と云《い》ふのは古法《こはふ》で四手《て》である、中《うち》(頭《あたま》)でやるのを(反《はり》)と云《い》ひ、(手《て》)でやるのを(捻《ひねり》)と稱《しやう》し、(腰《こし》)でやるのを(投《なげ》)、(足《あし》)でやるのを(掛《かけ》)と唱へた、それで此《こ》の四手《て》を各《おの〳〵》十二つゝに分《わか》ちて四十八手《て》と定《さだ》めてある。

○反《そり》　十　二　手《て》

(一)鴫の入道　(雙方《さうはう》とも敵《てき》の脇《わき》のしたへ首《くび》を入《い》れ腕《うで》を組合《くみあは》せ氣合《きあひ》を窺《うかゞ》つて反《そり》り返《かへ》さんとして互《たがひ》に角《かく》の勢《いきほひ》を爲《な》すのである、これは容易《やう》に勝負《しやうぶ》がつくものでなく、多《おほ》くは同體《ごうたい》に落《おち》るか、褌《みつ》に早《はや》く土《つち》のついた方《はう》を負《まけ》とするのである。

(二)蹶返し　これは四つに渡《わた》り合《あ》つて敵《てき》の足《あし》と蹶上《けあ》げながら敵《てき》の手《て》を横《よこ》に拂《はら》つて倒《たを》す手《て》である。

(三)橦木反　これは居反《ゐそり》とも名《な》づけ、立合《たちあひ》に素早《すはや》く敵手《あひて》の手先《てさき》を取《と》りながら首《くび》を脇《わき》に入《い》れて胸《むね》につけ片手《かたて》に高股《たかもゝ》を内《うち》から掬《すく》つて後《うしろ》に反《そ》り返《かへ》す手《て》である。

(四)衣かつぎ　と云《い》ふので、立上《たちあが》るや互《たがひ》に隙《すき》を窺《うかゞ》ふうち、こつちから飛込《とびこ》んで素早《そはや》く敵手《あひて》の手首《てくび》を取《と》りながら脇《わき》の下《した》へ入《い》れて引擔《ひつかつ》ぎ又片手《またかたて》をば敵《てき》の内《うち》へ差込《さしこ》み横《よこ》ちよに擔《かつ》いで反《そ》り返《かへ》るのである、この手《て》なれば殘《のこ》ることはないが、他《ほか》のは實際屢々《じつさいしば〳〵》用《もち》ゐらるゝことではない。

(五)持出し　と云《い》ふので、これは四身《みまた》又は雙差《もろざし》に組《く》んで挑《いど》み合《あ》ふ中《うち》、機《き》を見《み》て敵《てき》を把《いだ》き上《あ》げたまゝ、持《も》ち出《だ》してしまうのであるこの手《て》は餘程大力《よほどたいりき》でなくては出來《でき》ぬ。

(六)向突き又頭捻り　とも云《い》ふ四身《み》に渡《わた》つて片手《かたて》に敵《てき》の前褌《まへみつ》を取《と》り、片手《かたて》に敵《てき》の差手《さして》を抱《だ》き込《こ》み頭《あたま》を敵《てき》の胸《むね》に當《あ》てゝ押《お》し敵手《あひて》の押出《おしだ》さんと出《い》づる時《とき》、その差《さ》し手《て》を引《ひき》落《おと》すを云《い》ふのである。

(七)「腰挫き」で俗《ぞく》に「鯖折」と云《い》ふのである、四《よ》つ身《み》に渡《わた》り敵《てき》の褌《みつ》を取《と》りて十分《ぶん》に引付《ひきつ》け相手《あひて》の肩《かた》へ頤《えこ》を當《あ》てゝ押《お》しかぶせそれで其腰《そのこし》を碎《くだ》くのである。

(八)飛違ひ と云《い》ふ手《て》である、これは相手《あひて》の寄《よ》せて來《く》る處《ところ》を飛違《とびちが》つて後方《こうはう》より相手《あひて》を突出《つきだ》す法《はふ》である、これは取《と》りほぐれから偶然《ぐうぜん》に出來《でき》る手《て》だから滅多《めつた》にあるべき筈《はず》はない。

(九)四つ身違ひ は四《よ》つ身《み》に組《く》むのである、この勝負《しやうぶ》は得意《とくい》に依《よ》つて定《さだ》まるので又得《またとく》意《い》に依《よ》つて樣々《さま〴〵》な工合《ぐあひ》になる。

(十)襷返 此手《このて》は敵手《あひて》の脇《わき》の下《した》へ首《くび》を入《い》れ外《ほか》より其内股《そのうちまた》へ足《あし》を掛《か》け其體《そのたい》を十文字《もんじ》に負《せを》つて探《さ》るのである。

(十一)撓出し 此手《このて》は敵《てき》の突出《つきだ》したる腕《うで》を兩手《りやうて》で抱込《だきこ》み其手《そのて》の方《はう》の足《あし》を自分《じぶん》の足《あし》に掛《か》

けて突出《つきだ》し又《また》は突倒《つきたを》すのである、此手《このて》は往昔泉川《むかしいづみがは》と云《い》ふ力士《りきし》が得意《とくい》にした手《て》なので俗《ぞく》に泉《いづみ》とも云ふ。

(十二)素首落し　で此手《このて》は敵《てき》の首《くび》に片手《かたて》を掛《か》けて捲《ま》き落《おと》すのである。

○捻《ひねり》　十　二　手《て》

(一)上手透し　である即《すなは》ち敵手《あひて》の差《さ》すを抱《だ》き込《こ》み頭《あたま》を肩《かた》に當《あ》てゝ引落《ひきおと》すのである。

(二)出し　で之《これ》は四つ身《み》に組《く》んで上手《うはて》を取《と》り頭《あたま》を上手《うはて》の方《はう》へ付《つ》けて差手《さすて》を抜《ぬ》くとき足《あし》を抜《ぬ》きながら引摺《ひきず》るやうな心持《こゝろもち》で、早《はや》く引倒《ひきたを》すのである。

(三)叩込み　之《これ》は相手《あひて》の片手《かたて》に力《ちから》を込《こ》めて激《はげ》しく突張《つっぱ》るを避《さ》けて逃《に》げながら敵手《あひて》の突《つっ》張《は》りたる手《て》を取《と》り片手《かたて》を首《くび》にかけて引落《ひきおと》すのである之《これ》は一見素首落《けんそくびおと》しに似《に》た處《ところ》がある。

(四)腕捻　敵手《あひて》の差手《さすて》を抱《だ》き込《こ》み、敵手《あひて》の寄《よ》つて來《く》る處《ところ》を兩手《りやうて》に力《ちから》を入《い》れて捻《ひね》り倒《たを》すのである。

(五)鴫の羽返し　これは兩手《りやうて》を差《さ》し、敵手《あひて》の首《くび》を胸《むね》につけ、差《さ》した手《て》で締《し》め付《つ》ける手《て》である。

(六)ハヒサゴ廻し　敵手《あひて》の我足《わがあし》を取《と》らんとする時《とき》、其首《そのくび》を抑《おさ》へ褌《みつ》を引上《ひきあ》げて廻《まは》すをいふ。

(七)爪取り　で之《これ》は手敵《あひて》の足《あし》の爪先《つまさき》を取《と》つて投倒《なげたを》すのである。

(八)手繰り　といふのであるが之《これ》は相手《あひて》の腕《うで》を手繰《たぐ》りながら此足《このあし》を掛《か》けて捻《ひね》り倒《たを》すのである。

(九)肩透し　と云《い》ふ手《て》で四つ身《み》に渡《わた》つて一押《お》し押《お》し敵手《あひて》の押返《おしかへ》さんと寄《よ》る處《ところ》を一足引《あしひ》きながら差手《さして》を拔《ぬ》き敵手《あひて》の首《くび》に片手《かたて》をかけて捻《ひね》り倒《たを》すのである。

(十)マガヒ突出し　敵手《あひて》の後《うしろ》へ廻《まは》り褌《みつ》を取《と》り片手《かたて》で其足《そのあし》を取《と》つて押《お》し出《だ》すのである。

(十一)しきこまた　で我股《わがもゝ》の內《うち》より敵《てき》の足《あし》を取《と》る法《はふ》である。

(十二)つつゝき返し又《また》は蹶手繰　とも云《い》ふ、敵手《あひて》の突返《つきかへ》して寄《よ》る手《て》を手繰《たぐ》りながら片《かた》足《あし》を上《あ》げ敵手《あひて》の裸《こむら》の邊《へん》を蹴《けつ》て倒《たを》すのだが、之《これ》は六ケ敷《しい》もので足《あし》に技術《ぎじゆつ》のある者でなくてはつまらぬものだと云《い》ふ。

○投《なげ》 十 二 手《て》

（一）投《な》げ　は上手《うはて》又《また》は下手《したて》に敵手《あひて》の褌《みつ》を取《と》り片手《かたて》に敵《てき》の差手《さして》を押《おさ》へ、腰《こし》を入《い》れて投《な》げるので、上手《うはて》の時《とき》は上手投《うはてなげ》、下手《したて》の時《とき》は下手投《したてなげ》と云《い》ふのは當然《たうぜん》のことである。

（二）逆投　四つ身《み》に渡《わた》つて我《われ》から投《な》げを打《う》つて敵《てき》が體《たい》を引《ひ》いて防《ふせ》がんとする時其力《ときそのちから》を利用《りよう》して褌《みつ》を取《と》つた方《はう》の母指《おやゆび》に力《ちから》を入《い》れ片手《かたて》を添《そ》へて逆《ぎやく》に打返《うちかへ》すのである。

（三）負投、脊負投又《また》は一本投《ほんなげ》とも云《い》ふ、敵《てき》の突出《つきだ》した手《て》を素早《すはや》く手繰《たく》つて肩《かた》に引掛《ひつか》け腰《こし》を突出《つきだ》して俯向《あふむき》に脊負《せお》つて投《な》げるのである。

（四）掬投　で之《これ》は敵手《あひて》の腕《うで》の下《した》へ兩手《りやうて》を差込《さしこ》み寄《よ》ると見《み》せて素早《すはや》く投《な》げ倒《たを》すのである

（五）首投　で之《これ》は四つ身《み》に渡《わた》り敵手《あひて》の首《くび》に手《て》をかけて捲《ま》き腰《こし》に力《ちから》を入《い》れて體《たい》を引《ひ》き乍《なが》ら投《な》げ倒《たを》すのである。

(六)よりて投　で之《これ》は敵手《あひて》に二本差《ほんさ》された時其利手《ときそのきゝて》を逆《ぎやく》に越《こ》して敵《てき》の褌《みつ》を引《ひ》き寄掛《よりかゝ》る處《ところ》を投《な》げるのである。

(七)掛投　四身《み》に渡《わた》つて上手《あはて》と下手《したて》との褌《みつ》を引合《ひきあ》せ互《たがひ》に足《あし》を搦《か》らみ合《あ》へ前《まへ》へ投《な》げを打《うち》合《あ》ふので此手《このて》は同體に落《おち》れば勝見分《かつみわ》け難《がた》く、たとへ極《きま》つても物言《ものい》ひがつき易《やす》い。

(八)突矢倉　兩手《りやうて》を差込《さしこ》み片手《かたて》は敵手《あひて》の褌《みつ》を取《と》り片手《かたて》は高股《たかもゝ》へつけて膝《ひざ》を敵手《あひて》の股《もゝ》の間《あひだ》に割込《わりこ》み膝頭《ひざがしら》で突上《つきあ》げて投《な》げるのである。

(九)矢倉、上手矢倉　とも云《い》ふ四身《み》に渡《わた》り上手《うはて》に敵手《あいて》の褌《みつ》を取《と》り上手《うはて》の方《はう》の足《あし》を敵手《あひて》の内股《うちまた》へ蹴込《けこ》む心《こゝろ》にて體《たい》を下手《したて》の方《はう》へ廻《まは》し乍《なが》ら投《な》げ倒《たを》すので此手《このて》は殘《のこ》れば持出《もちだ》しにもなる。

(十)矢倉　下手《したて》に力《ちから》を込《こ》め吊上《つりあ》げて廻《まは》り乍《なが》ら上手《うはて》で敵《てき》の膝《ひざ》を拂《はら》つて投《な》げ倒《たを》すのである

(十一)八柄　上手《うはて》にて敵手《あひて》の褌《みつ》を取《と》り差手《さすて》を添《そ》へて吊上《つりあ》げ振《ふ》り廻《まは》して投《な》げるのである

(十二)逆手投　前《まへ》へ突出《つきで》て敵《てき》の堪《た》へる處《ところ》を素早《すはや》く投《な》げるのである。

○掛《かけ》十二手《て》

(一)外掛　先《ま》づ四身《み》に渡《わた》り敵《てき》の両手《りやうて》を抑《おさ》へ外《そと》から手足《てあし》をかけて捻《ひね》り倒《たを》すのである。

(二)登掛　敵《てき》の首《くび》へ手《て》をかけ外《そと》から足《あし》をかけ體《たい》をかぶせて抑《お》し倒《たを》す、これは掛《か》けられた方《はう》が上手《うはて》なれば掛《か》ける方《はう》も油断《ゆだん》がならぬ。

(三)内掛　四身《み》に渡《わた》り我《わ》が體《たい》を寄《よ》せて内《うち》から足《あし》をかけ、敵手《あひて》を吊身《つりみ》に抱《かゝ》へ抑《お》して行《ゆ》くのである。

(四)蛙掛、河津掛　とも書《か》く一本掛とも云《い》ふて敵手《あひて》の差《さ》した方《はう》の手《て》を上《あ》げて敵《てき》の首《くび》を巻《ま》き又其方《またそのはう》の足《あし》を内《うち》より敵《てき》の足《あし》に搦《か》み反身《そりみ》になつて後《うしろ》へ捻《ひね》り倒《たを》す、これは河津《かはづ》三郎祐泰《らうすけやす》が股野《またの》五郎《らう》を倒《たを》した手《て》である。

(五)さまた　此手《このて》は敵手《あひて》の股《また》の間《あひだ》に足《あし》を割込《わりこ》み片手《かたて》を内股《うちまた》へ掛《か》け體《たい》と共《とも》に吊上《つりあ》げて投《なげ》出《だ》すのである、昔漢土《むかしかんど》より「サマタ」と云《い》ふ者《もの》が來《き》て此手《このて》で多《おほ》くの人《ひと》に勝《か》つたからつけたと云《い》ふ。

（六）とあし。。。　敵手《あひて》の足《あし》を取《と》つて後《うしろ》から敵《てき》を押《お》し出《だ》すので又左手《またさしゆ》を差込《さしこ》み右手を敵《てき》の手《て》を取《と》つて投《な》げるもある。

（七）外無雙。。。　敵《てき》の手《て》を引張《ひつぱ》り込《こ》み、片手《かたて》で引張《ひつぱ》り込《こ》んだ方《はう》の足《あし》を叩《たゝ》き、體《たい》を寄《よ》せて腰《こし》で捻《ひね》り倒《たを》すのである。

（八）內無雙。。。　四身《み》に渡《わた》り敵手《あひて》の高股《たかもゝ》に片手《かたて》を差込《さしこ》み體《たい》を押《おさ》へつけ乍《なが》ら打返《うちかへ》す。

（九）大渡し。。。　上手《うはて》に敵《てき》の首《くび》を抱《かゝ》へ、差手《さすて》に力《ちから》を込《こ》めて敵手《あひて》を引付《ひきつ》け乍《なが》ら腰《こし》に力《ちから》を入《い》れ掩《お》ひがあつて倒《たを》すのである。

（十）手斧掛。。。　敵手《あひて》の突出《つきだ》した手《て》を手繰《たぐ》り込《こ》み敵手《あひて》の足《あし》へ我足《わがあし》の內《うち》より掛《か》け手《て》で敵《てき》の胸《むね》を突《つ》くのである。

（十一）三所詰。。。　四身《み》に渡《わた》り敵手《あひて》が両手《りやうて》を差《さ》した時片手《ときかたて》に敵手《あひて》の首《くび》を抱《かゝ》へ片足《かたあし》を敵手《あいて》の高股《たかもゝ》に外《そと》よりかけ片足《かたあし》で押《お》して行《ゆ》くのである。

（十二）引廻し。。。　敵手《あひて》の體《たい》を寄《よ》せて來《く》る時首《ときくび》へ手《て》をかけて逃《に》げ乍《なが》ら引廻《ひきまは》すのである。

其他《そのた》種々《さまざま》の手《て》あり。

（一）二挺投　敵《てき》の兩足《りやうそく》へ一度《ど》に我《わ》が足《あし》を掛《か》けながら投《な》げる手《て》で投《なげ》にも掛《かけ》にも屬《ぞく》するので、これを二挺投《てうなげ》ともいふ。

（二）吊出　敵《てき》の褌《みつ》を押《おさ》へて吊《つ》り上《あげ》げつゝ土俵《どへう》の外《そと》へ持出《もちだ》す事《こと》。

（三）寄投　寄《よ》り行《ゆ》きつゝ投《な》げる手《て》。

（四）一本背負　敵《てき》の片手《かたて》を押《おさ》へ我《わ》が肩《かた》の上《うへ》より引《ひ》きつけ背負上《せおひあ》げつゝ屈《かゞ》んで頭《あたま》を越《こ》させて前《まへ》へ投出《なげだ》す手《て》。

（五）押切　土俵外《どへうぐわい》へ押出《おした》す手《て》。

（六）引落し　敵《てき》の腕又《うでまた》は手先《てさき》にても押《おさ》へて我《わ》が體《たい》を追《お》ひ避《さ》けながら面前《せんめん》に引落《ひきおと》す手《て》。

（七）引倒　引落《ひきおと》しは少《すこ》し捻《ひね》る心《こゝろ》でないと極《きま》らぬが引倒《ひきたを》しは我《わ》が力《ちから》にまかせて前《まへ》へなりと横《よこ》へなりと倒《たを》すのである。

（八）閂　敵《てき》の兩手《りやうて》を上《うへ》より抱《だ》きしめ恰《あたか》も閂《かんぬき》を渡《わた》した如《ごと》くする事《こと》で近《ちか》くは常陸山《ひたちやま》が好《この》

んで用《もち》ひた所《ところ》である。
(九)蹴《け》たぐり　敵《てき》の手《て》を押《おさ》へ手繰《たぐ》りながら我《わ》が足《あし》を働《はたら》かせて敵《てき》の足《あし》を蹴《け》る事《こと》で近年《きんねん》荒《あら》岩《いは》によつて名高《なだか》い手《て》になつた。
(十)合掌捻　敵《てき》の首《くび》を両手《りやうて》で抱《だ》き、指先《ゆびさき》を組合《くみあは》せて捻《ひね》り倒《たふ》す事《こと》をいふ。
(十一)首叩　敵《てき》の出《で》はなを計《はか》り上《うへ》より劇《はげ》しく首《くび》の邊《へん》を叩《たゝ》き落《おと》す事《こと》をいふ、又肩《またかた》の邊《へん》を叩《たゝ》きて落《おと》すは、はたき込《こ》みと云《い》つて同《おな》じ手《て》である。
(十二)膝叩　組《く》みながら敵《てき》の膝《ひざ》を叩《たゝ》き、敵《てき》を跪《けつま》づかせる手《て》である。
(十三)足取　敵《てき》の足《あし》を取《と》つて投《な》げる手《て》。
(十四)凭れ込み　内外《うちそと》の掛《か》けの殘《のこ》つた時《とき》、我《わ》が體《たい》を持《もた》れかけて倒《たふ》す。
(十五)踏切　我足《わがあし》の後《うしろ》へ土俵《どへう》を踏切《ふみき》りたる事《こと》。
(十六)寄切　敵《てき》を土俵外《どへうぐわい》へ寄切《よりき》りたる事《こと》。
(十七)四肢の張身　双方《さうはう》立合《たちあ》ひ、両手《りやうて》の五指《し》を組《く》み合《あは》せ又《また》は握《にぎ》り合《あは》せて手先《てさき》を合《がつ》したる形《かたち》をいふ《い》。
(十八)棄身　敵《てき》より攻《せ》め來《きた》りて敵《てき》の體《たい》の伸《の》びたる處《ところ》又《また》は腰《こし》の浮《う》きたる處《ところ》を土俵《どへう》を踏留《ふみとゞま》つて後《うしろ》へ卷落《まきおと》す事《こと》。
(十九)棄身　四手《よつ》に組《く》んで我《わ》が足《あし》を敵《てき》の足《あし》へ乘掛《のりか》ける事《こと》をいふ。

◎相　撲　必　勝　法

氣合術《きあひじゆつ》の應用範圍《おうようはんゐ》を參照《さんせう》するがよい。

■空手護身術に活用すべき忍術虚實の法と遁形術

◎忍術は必ず實行できる術

忍術《にんじゆつ》によりて隱現出沒《いんげんしゆつぼつ》を恣《ほしいまゝ》にし、密行偵察《みつかうていさつ》、虚實轉換《きよじつてんくわん》することは熟練《じゆくれん》の上適法《うへてきはふ》によれば必《かなら》ず出來《でき》るものである世人《せじん》は忍術《にんじゆつ》は到底《たうてい》斯《か》くの如《ごと》き事《こと》は不可能《ふかのう》であると考《かんが》ふる人《ひと》も多《おほ》いのであるが、實際斯術《じつさいしゆつ》の堂奥《だうあう》を闡明して之《こ》れを會得《ゑとく》したならば何人《なんぴと》も必《かなら》ず實行《じつかう》し得《う》らるゝ特種《とくしゆ》の化學的《くわがくてき》護身法《ごしんはふ》である。

◎忍術に關する實話の表

○濃州大垣藩《のうしうおほがきはん》の忍術士《にんじゆつし》大森大覺《おほもりたいがく》は箱根《はこね》の番所《ばんしよ》を通《とほ》らなければならぬ事《こと》があつた、然《しか》るに大覺《たいがく》は何《なん》か都合《つがふ》があつて門鑑《もんかん》を所持《しよぢ》して居《を》らなかつたから餘義《よぎ》なく例《れい》の忍術《にんじゆつ》を以《もつ》て番人《ばんにん》の眼《め》を眩《くら》まして無事《ぶじ》通過《つうくわ》したとの事《こと》であつた。

○又荒木《またあらき》又右衛門《またゑもん》が忍術《にんじゆつ》を用《もち》ひて尺《しやく》二寸《すん》の鐵扇中《てつせんちう》に身《み》を隱《かく》したし、由井正雪《ゆゐしやうせつ》が大藩《たいはん》の城中《じやうちう》に忍《しの》び込《こ》んで殿中《でんちう》の模様《もやう》を探《さぐ》つたり眞田《さなだ》の郎黨《らうたう》が神出鬼沒《しんしゆつきぼつ》の忍術《にんじゆつ》を行《おこな》つたと云《い》ふのは忍術《にんじゆつ》の表《おもて》の話《はなし》である。

◎忍術に關する實話の裏

忍術《にんじゆつ》の表《おもて》や裏《うら》を解說《かいせつ》する事《こと》は忍術《にんじゆつ》なるものは何人《なんぴと》も出來《でき》るものである不可能《ふかのう》のものではない、魔法的《まはふてき》とのみ見做《みな》すべきものでなく科學的心理的《くわがくてきしんりてき》のものであると云《い》ふ意味《いみ》である。

何人《なんぴと》も前章《ぜんしやう》に於《おい》て大森大覺番人《おほもりたいがくはんじん》の眼《め》を眩《くら》ませ關所通拔《せきしよとほりぬ》けや、荒木又右衞門《あらきまたゑもん》が尺《しやく》二寸《すん》の鐵扇《てつせん》の中《なか》に身《み》を隱《かく》すと云《い》ふ事《こと》や、由井正雪《ゆゐしやうせつ》が要塞堅固《えうさいけんご》の敵《てき》の城中《じやうちう》に忍《しの》び込《こ》んだなど〻その(表《おもて》)を聞《き》かば奇々《きゝ》妙々《めう〱》の感《かん》なくんば非《あら》ずである。

然《しか》しその裏即《うらすなは》ち忍術《にんじゆつ》の極意《ごくい》としての彼等《かれら》の仕方《しかた》を研究《けんきう》すれば不思議《ふしぎ》でも何《なん》でもないのである。

つまり荒木又右衞門《あらきまたゑもん》は武術《ぶじゆつ》の達人《たつじん》であるから鐵扇《てつせん》を以《もつ》て身構《みがま》へすれば全身《ぜんしん》に寸分《すんぶん》の斬《き》り込《こ》む可《べ》き隙《すき》がなかつた事《こと》を賞讃《しやうさん》した形容詞《けいようし》であつて大森大覺《おほもりだいがく》の話《はなし》もそうである大覺《だいがく》

が門鑑《かんかん》がなくて關所《せきしよ》を通《とほ》る事《こと》が出來《でき》なかつたが、大覺《たいかく》は忍術者《にんじゆつしや》であるから二晝夜《ちうや》一睡《すゐ》もせずして箱根《はこね》の峻坂幽谷《しゆんぱんいうこく》を迂廻跋渉《うくわいばつせう》して山越《やまごえ》をしたのであるし又《ま》た由井正雪《ゆゐしやうせつ》も暗夜《あんや》に乘《じやう》じて變裝《へんさう》し雜兵《ざつぺい》に混《こん》じて城内《じやうない》に入《い》り込《こ》んだのであつた。

斯《か》うして考《かんが》へると忍術《にんじゆつ》と云《い》ふものは何《なん》の不思議《ふしぎ》もない樣《やう》である然《しか》しこの術《じゆつ》を行《おこな》ふにも一定《てい》の秘傳《ひでん》があるのである。

荒木《あらき》が鐵扇《てつせん》一本《ぽん》で以《もつ》て敵《てき》に隙《すき》を見《み》せざるの技倆《ぎりやう》も、大森《おほもり》が二晝夜幽谷《ちうやいうこく》を跋渉《ばつせう》して毫《がう》も疲勞《ひらう》しなかつた勇氣《ゆうき》膂力《たいりよく》も正雪《しやうせつ》が變裝《へんさう》して雜兵《ざつぺい》に混入《こんにふ》した機敏《きびん》にして沈着《ちんちやく》なる剛膽《がうたん》なるも到底忍術《たうていにんじゆつ》の極意《ごくい》を知《し》らざる凡人《ぼんじん》の眞似《まね》し得可《うべ》きことではない。

然《しか》し忍術《にんじゆつ》の極意即《ごくいすなは》ち忍術《にんじゆつ》の裏《うら》を會得《ゑとく》すればその結果《けつくわ》としての（表《おもて》）は不思議《ふしぎ》の現象《げんしやう》となるものであるその裏《うら》は練習《れんしふ》の結果必《けつくわかなら》ず出來《でき》べきものである。

◎忍術は誰れにも出來る虚實轉換の理法

忍術《にんじゆつ》の極意《ごくい》は前章《ぜんしやう》に於《お》てその表《おもて》と裏《うら》との説明《せつめい》をなした如《ごと》く忍術者《にんじゆつしや》としての練磨《れんま》を經《へ》て熟達《じゆくたつ》すれば隱現出沒《いんげんしゆつぼつ》の奇法《きはふ》を行《おこな》ふ事《こと》は出來《でき》るものであるし又《ま》た最《もつと》も緊要《きんえう》なる忍術《にんじゆつ》の秘《ひ》傳《でん》とも稱《しよう》すべくして而《し》かも吾人《ごじん》が即席活用《そくせきくわつよう》すべき方法《はうはふ》は虛實轉換《きよじつてんくわん》の法《はふ》である、この方《はう》式《しき》は昔《むかし》の武將《ぶしやう》が戰略《せんりやく》にも忍術者《にんじゆつしや》が密偵《みつてい》にも種々《しゆ〻》の形態《けいたい》によりて臨機應變《りんきおうへん》に用《もち》ひたものである。

この虛實轉換《きよじつてんくわん》の法《はふ》はつまり實《じつ》を虛《きよ》と見《み》せ虛《きよ》を實《じつ》と見《み》せて巧《たくみ》に一瞬間《しゆんかん》に敵《てき》の目《め》を晦《くら》まして我《わ》が身形《しんけい》を隱《かく》して自身《じしん》をその場《ば》より遁《のが》れ去《さ》る方法《はうはふ》である、之《こ》れは練習《れんしふ》し之《これ》を工夫《くふう》して實驗《じつけん》を積《つ》めばこの實行《じつかう》は普通《ふつう》の人々《ひと〻》誰《た》れでも出來《でき》そうして安全《あんぜん》なる護身法《ごしんはふ》ともなるべき術《じゆつ》である。

◎誰れにも實地に出來る虛實法の實地的說明

虛實轉換《きよじつてんくわん》の法《はふ》は文明的忍術《ぶんめいてきにんじゆつ》であつて誰《た》れでも容易《ようい》に練習實行《れんしふじつかう》出來《でき》べき方法《はうはふ》である、ありふれたる至極《しごく》手近《ちか》の例《れい》を擧《あ》ぐれば小供《こども》の隠《かく》れん坊《ぼう》をなすときに「モーイ、ヨ」と聲《こゑ》をかけると同時《どうじ》に隠《かく》れたる方《はう》の小供《こども》はその身《み》を他《た》に移《うつ》してその處《ところ》には居《を》らぬのも………鬼《おに》ゴッコで隠《かく》れ遁《に》げる時《とき》になど知《し》らず〳〵この虚實《きよじつ》の法《はふ》を行《おこな》はれて居《ゐ》るものである、又《ま》た、よく夜道《よみち》などに提灯《ちやうちん》を棒《ぼう》の先《さ》きに附《つ》けて所持者《しよぢしや》は一間《けん》もあとからそれを持《も》つて歩《ある》くのや、暗殺《あんさつ》などを防《ふせ》ぐ爲《た》め昔《むか》し行燈《あんどう》などを夜具《やぐ》の中《うち》に身代《みか》はりにさせたと云《い》ふのも皆虚實法《みなきよじつはふ》なのである、楠正成《くすのきまさしげ》の藁人形《わらにんぎやう》の謀《はかりごと》も是亦虚實法《これまたきよじつはふ》である、木下藤吉郎《きのしたとうきちらう》の蜂須《はちす》賀《か》小《こ》六の枕刀《まくらかたな》を盗《ぬす》む時《とき》に雨降《あめふり》であつて菅笠《すげがさ》のみを雨《あま》たれ下《した》に置《お》き初《はじ》め小《こ》六に注意《ちうい》せしめ置《お》き拂曉《ふつげう》に至《いた》りて安心《あんしん》して熟睡《じゆくすゐ》した處《ところ》を忍入《しのびい》りて盗取《ぬすみと》つたなどは之《こ》れもたしかに虚《きよ》實法《じつはふ》である。

こんな工合《ぐあひ》にすれば文明的忍術《ぶんめいてきにんじゆつ》は行《おこな》はれるのであるから忍術《にんじゆつ》は誰《た》れにも出來《でき》る譯《わけ》のものである。

譬《たと》へば多勢《おほぜい》が自分《じぶん》を捜索《さうさく》する時《とき》、一方《はう》の暗中《あんちう》に燃料《ねんれう》を集《あつ》めて置《お》いて火《ひ》を附《つ》けさうして早《はや》くも其處《そこ》を離《はな》れてゐる、忽然《こつぜん》として火《ひ》が燃え上《あ》がる、人々《ひと〴〵》の驚《おどろ》いた目《め》は期《き》せずして其《そ》の火《ひ》に集《あつ》まる、其《そ》の一瞬間《しゆんかん》を利用《りよう》して、目《め》の屆《とゞ》かぬ範圍《はんゐ》に身《み》を脫《だつ》するのが火遁《くわとん》の術《じゆつ》の章類《しやうるゐ》である、即《すなは》ち實《じつ》と見《み》せた火《ひ》が虛《きよ》で實《じつ》は却《かへ》つて人々《ひと〴〵》が注意《ちうい》せぬ虛《きよ》の中《なか》に在《あ》るのである。

又《ま》た追手《おひて》を逃《のが》れて大《おほ》きな水甕《みづかめ》の側《そは》へ來《き》たとする頃合《ころあひ》を見計《みはか》らつて石塊《せきくわい》を取《と》り上《あ》げ其《そ》の水甕《みづかめ》へ投《な》げ着《つ》ける甕《かめ》が割《わ》れて激《はげ》しい勢《いきほ》ひに水《みづ》が迸《ほとばし》る、人々《ひと〴〵》吃《びつく》りして其《そ》の側《そば》へ集《あつ》まつた頃《ころ》は既《すで》に疾《とは》くに他《た》の一方《はう》へ身《み》を脫《だつ》した時《とき》でこれは水遁《すゐとん》の術《じゆつ》の一つである。

不意《ふい》に刃《やは》を閃《ひらめ》かして人々《ひと〴〵》に面喰《めんくら》はせ、若《も》しくは突然《とつぜん》洪鐘《こうしやう》か半鐘《はんしやう》、其《そ》の他《た》金屬《きんぞく》の響《ひゞき》を立《た》てて人々《ひと〴〵》の注意《ちうい》を其《そ》の方《はう》に集《あつ》めて身《み》を逃《のが》れるは、金遁《きんとん》の術《じゆつ》に屬《ぞく》する。

木立《こだち》や草原《くさはら》に身《み》を潜《ひそ》めるは、木遁《もくとん》の術《じゆつ》であるが不意《ふい》に材木《ざいもく》を推《お》し倒《たふ》して、人《ひと》の驚《おどろ》く間《あひだ》に身《み》を脫《だつ》するのも野路《のみち》の草《くさ》を結《むす》んで追手《おひて》の者《もの》を躓《ひざまづ》き倒《たふ》れさせるのも、皆木遁《みなもくとん》の術《じゆつ》である。

大地《たいち》の傾斜《けいしや》、凸凹土《あふとつど》石《せき》の起伏《きふく》と日月燈火《じつげつとうくわ》の明暗《めいあん》とを利用《りよう》し或《あるひ》は立《た》ち、或《あるひ》は坐《ず》し或《あるひ》は伏《ふ》して人《ひと》の視線《しせん》を避《さ》けるのは、土遁《どとん》の術《じゆつ》である。

◎忍行秘奥五遁の行と其他遁形の術

武術最高極意《ぶじゆつさいかうごくい》に據《よ》れば忍術《にんじゆつ》には木《もく》、火《くわ》、土《ど》、金《こん》、水《すゐ》の五遁《とん》の術《じゆつ》と其他《そのた》（人《じん》）、（禽《きん》）、（獸《じう》）、（魚《ぎよ》）、（虫《ちう》）、（日《じつ》）、（月《げつ》）、（星《せい》）、（雪《せつ》）、（霧《む》）、（雷《らい》）、（電《でん》）、（風《ふう》）遁等《とんなど》の遁形《とんけい》の術《じゆつ》があることの遁術《とんじゆつ》は支那《しな》より傳來《でんらい》したる武術《ぶじゆつ》である、往昔《わうせき》の支那《しな》の戰術書《せんじゆつしよ》（武備志《ぶびし》）などにも遁用術《とんようじゆつ》として記《しる》されてある。

遁術《とんじゆつ》――遁形《とんけい》の術《じゆつ》とはそれ〴〵或物體《あるぶつたい》を利用《りよう》して巧《たく》みに身《み》を隠《かく》し遁《のが》るゝ方法《はうはふ》である、

例《たと》へば

それが爲《た》めには忍術者《にんじゆつしや》は一度《ど》呪文結印《じゆもんけついん》する時《とき》は忽《たちま》ちその姿《すがた》を消《き》えて行《ゆ》く處《ところ》を知《し》らざるもの丶如《ごと》き場合《ばあひ》や又《また》は彼《か》の蛇《へび》の術《じゆつ》蝦蟇《がま》の術《じゆつ》、蜘蛛《くも》の術《じゆつ》の如《ごと》き（虫遁《ちうとん》）の術及《じゆつおよ》び鼠《ねずみ》と化《くわ》する如《ごと》き獸遁《じうとん》の遁形《とんけい》の塲合《はあひ》と云《い》ふのである。

今左《いまさ》に遁形《とんけい》の説明《せつめい》を略記《りやくき》すれば、

一、△木遁《もくとん》の術《じゆつ》(木《き》に依《よ》つて形《かたち》を隱《かく》す法《はふ》を云《い》ふ草《くさ》によつて隱《かく》るゝものも同樣《どうやう》である)

二、△火遁《くわとん》の術《じゆつ》(一閃《せん》の火《ひ》でも得《う》ればスグそれを利用《りよう》して形《かたち》を隱《かく》す塲合《はあひ》)

三、△土遁《どとん》の術《じゆつ》(土《つち》によりて形《かたち》を隱《かく》す塲合《はあひ》)

四、△金遁《きんとん》の術《じゆつ》(金屬《きんぞく》を利用《りよう》して形《かたち》を隱《かく》す塲合《はあひ》)

五、△水遁《すゐとん》の術《じゆつ》(少《すこ》しの水《みづ》でもあればそれを利用《りよう》して形《かたち》を隱《かく》すもの)

六、△人遁《じんとん》の術《じゆつ》(人《ひと》によりて形《かたち》を隱《かく》すもの)

七、△禽遁《きんとん》の術《じゆつ》(鳥《とり》によりて形《かたち》を隱《かく》す塲合《はあひ》)

八、△獸遁《じうとん》の術《じゆつ》(獸《けもの》によりて形《かたち》を隱《かく》すもの)

九、△魚遁《ぎよとん》の術《じゆつ》(魚《うを》を利用《りよう》して形《かたち》を隱《かく》すもの)

十、△虫遁《ちうとん》の術《じゆつ》（虫《むし》を利用《りよう》して形《かたち》を隠《かく》すもの）

十一、△日遁《じつとん》の術《じゆつ》（日《ひ》を利用《りよう》して形《かたち》を隠《かく》すもの）

十二、△月遁《げつとん》の術《じゆつ》（月《つき》を利用《りよう》して形《かたち》を隠《かく》すもの）

十三、△星遁《せいとん》の術《じゆつ》（星《ほし》によつて形《かたち》を隠《かく》すもの）

十四、△雲遁《うんとん》の術《じゆつ》（雲《くも》によつて形《かたち》を隠《かく》すもの）

十五、△霧遁《ひとん》の術《じゆつ》（霧《きり》によつて形《かたち》を隠《かく》すもの）

十六、△雷遁《らいとん》の術《じゆつ》（雷《らい》によつて形《かたち》を隠《かく》すもの）

十七、△電遁《でんとん》の術《じゆつ》（電《いなづま》によつて形《かたち》を隠《かく》すもの）

十八、△風遁《ふうとん》の術《じゆつ》（電《いなづま》によつて形《かたち》を隠《かく》すもの）

◎忍術遁行の術は護身に必要

忍術《にんじゆつ》に於《お》ける各種《かくしゆ》の遁形《とんけい》の術《じゆつ》を應用《おうよう》して虚實轉換《きよじつてんくわん》の法《はふ》を行《おこな》ふ時《とき》には吾人《ごじん》が不意《ふい》に敵《てき》に

遭遇《さうぐう》する場合《ばあひ》に於《おい》てもよく隱身《いんしん》の目的《もくてき》を達《たつ》することが出來《でき》るのであるからこの術《じゆつ》を適《てき》用《よう》する事《こと》が出來《でき》れば、護身刀《ごしんたう》も、ピストルも何等《なんら》の必要《ひつえう》はいらぬのである。

されば忍術《にんじゆつ》は或《あ》る意味《いみ》に於《お》ける文明的《ぶんめいてき》の護身法《ごしんはふ》であると云《い》はねばならぬ。

◎雲隱れ霧隱れの極意

これは忍術《にんじゆつ》に於《お》ける遁形《とんけい》の一種《しゆ》で雲隱《くもかく》れ法《はふ》、霧隱《きりかく》れ法《はふ》は所謂雲遁《いはゆるうんとん》の術《じゆつ》及《およ》び霧遁《むとん》の術《じゆつ》と云《い》ふのである。甲《かふ》は晝《ひる》の曇天《どんてん》と夜《よる》の曇天《どんてん》を利用《りよう》し乙《おつ》は霧《きり》に蔽《おほ》はれて咫尺《しせき》を辨《べん》せざる場《ば》合《あひ》を利用《りよう》して忍術《にんじゆつ》を行《おこな》ふのである。

共《とも》に前陣虚實轉換法《ぜんぢんきよじつてんくわんはふ》其他遁形術《そのたとんけいじゆつ》のあらゆる要件《えうけん》を臨機應變《りんきおうへん》に活用《くわつよう》すればよいのである

玆《こゝ》に忍術極意《にんじゆつごくい》を引用《いんよう》すれば、雲遁《うんとん》の術《じゆつ》（前略《ぜんりやく》）忍術《にんじゆつ》には夜遠方《よるゑんぽう》を窺《うかゞ》ふには地《ち》に坐《ざ》して雲《くも》に隙《すき》かゝ見《み》るべしとの敎《をし》へがある、前方《ぜんぽう》に並《なら》んでゐる者《もの》は人間《にんげん》であるか、杭《くひ》か柵《さく》かであるか、若《も》しくは石地藏《いしぢざう》であるかを見別《みわ》けるには此《こ》の方法《はうはふ》に限《かぎ》るのである又闇中《またあんちう》に白《しろ》きを踏《ふ》む、水《みづ》にあらずんば是《こ》れ石《いし》と云《い》ふのは佛家《ぶつか》の語《ご》であるが、忍術《にんじゆつ》に於《おい》ても石《いし》を踏《ふ》んでいゝ時《とき》と惡《わる》い時《とき》、水《みづ》を踏《ふ》んでいゝ時《とき》と惡《わる》い時《とき》とあるから暗中《あんちう》に白《しろ》く目立《めだ》つ物《もの》に注意《ちうい》する教《をし》へがある。

霧《ひ》遁《さん》の術《じゆつ》（前略《ぜんりやく》）霧《きり》に乘《じよう》じて兵《へい》を用《もち》ひ霧《きり》に乘《じよう》じて潜行密偵《せんかうみつてい》を行《おこな》ふ何《いづ》れか其《そ》の功《こう》ならざらんやである、而《しか》もこれには

（一）偶然《ぐうぜん》の霧《きり》を利用《りよう》する場合《ばあひ》

（二）豫《あらかじ》め霧《きり》の起《おこ》るべきを測《はか》つて之《これ》を利用《りよう》する場合《ばあひ》

の二つがある、（一）の場合《ばあひ》は別《べつ》に説明《せつめい》するも無《な》い事《こと》で肝腎《かんじん》な問題《もんだい》（二）の場合《ばあひ》に在《あ》るのであるが、これも十分《ぶん》に雨《あめ》が降《ふ》つて後《のち》、急《きふ》に暖《あたゝ》かくなつて而《しか》も風《かぜ》が無《な》く日《ひ》が暮《く》れた夜《よ》とか若《も》しくは海《うみ》から陸《りく》に掛《か》けて十分《ぶん》に雨《あめ》が降《ふ》つた上暖《うへあたゝ》かい南風《なんぷう》が午後《ごゝ》から其《そ》の上《うへ》を渡《わた》りさうして夕方《ゆふがた》から北《きた》の風《かぜ》に變《かは》り、急《きふ》に冷氣《れいき》を催《もよほ》した夜《よる》とか云《い》ふ樣《やう》に豫《あらかじ》め實地《じつち》の研究《けんきう》を積《つ》んで霧《きり》の起《おこ》るべきを測《はか》り、隱身遁形《いんしんとんけい》に利用《りよう》する事《こと》が最《もつと》も重要《ぢうえう》である、これは旨《うま》く

行《り》くと自分《じぶん》の能力《のうりよく》で霧《きり》を起《おこ》したも同《おな》じ樣《やう》な殆《ほと》んど不思議《ふしぎ》に奇《ひと》しい結果《けつくわ》を見《み》るので忍術《にんじゆつ》の霧隠《きりがく》れの術《じゆつ》と云《い》ふは詰《つ》まり之《これ》を意味《いみ》するのであると述《の》べられてある。

○鼠《ねずみ》の術《じゆつ》

○蛇《へび》の術《じゆつ》

○蝦《が》蟇《ま》の術《じゆつ》

○蜘《く》蛛《も》の術《じゆつ》

○鼠《ねずみ》の術《じゆつ》　忍術《にんじゆつ》に於《おい》て鼠《ねずみ》の術《じゆつ》と言《い》へば直《たゞ》ちに仁木《にき》彈正《だんじやう》や鼠小僧《ねずみこぞう》を想像《さうぞう》するのであるが活動《くわつどう》や芝居《しばゐ》でやる樣《やう》な事《こと》は空想《くうさう》であるつまり遁形獸遁《とんけいじうとん》の術《じゆつ》に屬《ぞく》すべきものであつて、一頭乃至《とうないし》數頭《すうとう》の鼠《ねずみ》を懐中《くわいちう》して之《これ》を室内《しつない》に放《はな》ち人《ひと》を吃驚《きつきやう》せしめ若《も》しくは疑惑《ぎわく》せしむる方法《はふ》があるに外《ほか》ならないのである。

鼠《ねずみ》の術《じゆつ》なるものもつまり獸遁術《じうとんじゆつ》の活用《くわつよう》でそれに彼《か》の速歩《そくほ》の法《はふ》の如《ごと》きものを利用《りよう》して長押《なげし》を渡《わた》り梁《はり》を傳《つた》つて走《はし》り歩《ある》くつまり輕業師《かるわざし》の如《ごと》き練習《れんしふ》をなすのである。

驅《か》け乍《なが》ら物《もの》の隙間《すきま》に旨《うま》く身《み》を當《あ》て嵌《は》めて驅《か》け拔《ぬ》けるのも忍術《にんじゆつ》の方《はう》では鼠《ねずみ》の術《じゆつ》に屬《ぞく》する

○蛇《へび》の術《じゆつ》　忍術《にんじゆつ》に於《お》ては虫遁《ちうとん》の術《じゆつ》に屬《ぞく》して鼠《ねずみ》の術《じゆつ》を行《おこな》ふと同樣《どうやう》の練習《れんしふ》をなせばよいが、この場合《ばあひ》はする／＼と辷《すべ》り拔《ぬ》ける樣《やう》に操作《さうさ》をなすのである。

○蝦蟇《がま》の術《じゆつ》　は此《こ》れまた虫遁《ちうとん》の術《じゆつ》に屬《ぞく》する。

以上蛇及《いじやうへびおよ》び蝦蟇《がま》の術《じゆつ》は忍術《にんじゆつ》には極《きは》めて大切《たいせつ》のものであつて大蛇丸《だいじやまる》の蛇《へび》の術《じゆつ》や兒雷也《じらいや》の蝦蟇《がま》の術《じゆつ》は有名《いうめい》なものである。

蛇《へび》や蝦蟇《がま》は忍術《にんじゆつ》に應用《おうよう》するに頗《すこぶ》る携帶《けいたい》に便宜《べんぎ》であるし又《また》は人《ひと》を驚《おどろ》かしたり怖《こわから》せたりするのに適《てき》し且《か》つ容易《ようい》に死《し》なぬものであるからよいのである。

つまり蝦蟇《がま》の術《じゆつ》や蛇《へび》の術《じゆつ》を行《おこな》ふ忍術者《にんじゆつしや》は一面《めん》に蛇《へび》や蝦蟇《がま》の實物《じつぶつ》を用《もち》ゆると同樣《どうやう》に忍術者自身《しやじしん》も亦蛇《またへび》や蝦蟇《がま》の姿態格好《したいかくかう》を學《まな》ぶ樣《やう》にせねばならない。

○蜘蛛《くも》の術《じゆつ》　忍術中《にんじゆつちう》の虫遁《ちうとん》の術《じゆつ》に屬《ぞく》して蛇《へび》、蝦蟇《がま》の術《じゆつ》に於《お》けると同樣《どうやう》にその實物《じつぶつ》を利用《よう》すると同樣《どうやう》に自身《じしん》の身體《しんたい》の這《は》ひ拔《ぬ》けたり壁《かべ》に貼《は》り附《つ》いたり傳《つた》ひ歩《ある》いたりする事《こと》が丁《ちやう》度實物《きじつぶつ》の樣《やう》に練習《れんしふ》するのであつて姿態格好《したいかつかう》が蜘蛛《くも》の樣《やう》に同化《どうくわ》するのである。

空手護身術としての瞬間催眠法

空手護身術《むでごしんじゆつ》に應用《おうよう》さるべき催眠術《さいみんじゆつ》として最《もつと》も速《すみやか》にその偉效《ゐかう》を顯《あら》はすべき淸水式瞬間《しみづしきしゆんかん》催眠法《さいみんはふ》を引用《いんよう》せん。

催眠術《さいみんじゆつ》を施《ほどこ》すには幾多《いくた》の方法《はうはふ》がある、而《しか》して最《もつと》も普通《ふつう》に行《おこな》はれて居《ゐ》るものは、凝視《ぎようし》、壓迫《あつぱく》、摩擦《まさつ》、一喝等《かつとう》の方法《はうはふ》であるが此《この》四種《しゆ》の中《うち》では、一喝《かつ》を以《もつ》て最《もつと》も進步《しんぽ》せる術《じゆつ》として居《ゐ》る、併《しか》し本會《ほんくわい》に於《おい》て行《おこな》ひつゝある余《よ》の創見《さうけん》せる瞬間催眠法《しゆんかんさいみんはふ》は是等《これら》の陳套《ちんたふ》なる方法《はうはふ》を脫却《だつきやく》し全《まつた》く嶄新《ざんしん》にして獨得《どくとく》なりと言《い》ふを憚《はゞか》らぬのである。

瞬間催眠法《しゆんかんさいみんはふ》は字《じ》の如《ごと》く瞬間《しゆんかん》に眠《ねむり》を催《もよほ》さす方法《はうはふ》であつて、一般《はん》の術者《じゆつしや》が理想《りさう》として其域《そのゐき》に達《たつ》せん事《こと》を努《つと》めて居《ゐ》るのであるが實際《じつさい》に臨《のぞ》んで行《おこな》ひ得《え》らるゝものは極《きは》めて稀《き》れである、否殆《いなほと》んど之《こ》れあるを聞《き》かない、併《しか》し習練《しふれん》すれば何人《なんびと》にも行《おこな》ひ得《う》る處《ところ》で別段《へつだん》六ヶ敷《し》い事《こと》ではない只《たゞ》術《しゆつ》に關《くわん》する理論《りろん》を充分《じうぶん》に咀嚼《そしやく》して以《もつ》て實地《じつち》に當《あた》る事《こと》が必要《ひつえう》である。

◎瞬間催眠術の秘訣

被術者《ひじゆつしや》の心理《しんり》に働《はたら》く豫期作用《よきさよう》を利用《りよう》するにある豫期作用《よきさよう》とは被術者《ひじゆつしや》が術者《じゆつしや》を信仰《しんかう》するの觀念《くわんねん》である。此觀念《このくわんねん》を充分《じうぶん》に惹起《じやくき》させて後施術《のちしじゆつ》をすれば好果《かうくわ》を奏《そう》する事疑《こようたが》ひない、即《すなは》ち施術《しじゆつ》に取《とり》かゝる前《まへ》に於《おい》て先《ま》づ今術者《いまじゆつしや》の手《て》が動《うご》けば直《たゞ》ちに自分《じぶん》の眼《め》は開《ひら》く事《こと》が出來《でき》ぬとか、直《す》ぐ眠《ねむ》らさるゝであらうとか、病氣《びやうき》は直《なほ》ちに平癒《へいゆ》するとか、云《い》ふ事《こと》を被術者《ひじゆつしや》に豫期《よき》さする丈《だ》けの作用《さよう》を働《はたら》かせる事《こと》が必要《ひつえう》である。

此作用《このさよう》を起《おこ》させる事《こと》に巧《たく》みなる者《もの》はやがて施術《しゆつ》の秘訣《ひけつ》を心得《こゝろ》たものと言《いつ》て差支《さしつかへ》ない。

斯《か》く言《い》ふ時《とき》は或《あるひ》は信仰《しんかう》なく豫期作用《よきさよう》の働《はたら》かぬものに向《むか》つては全然催眠術《ぜんぜんさいみんじゆつ》はかゝらぬとの疑問《ぎもん》が起《おこ》るかも知《し》れぬ、併《しか》し信仰《しんかう》なく豫期作用《よきさよう》がなくとも催眠《さいみん》させ得《う》るだけの技倆《ぎりやう》を具《そな》へねば何人《なんぴと》をも眠《ねむ》らせる事《こと》が出來《でき》ると誇言《こげん》する譯《わけ》には行《ゆ》かない、本會《ほんくわい》は即《すなは》ち此方《このはう》法《はふ》を教授《けうじゆ》するのである、實《じつ》を避《さ》けて虚《きよ》を衝《つ》き他《た》の知《し》らざる悠忽《いうこつ》の間《ま》に僅《わつ》かの言語或動作《どうさ》を以《もつ》て有力《いうりよく》に豫期作用《よきさよう》を起《おこ》さするのである。

斯《か》くして豫期作用《よきさよう》の働《はたら》き充分《じうぶん》ありと見《み》た時被術者《ときひじゆつしや》を椅子《いす》に倚《よ》らしめるとも又正坐《またせいざ》せしむるとも跪坐《きざ》せしめるとも適宜《てきぎ》の位置《ゐち》を擇《ゑら》び其左右《そのさいう》の手《て》は掌《てのひら》を上方《じやうはう》に向《む》けて輕《かる》く膝上《ひざうへ》に置《お》かしめ、術者《じゆつしや》は被術者《ひじゆつしや》に添《そ》ふて其右側《そのうそく》に對坐《たいざ》し（術者《じゆつしや》は被術者《ひじゆつしや》の身體《しんたい》に觸《ふ》れざる様注意《やうちうい》すべし）

左足《さそく》を被術者《ひじゆつしや》の後方《こうはう》に立《た》て左手《ゆんて》を其《その》上《うへ》に載《の》せ右膝頭《みぎひざがしら》を被術者《ひじゆつしや》のそれに並行《へいかう》せしめ、右《う》足指《そくゆび》を疊《たゝみ》に着《つ》け踵《かゝと》を立《た》て、臂部《へきぶ》に當《あ》て上體《じやうたい》の姿勢《しせい》を正《たゞ》すべし、右手《めて》の拇指《おやゆび》と食指《しよくし》との力《ちから》を籠《こ》めて折《を》り抑《おし》ける……被術者《ひじゆつしや》の眼《め》より一寸位《すんくらゐ》の間隔《かんかく》ある正面《しやうめん》に持《も》ち行《ゆ》き「虚心《きよしん》平氣《へいき》となりて熱心《ねつしん》に此《この》三本《ほん》の指先《ゆびさき》を見《み》つめよ」と命《めい》じ之《こ》れを凝視《ぎようし》するや術者《じゆつしや》は其指《そのゆび》を四十五度位《どくらゐ》の角度《かくど》を以《もつ》て徐々《ぢよ〳〵》と上方《じやうはう》一尺五寸乃至《しやくすんないし》二尺位《しやくぐらゐ》の處《ところ》まで遠《とほ》ざけ、以《もつ》て被術者《ひじゆつしや》の目《め》と心《こゝろ》とを奪《うば》ひ置《お》き丹田《たんでん》の力《ちから》を絞《しぼ》りて「エイッ」と一喝《かつ》を加《くは》ふると同時《どうじ》に右手《めて》の指《ゆび》被術者《ひじゆつしや》の兩眼黑瞳《りやうがんひとみ》に對《たい》して氣速《きふそく》に逆行《ぎやくかう》するのである爰《こゝ》に注意《ちうい》すべきは右手《めて》の運動《うんどう》と一喝《か》さが、「シッカリ」と呼吸《こきふ》が合致《がつち》し滿心《まんしん》の精力《せいりよく》を注《そゝ》ぎ電光石火《でんくわうせきくわ》の早業《はやわざ》を要《えう》する事《こと》である、而《しか》して此運動《このうんどう》の終《をはり》ると同時《どうし》に「モウ其眼《そのめ》は絶對《ぜつたい》に開《ひら》かない」と先《ま》づ斷言的暗示《だんげんてきあんし》を與《あた》へ直《たゞ》ちに

「ソーラ其通《そのとほ》り眠《ねむ》くなつて來《き》た」

「ソラ其通《そのとほ》り催眠術《さいみんじゆつ》にかゝつて來《き》た」

「モウ君《きみ》は如何《いか》に起《お》きて居《ゐ》やうとしても起《お》きて居《ゐ》ることは出來《でき》ぬ」

「ソラ其通《そのとほ》り非常《ひじやう》に眠《ねむ》くなつて何《な》んとも言《い》へぬ好《い》い心持《こゝろもち》になつた」

「サア君《きみ》は催眠術《さいみんじゆつ》にかゝつた」

「モウどうすることも出來《でき》ぬ」

と斯《か》く二三遍繰返《へんくりかへ》す内《うち》には被術者《ひじゆつしや》の心理《しんり》に充分催眠心理作用《じうぶんさいみんしんりさよう》が働《はたら》いて來《く》る、そこで

「サア君《きみ》は催眠術《さいみんじゆつ》に深《ふか》くかゝつて非常《ひじやう》に眠《ねむ》いから人《ひと》の話《はなし》や物《もの》の音《おと》などに頓着《とんちやく》せず私《わたくし》

が起《おこ》すまで安心《あんしん》して眠《ねむ》れ」と今度《こんど》は命令的暗示《めいれいてきあんじ》を與《あた》へる、爰《こゝ》に被術者《ひじゆつしや》は全《まつた》く催眠状態《さいみんじやうたい》となるのである。

◎空手護身術としての反抗者催眠術

以下《いか》記述《きじゆつ》せる實驗例《じつけんれい》は專《もつぱ》ら古屋氏《ふるやし》反抗者催眠論《はんかうしやさいみんろん》に據《よ》つて引例《いんれい》せるもの多《おほ》く而《しか》して絶對《ぜつたい》に如何《いか》なる反抗者《はんかうしや》と雖《いへど》もその秘術《ひじゆつ》の適用《てきよう》に於《おい》ては目的《もくてき》を達《たつ》することの的確《てきかく》なるを知《し》るべきである。

◎反抗せる猛獸毒蛇等を催眠せしむる術

熟達《じゆくたつ》すれば反抗《はんかう》せる猛獸毒蛇《まうじうどくじや》をも催眠《さいみん》せしむることを得《う》るものである、左《さ》に古屋氏《ふるやし》の獸類等《じうるゐとう》に實驗《じつけん》せる顚末《てんまつ》を紹介《せうかい》せん。

△獸類《じうるゐ》の實驗《じつけん》　余《よ》は催眠術實驗用《さいみんじゆつじつけんよう》として種々《しゆ〲》の獸類《じうるゐ》を飼養《しやう》せり、其中《そのうち》初學者《しよがくしや》にして之《これ》

を實驗《じつけん》するも毫《がう》も危險《きけん》の虞《おそれ》なき「モルモット」を催眠《さいみん》せしめたる實驗談《じつけんだん》を述《の》べん、その方法《はうはふ》は鷄《にはとり》を催眠《さいみん》せしむるに殆《ほと》んど異《こと》ならず先《ま》づ机上《きじやう》に紙《かみ》を敷《し》き「モルモット」を載《の》せ高《かう》音《おん》を發《はつ》して驚《おどろ》かしめ逃《に》げ去《さ》らんとするを摑《つか》まへて仰臥《あふぐわ》せしめ左手《ゆんで》にて胴部《どうぶ》を持《も》ち右手《めて》にて頭部《とうぶ》を持《も》ち右手《めて》の指頭《しとう》にて眼瞼《まぶた》を撫摩することを數回《すうくわい》にして左手《ゆんで》を胴《どう》より離《はな》し、課《くし》腹《ふく》にて胴《どう》を靜《しづ》かに臀部《でんぶ》に向《むか》つて撫《な》で下《さ》ぐることを數回《すうくわい》なれば忽《たちま》ちにして催眠《さいみん》し不動《ふどう》の姿《し》勢《せい》となる、其時余《そのときよ》は手《て》の平《ひら》にて「モルモット」を動《うご》かしたるに「モルモット」は少《すこ》しも動《うご》かず死《し》せるもの丶如《ごと》し、暫時《ざんじ》にして醒覺法《せいかくはふ》を行《おこな》ひたれば俄然《がぜん》起《お》き上《あが》りて飛《と》び廻《まは》り嬉々《きゝ》として遊《あそ》べり此實驗《このじつけん》をなすに少《すこ》しは熟練《じゆくれん》せざれば、「モルモット」は大《おほい》に反抗《はんかう》し闘踩きて催眠《さいみん》を妨《さまた》げんとする其場合《そのばあひ》に「モルモット」が勝《か》てば催眠《さいみん》は不成功《ふせいこう》となる、術者《じゆつしや》が勝《か》てば催眠状態《さいみんじやうたい》となる、兩者《りやうしや》の精力《せいりよく》競べなりと。

△蟲類《むしるゐ》の實驗《じつけん》　最《もつと》も催眠《さいみん》し易《やす》きは蛇《へび》、蛙《かへる》、とかげ、なりその實驗法《じつけんはふ》は大同小異《だいどうせうい》なり云々《うんぬん》。

以上《いじやう》の實驗《じつけん》は練習《れんしふ》の初階級《しよかいきふ》たるに過《す》ぎざるべきも漸々《ぜんぜん》この術《じゆつ》を熟達《じゆくたつ》するに於《おい》ては從《したが》て

猛獸《まうじう》、毒蛇《どくじや》に對《たい》しても應用《おうよう》せしむることは理《り》の當然《たうぜん》たらん。

◎反抗せる人間の催眠法

反抗《はんかう》せる人間《にんげん》も催眠《さいみん》せしめ得《う》るものである、只人間《たゞにんげん》は鳥獸《てうじう》と異《こと》なりて其人《そのひと》の意思《いし》の自由《じいう》を故《ゆゑ》なく猥《みだり》に束縛《そくばく》すること能《あた》はず意思《いし》の自由《じいう》は國法《こくはふ》と雖《いへど》も之《これ》を絶對《ぜつたい》に禁《きん》ずる能《あた》はず、普通催眠法《ふつうさいみんはふ》の精神《せいしん》をして催眠狀態《さいみんじやうたい》の性質《せいしつ》、催眠法《さいみんはふ》の原理《げんり》に適合《てきがふ》するやうに誘導《いうだう》して終《つひ》に其境《かひ》に至《いた》らしむるなり、然《しか》るに被術者《ひじゆつしや》が反抗《はんかう》して居《を》り決《けつ》して其意思《そのいし》を誘導感化《いうだうかんくわ》すること能《あた》はざる場合《ばあひ》は鳥獸《てうじう》を催眠《さいみん》せしむると同樣《どうやう》の方式《はうしき》により威壓《ゐあつ》を以《もつ》て强制的《きやうせいてき》に心身《しんしん》の自由《じいう》を奪《うば》ふて催眠《さいみん》せしむるか左《さ》なくば氣合術《きあひじゆつ》を應用《おうよう》して事更《ことさら》に被術者《ひじゆつしや》の精神《せいしん》に空虛《くうきよ》を生《しやう》せしめ其虛《そのきよ》に突然《とつぜん》切《き》り込《こ》んで反抗精神《はんかうせいしん》を消滅《せうめつ》せしめ以《もつ》て催眠狀態《さいみんじやうたい》となすなりと。

◎空手護身術としての反抗者を催眠せし實驗

此《こ》の驚《おどろ》くべき實驗《じつけん》をなしたるは佐賀縣《さがけん》杵島郡《きしまぐん》大町村《おほまちむら》福田炭礦內《ふくたたんくわうない》木村又男氏《きむらまたをし》なり(中略)報告書《はうこくしよ》に曰《いは》く、余《よ》は二日《か》鄕里《きやうり》に歸途《きこ》、九鐵高瀨驛《てつたかせえき》にて降車《かうしや》し大濱町渡場《おほはまちやうわたしば》にて舟《ふね》の來《きた》るを待《ま》ちたり、偶々《たまたま》向《むか》ふより泥醉者《でいすゐしや》の來《きた》るあり是此邊《これこのへん》に於《おい》て惡漢《あくかん》の聞《きこ》え高《たか》きど「ぐら庄《しやう》」と云《い》へる者《もの》なり余《よ》の傍《かたはら》に來《きた》り余《よ》に對《たい》して云《い》ふ樣君《やうきみ》はこのごろ催眠術《さいみんじゆつ》とかいふ術《じゆつ》を行《おこな》ふそうじやが、明治《めいぢ》の今日《こんにち》そんな術《じゆつ》の有《あ》る理由《りいう》なく、案《あん》ずるに君《きみ》は夫《そ》れを種《たね》に欺僞《さぎ》でもするならん、誠《まこと》そう云《い》ふ術《じゆつ》あらば自分《じぶん》に試《こゝろ》みよ、そんな馬鹿氣《ばかげ》た事《こと》にかゝる人間《にんげん》は一人《にん》もないなど、暴言屁理窟《ばうげんへりくつ》を云《い》ひつゝ居《ゐ》たれども余《よ》は醉中《すゐちう》の惡漢如何《あくかんいか》なる事《こと》をなさんも知《し》れずと汝等《なんぢら》にかゝる術《じゆつ》なしと逃《に》げんとすれば彼《かれ》はこの畜生《ちくしやう》と云《い》ひつゝ余《よ》を打《う》たんとする勢《いきほひ》をなして余《よ》が眼中《かんちう》を凝視《ぎようし》し居《ゐ》る故余《ゆゑよ》も後《おく》れはせずと軍人氣質《ぐんじんかたぎ》となり彼《かれ》の眼色《かんしよく》を見詰《みつ》め凡《およ》そ十分間程《ぶんかんほど》經《へ》たれども彼《かれ》は余《よ》を凝視《ぎようし》して總身《そうしん》に僕《ぼく》の振《ふるひ》を生《しやう》じ居《ゐ》たり、依《よつ》て余《よ》は期逸《きいつ》す可《べ》からずと思《おも》ひ突然聲《とつぜんこゑ》を發《はつ》して眠《ねむ》れと言《い》ひしに彼《かれ》は左手《さしゆ》を擧《あ》げて余《よ》を打《う》たんとせし故余《ゆゑよ》も一生懸命《しやうけんめい》となり、その手《て》は降《くだ》らぬと云《い》ひしに彼《かれ》は右手《みぎて》を下《さ》げ能はざりし余《よ》は再《ふたゝ》び貴樣《きさま》は最《も》う眠《ねむ》つてしまつた、段々深《だん〳〵ふか》く眠《ねむ》ると暗示《あんじ》せしに彼《かれ》は全《まつた》く催眠《さいみん》狀態《じやうたい》となれり、余《よ》は嬉々《きゝ》として貴樣《きさま》は余《よ》の飼馬《かひば》だ、今《いま》より歸《かへ》るから用意《ようい》せよと暗示《あんじ》を與《あた》へたるに彼《かれ》は四つ這《は》ひとなりたるに依《よ》り試《こゝろみ》に彼《かれ》の背《せ》に乘《の》りたるに、凡《およ》そ二十分間程《ぷんかんほど》川原《かはら》を歩行《ほかう》したり、渡場《わたしば》にある人々《ひと〴〵》奇異《きい》の思《おも》ひして立止《たちど》まり見物《けんぶつ》し居《ゐ》たり、余《よ》はどーどーと云《い》ひたるに彼《かれ》は立止《たちど》まりしにより貴樣《きさま》は矢張《やは》り「どくら庄《しやう》だ」と云《い》へば漸《やうや》く體《たい》を起《おこ》したり、余は言葉《ことば》を續《つゞ》けて貴樣《きさま》は品行方正《ひんかうはうせい》になつた人《ひと》に對《たい》して大變叮嚀《たいへんていねい》になつた、貴樣《きさま》は余《よ》を大變恐《たいへんおそ》れる樣《やう》になつた、醒《さ》めても決《けつ》して忘《わす》れる事《こと》は出來《でき》ぬと暗示《あんじ》を反復《はんぷく》して今數《いますう》を云《い》ふから十まで至《いた》らば醒《さ》めよと云《い》ひて覺醒《かくせい》せしめたり、彼《かれ》は大《おほい》に身振《みぶる》ひして川原《かはら》に手《て》を突《つ》き低頭平身《ていとうへいしん》したり、余《よ》は一笑《せう》して舟《ふね》に乘《の》り川《かは》を越《こ》て郷里植島村《きやうりうゑしまむら》に歸宅《きたく》せり。

◎反抗せる人間に手を觸れずして催眠せしめし實驗

余《よ》一日《にち》知人《じん》数名《すうめい》と共《とも》に或《あ》る一堂《だう》に會《くわい》し談笑《だんせう》に時《とき》を移《うつ》せしに偶々《たまたま》催眠術《さいみんじゆつ》の噺出《はなしい》で座《ざ》をにぎやかならしめたり、時《とき》に一人《にん》催眠術《さいみんじゆつ》なるものは被術者《ひじゆつしや》の進《すゝ》んで受術《じゆじゆつ》を熱望《ねつばう》する場合《ばあひ》の外《ほか》は絶對的《ぜつたいてき》にかゝるものにあらずと、余曰《よいは》く其《そ》は普通《ふつう》の場合《ばあひ》のみを見《み》て速斷《そくだん》したるものなり普通施術《ふつうしじゆつ》の目的《もくてき》は治療《ちれう》とか矯癖《きやうへき》とかにあり、即《すなは》ち被術者《ひじゆつしや》の身體《しんたい》の惡《あ》しき處《ところ》を治《ぢ》するにあり其目的《そのもくてき》の場合《ばあひ》は深《ふか》く催眠《さいみん》せしむるが目的《もくてき》にあらず催眠《さいみん》は單《たん》に治療矯癖《ちれうきやうへき》の手段《しゆだん》としてなすなり、主《しゆ》なる目的《もくてき》は治療矯癖《ちれうきやうへき》にあり、治療矯癖《ちれうきやうへき》さへ出來《でき》れば他《た》は顧《かへり》みるの用甚《ようはなは》だ尠《すく》なし、然《しか》るに催眠《さいみん》のみは深《ふか》く強《つよ》くせしむることを第《だい》一義《ぎ》とし他《た》を犠牲《ぎせい》に供《きやう》せんが深《ふか》く催眠《さいみん》せしめ得《う》るも徒《いたづら》に身心《しんしん》を疲勞《ひらう》せしむるのみにて効力《かうりよく》甚《はなは》だ尠《すく》なしと云《い》ふや催眠術家《さいみんじゆつか》は甘《うま》く切《き》り扱《ね》けるものなりと冷笑《れいせう》せり、爰《こゝ》に於《おい》て爭論《さうろん》となり結局《けつきよく》千言《げん》萬語《ご》の議論《ぎろん》より事實《じじつ》の上《うへ》に於《おい》て勝敗《しやうはい》を決《けつ》すること正當《せいたう》なれと余曰《よいは》く肉體上《にくたいじやう》にて反抗《はんかう》せざる以上《いじやう》は事實上《じじつじやう》、君《きみ》が如何《いか》に精神上《せいしんじやう》にて反抗《はんかう》するもそれを催眠《さいみん》せしむるは容易《ようい》なり。

動物《どうぶつ》は肉體上《にくたいじやう》にて反抗《はんかう》するも催眠《さいみん》せしめ得《う》ればなり、然《しか》れども催眠法《さいみんはふ》も又《また》一つの術《じゆつ》なれば猥《みだ》りに施術《しじゆつ》することを得ず、例《たと》へば君《きみ》は無財産《むざいさん》なり一厘《りん》の資産《しさん》もなかるべしと云《い》はゞ君《きみ》怒《いか》りて我輩《わがはい》にも五萬圓《まんゑん》や六萬圓《まんゑん》の資産《しさん》あると抗辯《かうべん》せらるゝならん、然《さ》れば余《よ》は何《な》に虚言《うそ》を吐《つ》くな君《きみ》に一厘《りん》の資産《しさん》あることをも認《みと》むる能《あた》はず若《も》し果《はた》して五萬《まん》六萬《まん》の資《し》産《さん》あるならば余《よ》に其資産《そのしさん》を與《あた》へよ與《あた》ふること能《あた》はざれば有《いう》するとは僞《いつは》りなりと云《い》ひたれば友人曰《いうじんいは》く假令事實《たとへじじつ》なるも猥《みだ》りに無代《むだい》で資産《しさん》を悉皆人《しつかいひと》に與《あた》ふることは出來《でき》ざるや無《む》論《ろん》なりその出來《でき》ざることを強《し》ゆるは無理《むり》なりと余《よ》曰《いは》く余の催眠術《さいみんじゆつ》は豫《よ》め資産《しさん》なり、余《よ》は何等《なんら》有形《いうけい》の資産《しさん》なきも無形《むけい》の催眠術《さいみんじゆつ》にて口《くち》を糊《のり》し居《ゐ》るものなり、其術《そのじゆつ》を戯《たはむ》れに施《ほどこ》し見《み》よと云《い》ふは余《よ》が君《きみ》に向《むか》つて君《きみ》の資産《しさん》を余《よ》に與《あた》へよと云《い》ふに異《こと》ならざるにあらずやと、語《ご》まだ終《をは》らざるに一座《ざ》の友人異《いうじんい》口《く》同音《ごうおん》に然《しか》り、信《しん》に然《しか》るなり、よりて實際《じつさい》に催眠術《さいみんじゆつ》を行《おこな》ひ若《も》し催眠《さいみん》せざれば金《きん》壹百圓《ゑん》を謝罪《しやざい》として提供《ていきやう》せよ又若《またも》し眞《しん》に催眠《さいみん》せば被術者《ひじゆつしや》壹百圓《ゑん》を提供《ていきやう》せよと余《よ》大《おほい》に喜《よろこ》びて其旨《そのむね》を記《しる》せる契約書《けいやくしよ》を認《したゝ》めて互《たがひ》に交換《かうくわん》し置き愈々《いよ〳〵》實驗《じつけん》に取《と》り掛《かゝ》れり其實驗法《そのじつけんはふ》は次《つぎ》の如《ごと》くなりき。

余《よ》は被術者《ひじゆつしや》を直立《ちよくりつ》せしめそれより六尺許《しやくばか》り離《はな》れし處《ところ》に余《よ》も直立《ちよくりつ》し、余《よ》は清國傳來《しんこくでんらい》五鬼《き》の印《いん》を結《むす》びたれば被術者何《ひじゆつしやなに》をするのかと、之《これ》を眺《なが》め居《ゐ》たり余《よ》は頗《すこぶ》る熱烈《ねつれつ》なる顏色《かほいろ》にて凝《こら》して瞰《にら》め心力《しんりよく》を强烈《きやうれつ》と集注《しふちう》したりしに不思議《ふしぎ》や被術者《ひじゆつしや》は心中《しんちう》に恐怖《きやうふ》を起《おこ》し手足《てあし》ブル〳〵と震《ふる》へ來《きた》るや一寸待《ちよつとま》つて吳《く》れと云《い》へり余《よ》は大喝一聲《だいかついつせい》「許《ゆる》さず」と叫《さけ》ぶや被術者《ひじゆつしや》はバタリ後《うしろ》に倒《たほ》れたり、見《み》れば昏睡狀態《こんすゐじやうたい》に陷《おちい》れり、よつて余《よ》は其身體《そのしんたい》を起《おこ》して椅子《いす》に凭《もた》らしめ尙眠《なほねむり》を進《すゝ》めて睡遊狀態《すゐゆうじやうたい》となし杯洗《はいせん》の水《みづ》とビールを飮《の》ましめ皿《さら》を叩《たゝ》いて三味線《みせん》の音《ね》に感《かん》せしめたる如《ごと》き奇現象《きげんしやう》を呈《てい》せしめて後覺醒《のちかくせい》せしめ約束《やくそく》の如《ごと》く氣《き》の毒《どく》ながら金《きん》壹百圓《ゑん》を忝《かたじけ》のうしたり。（古屋鐵石氏實驗）

尙《なほ》ほ催眠術《さいみんじゆつ》に就《つい》て詳細《しやうさい》を研究《けんきう》せんとせば魔力催眠術秘傳《まりよくさいみんじゆつひでん》と稱《しよう》する定價《ていか》金《きん》六拾錢《せん》（特《とく》價《か》五拾錢送料《せんそうれう》四錢《せん》）東京淺草區瓦町《とうきやうあさくさくかはらまち》二十八番地福田靑文堂宛申込《ふくだせいぶんだうあてまをしこ》まれよ。

■空手護身術に活用すべき禁厭術の方式

（家庭禁厭術に據る）

○膽力《けんりよく》を大《おほ》きくする方式《はうしき》

兩方《りやうはう》の手《て》の指《ゆび》を堅《かた》く握《にぎ》り全身《ぜんしん》に力《ちから》を入《い》れて「己《おの》れの膽力《たんりよく》は大《おほ》きくなつた如何《いか》なる人《ひと》の前《まへ》に出《で》ても少《すこ》しも怖《おそ》れぬ」と心《こゝろ》に堅《かた》く念《ねん》じつゝ自分《じぶん》の年《とし》の數程其握《かずほどそのにぎ》りて手《て》を頭上《づじやう》に與《あ》げて而《しか》して後《うしろ》に切《き》り下《おろ》すなり、此法《このはふ》を朝晝夕《あさひるゆう》の三回宛《くわいづゝ》行《おこな》ふなり、然《さ》れば必《かなら》ず如何《いか》に小膽者《せうたんもの》にても大膽《だいた》の人《ひと》となること受合《うけあひ》なり。

㈠蝮又《まむしまた》は蛇《へび》の喰《く》ひ附《つ》かぬ禁厭《まじなひ》

「かのこまだらのむしあらば山《やま》たつひめにかくと語《かた》らん」此歌《このうた》をかきて懷中《ふところ》するときは決《けつ》して蛇或《へびあるひ》は復《まむし》の喰《く》ひ附《つ》く事《こと》なし、又鐵色《またてついろ》の足袋《たび》と股引《もゝひき》とをはきをるもよし。

○砲彈除《はうだんよ》けの方式《はうしき》

「捬抬捬抱《そんたいそんはう》」此《この》四字《じ》を書《しよ》し、而《しか》して充分《じうぶん》に下腹《したはら》に力《ちから》を入《い》れ満腔《まんくう》の心力《しんりよく》を集注《しふちう》して「ウン」と一聲《せい》叫《さけ》ぶ其時《そのとき》、吐《に》き出《だ》したる氣息《きそく》を右《みぎ》四文字《もんじ》の符《よ》に吹《よ》き掛《かけ》るなり。

○雷除《らいよ》けの禁厭《まじない》

大雷神　雲雷皷制電

南無太政　威徳天神如律令

大鬼神　降雷樹大雨

此符《このふ》を門口《かどぐち》に張《は》り置《お》けば其家安全《そのいへあんせん》にして又此符《またこのふ》を身《み》に持《も》てば其人《そのひと》けがなし。

○火難除《くわなんよ》けの禁厭《まじない》

「往宋名无忌《わうそうめいむき》知居《ちこ》是《せ》火精犬《くわせいたい》全輪《せんりん》王勑《わうらい》」

と此符《このふ》を書て門戸《もんこ》に張《は》るべしと。

○水難除《すゐなんよ》けの禁厭《まじない》

「霜柱《しもばしら》氷《こほり》の屋根《やね》に雪《ゆき》の桁《けた》、雨《あめ》の垂《た》る木《き》に露《つゆ》のしぶきぞ」

此《こ》の歌《うた》を紙《かみ》に書《か》き門口《かどぐち》に張《は》るべし。

○盗難除《たうなんよ》けの禁厭《まじない》

「立《た》て柴《しば》を〳〵十文字《もんじ》「アビラウンケンソワカ」

右《みぎ》の文字《もんじ》を紙《かみ》に書《か》き家《いへ》の入口《いりぐち》に逆《さかさ》まに貼《は》り置《お》くべし、盗人《ぬすびと》の近《ちか》よらぬ事妙《ことめう》なり。

○夜道《よみち》して災難《さいなん》なき方式《はうしき》

旅行《りよかう》又《また》は夜道等《よみちとう》の氣《き》づかわしき所《ところ》へ行《ゆか》んと思《おも》ふ時《とき》は先《ま》づ眼《め》をふさぎ内眥《まなじり》を指《ゆび》にて押《おさ》へて見《み》るべし、銘々《めいめい》みなの眼中《がんちう》に金輪《こんりん》の見《み》ゆる者《もの》なるに難《なん》に逢《あ》ふべき前《まへ》には此金輪《このこんりん》の見《み》へぬ者《もの》なり、是《こ》れを眼脈《がんみやく》の大事《だいじ》といふて大秘事《だいひじ》なり（此金輪《このこんりん》は平常直《へいぜいすぐ》に見得《みう》る樣練習《やうれんしふ》し置《お》くを要《えう》す、又船《またふね》、乗《の》らんと思《おも》ふ前《まへ》にも此法《このはふ》を以《もつ》て試《こゝろ》むべし、金輪見《こんりんみ》えぬ時《とき》は止《や》むべし又氣《またき》づかわしき所又《ところまた》は船《ふね》に乗《の》るまへ等《とう》の時《とき》は必《かなら》ず小便《せうべん》をして試《こゝろ》むべし、小便《せうべん》に泡《あは》たゝずんば必《かなら》ず難《なん》に逢《あ》ふと知《し》るべし、思《おも》ひ立《たつ》とも必《かなら》ず止《とゞ》むべし。

○道中《だうちう》にて狐狸類《こりるゐ》の近寄《ちかよ》らぬ禁厭《まじない》

右《みぎ》の手《て》の中指《なかゆび》にて左《ひだり》の手《て》の平《ひら》に「我書鬼《がぜき》」の三字《じ》を書《か》きて其《その》まゝ堅《かた》く握《にぎ》り行《ゆ》くべし。

○海川《かせん》を無難《ぶなん》に渡《わた》る禁厭《まじない》

惣《そう》じて海川《かせん》を渡《わた》るときは「朱《しゆ》」の字《じ》を紙《かみ》に書《しよ》して持《も》つと何事《なにごと》もなし、又掌《またたなそこ》に「上《じやう》」の字《じ》を書《か》くもよし。

○遠路《ゑんろ》を歩《あゆ》んで足痛《あしいた》まぬ禁厭《まじない》

足《あし》のうらと甲《かふ》に胡麻《ごま》の油《あぶら》をぬるべし足《いし》いたみはるゝことなし又洗足《またせんそく》してのち鹽《しほ》をつばにてねり足《あし》のうらへぬり置《お》くべし足《あし》いたむことなし。

○急《いそ》ぎて走《はし》るも息切《いきぎ》れざる禁厭《まじない》

走《はし》るとき息《いき》の切《き》れぬ法《はふ》は走《はし》り出《だ》しの時《とき》より態《わざ》と息《いき》を荒《あら》くするなり、いか程走《ほどはし》りても息《いき》切《ぎ》れぬものなり、又髭人參《またひげにんじん》を含《ふく》み居《を》れば猶《なほ》よろし。

○狂犬《きやうけん》を防《ふせ》ぐ呪《まじない》

うたに「われは虎《とら》いかになくにも犬《いぬ》はいぬ獅子《し》のはがみをおそれざらぬや」

右《みぎ》のうたを三べんとなふべし。
又《また》つぎにこれをよむべし。
いぬ、ゐ、ね、うし、とら、
右《みぎ》を大指《おほゆび》より五つのゆびにゝきるなり。

○遠足《ゑんそく》をして草臥《くたびれ》ざる法《はふ》

旅行《りよかう》遠《とほ》く歩《あゆ》みても草臥《くたびれ》ざる法《はふ》はきやらを少《すこ》し足《あし》の土《つち》ふまずに塗《ぬ》りて草鞋《わらじ》をはくべし、くたびれることなし。

○男子《だんし》一生《しやう》剣難《けんなん》を避拂《さけはら》ふの術《じゆつ》

朱鼈《しゆべつ》（大《おほ》さ錢《ぜに》の如《ごと》くにて赤《あか》きこと血《ち》のやうなる龜《かめ》なり）といふを取《とつ》て男子《だんし》これを佩れば剣難《けんなん》あることなし、友人《いうじん》これをおぶれば媚色《びしよく》あり。

○難處《なんしよ》を行《ゆ》く時《とき》達者《たつしや》常《つね》に十倍《はい》する法《はふ》

仕官《しくわん》の人《ひと》急《きう》に難所《なんしよ》を越《こ》え行役儀《ゆくやくぎ》のときは或《あるひ》は不意《ふい》の難《なん》にあひて小岳《こやま》などを行《ゆく》ときは筋《きん》

力弱《りよくよは》くしてはしのびがたし、其時《そのとき》は藁《わら》を石《いし》にあてゝよく打《うつ》て綿《わた》の如《ごと》くにふくためにて陰囊《いんのう》をつゝむべし、又腰《またこし》をもまとふべし、かくの如《ごと》くすれば達者常《たつしやつね》に十倍《ばい》なること妙《めう》なり。

○旅《たび》にてねまへ人《ひと》の來《きた》らざる法《はふ》

旅宿《りよしゆく》にて人《ひと》の寢間《ねま》へ來《きた》らんと思《おも》ふ用心《ようじん》には人《ひと》のしらざるやうに戸障子《としやうじ》のあとにきりをもみ立《たて》おくべし、すべて旅《たび》へは懷中錐《くわいちうきり》を持《もち》ゆくべし。

○狂人或《きちがひあるひ》は酒狂人《よつぱらひ》など刄物《はもの》を振《ふ》り取《と》る法《はふ》

もし發狂人《はつきやうにん》ありて刄物《はもの》を振《ふ》り回《まは》したるときは何《なに》にてもあり合《がつ》したる衣服《いふく》を打《うち》かけ頭《あたま》をつゝみて引《ひつ》たふして刄物《はもの》をもぎとるべし此法怪我《このはふけが》なし。

空手護身術に應用すべき眞言秘密護身法

畢竟《ひつきやう》は精神作用《せいしんさよう》即《すなは》ち心身相關《しんしんさうくわん》の原理《げんり》を六ケ敷《しい》佛教《ぶつけう》を引《ひ》いて説明《せつめい》したるに過《す》ぎざるもの

ゝ如《ごと》し故《ゆゑ》に爰《こゝ》へは唯《たゞ》普通《ふつう》に行者《ぎやうじや》が行《おこな》ふ處《ところ》の印《いん》の結《むす》び方《かた》を示《しめ》すに止《とゞ》めん。

眞言秘密《しんごんひみつ》を行《おこな》ふと云《い》へば必《かなら》ず外形《ぐわいけい》に現《あら》はるゝ所《ところ》の印中護身法《いんちうごしんはふ》と九字《じ》を以《もつ》て其尤《そのいう》なるものとす護身法《ごしんはふ》は十八契印中第一《けいいんちうだい》にして密秘甚深《ひみつじんしん》の印言《いんげん》なりと云《い》ふ。

其《その》一は「浄三業《じやうけふ》の印《いん》」と稱《しよう》し左右《さいう》の掌《たなそこ》を抑合《おさへあは》せて掌中《てのひら》をうつろにす斯《か》くなしながら

オンソババンバシユタサラバタラマソババシユドカン

と五遍唱《へんとな》うるなり然《さ》れば身《み》に意《い》にて作《つく》りたる罪業《ざいごふ》を滅《ほろ》して清浄《せいじやう》ならしむることを得《う》と
其《その》二は「佛部三昧耶《ぶつぶさみや》の印《いん》」にして前記浄三業《ぜんきじやうごふ》の印《いん》の掌《たなそこ》を開《ひら》き物《もの》を兩掌《りやうしやう》に盛《も》り置《お》く如《ごと》き姿勢《しせい》をし乍《なが》ら

オンタタギヤトドバンハヤソワカ

と三遍唱《べんとな》ふ然《さ》れば十方《はう》三世《せ》法佛《しよぶつ》の護念《ごねん》を得《え》て壽命《じゆみやう》を扼《やく》し福慧《ふくけい》を長《ちやう》ずと。

其《その》三は「蓮華部三昧耶《れんげぶさみや》の印《いん》」にして左右《さいう》の五指《し》を開《ひら》きて拇指《ぼし》と拇指《ぼし》と小指《こゆび》と小指《こゆび》と相《あひ》接《せつ》して八葉蓮花《えふれんげ》の形《かたち》をしながら

オンハンドモドパンババヤソワカ
と三遍唱《へんとな》ふ然《さ》れば觀世音《くわんぜおん》及《およ》び諸菩薩《しよほさつ》の加持《かぢ》を得《え》て一切《さい》の業障《げふしやう》を消除《せうぢよ》すと。
其《その》四は「金剛部《こんがうぶ》三昧耶《みや》の印《いん》」にして左掌《さしやう》を下方《かはう》に向《む》け右掌《うしやう》を上部《じやうぶ》に向《む》け左右《さいう》の兩掌《りやうしやう》の背《せ》を密接《みつせつ》せしめ拇指《ほし》と小指《せうし》とを各鈎《かくきん》の如《ごと》く引《ひ》きかけながら
オンバサルドハンパヤソワカ
と三遍唱《べんとな》ふれば金剛部《こんがうぶ》の諸尊《しよそん》の靈顯《れいげん》をかふむり一切《さい》の病難《びやうなん》を除《のぞ》き堅固《けんこ》の體《たい》となると。
其《その》五は「被甲護身《ひかうごしん》の印《いん》」にして兩小指《りやうせうし》を以《もつ》て十文字形《もんじがた》とし其兩叉《そのりやうさ》に各々《おの〳〵》萬指《ばんし》をかけて堅《かた》く握《にぎ》り中指《ちうし》と中指《ちうし》の尖端《せんたん》を中指《ちうし》の背部《はいぶ》に附《つ》け拇指《ほ・し》と拇指《ぼし》とを密接《みつせつ》しつゝ
オンハサラアギハバチチハタヤソワカ
と五遍唱《へんとな》ふれば諸《もろ〳〵》の天魔《てんま》の群害《ぐんがい》を除《のぞ》き一切《さい》の危難《やくなん》をよけ身《み》を堅固《けんこ》ならしむと。
以上《いじやう》の護身法《ごしんはふ》と云《い》ふ其印《そのいん》の結《むす》び方及《かたおよ》び咒文《じゆもん》の唱《とな》へ方《かた》は人《ひと》により多少《たせう》の差《さ》あり、行者《ぎやうじや》は互《たがひ》に我《わ》れの行《おこな》ひ方《かた》が正《ただ》しと論《ろん》じ合《あ》ふも其結果《そのけつくわ》は同《どう》一なり。

次《つぎ》に「九字《じ》の印《いん》」の結《むす》び方《かた》を述《の》べん九字《じ》は縦横法《じうわうはふ》とも云《い》ひ根本の呪語九文字《もんじ》より成《な》れる故《ゆゑ》九字《じ》の名《な》あり、九字とは即《すなは》ち

臨《りん》、兵《ぺい》、闘《とう》、者《しや》、皆《かい》、陳《ちん》・烈《れつ》、在《ざい》、前《ぜん》、

之《こ》れなり、俗《ぞく》に九字《じ》を切《き》ると云《い》ふは此《こ》の事《こと》なり。

呪文《じゆもん》　印《いん》　名《めい》　印《いん》の結《むす》び方《かた》

臨《りん》　獨古印《どくこいん》　左右《さいう》の手《て》をうちへ組《く》みて中指《なかゆび》を立《た》て合《あは》す。

兵《へい》　大金剛輪印《だいこんがうりんいん》　二指内《しゆうち》に組《く》み人示指《ひとさしゆび》を立《た》て丶中指《なかゆび》にてからむ。

闘《とう》　外獅子印《そとししいん》　左右互《さいうたがひ》に中指《なかゆび》にて頭指《かしらゆび》をからみ大指《おはゆび》、無名指《むめいゆび》、小指《こゆび》を立《た》て合《あは》す。

者　内獅子印《うちししいん》　左右互《さいうたがひ》に組《く》みて中指《なかゆび》を無名指《むめいし》の交叉《かうさ》にからみ大指頭指小指《おはゆびかしらゆびこゆび》を立《た》て合《あは》す。

皆《かい》　外縛印《ぐわいはくいん》　二指《しゆ》各々《おの〳〵》外《そと》へ組《く》み合《あは》すなり。

陳《ちん》　内《かい》縛《ばく》印《いん》　十手互《しゆたかひ》に内《うち》へ組《く》み入《い》るゝなり。

烈《れつ》　智《ち》拳《けん》印《いん》　右《みぎ》の四指《し》を振《ふ》り頭指《かしらゆび》を立《た》て左指《さしゆ》にて頭指《なしらゆび》を握《にぎ》る。

在《ざい》　日《にち》輪《りん》印《いん》　左右《さいう》の大指頭指《おほゆびかしらゆび》の端《はし》をつけ餘《よ》の四指《し》は開《ひら》き散《さん》す。

前《ぜん》　隱《いん》形《けい》印《いん》　左《ひだり》の手《て》をうつろに握《にぎ》り右《みぎ》の手《て》上《うへ》に置《お》く。

而《しか》して口《くよ》に惡魔《あくま》剛伏《がうふく》、御敵退散《おんてきたいさん》七難速滅《たんそくめつ》七復速生秘《ふくそくしやうひ》と唱《こな》へ息《いき》を吹《ふ》き入《い》れ印《いん》を解《と》きて刀《たう》印即ち《いんすなは》頭指《かしらゆび》と中指《なかゆび》とを立《た》て他《た》の指《ゆび》を握《にぎ》り刀《たう》を以《もつ》て物《もの》を切《き》り拂ふ状《さま》を空中《くうちう》になす其《その》切《き》り方《かた》は臨《りん》と横切《よこぎり》し兵《へい》と縱切《たてきり》し斯《か》くの如《ごと》く鬪《とう》、者《しや》、皆《かい》、陳《ちん》、烈《れつ》、在《ざい》、前《ぜん》の五横《わう》四縱《じう》に切《き》り拂《はら》ふなり、此印《このいん》の結《むす》び方《かた》も人《ひと》により多《た》少異《せうこと》る、眞言秘密《しんごんひみつ》を行《おこな》ふ行者《ぎやうしや》はよく之《これ》を熟練《じゆれん》し居《を》つて前記《ぜんき》九個《こ》の印《いん》を恰《あたか》も一の如《ごと》く呪文《じゆもん》を唱《こな》へつゝ連續《れんぞく》して之《これ》を行《おこな》ふなり、故《ゆゑ》に其《その》手先《てさき》の莊嚴《さうたん》にして呪文《じゆもん》の奇警《きけい》なる確《たし》かに愚夫愚婦《ぐふぐふ》は膽《たん》を奪《うば》はるゝなり。

此護《このご》身法《しんはふ》と云《い》ひ九字《じ》と云《い》ひ文字《もんじ》に顯《あら》はせば唯之《たゞこ》れ丈《だ》けのことなるも其印《そのいん》の結《むす》び方《かた》と口《くち》に唱《とな》ふる呪文《じゆもん》とは何《な》にも知《し》らぬ者《もの》の目《め》には確《たしか》に大秘《たいひ》密《みつ》の存《そん》する如《ごと》く見《み》ゆる者《もの》なり、手《いん》の結《むす》び方《かた》は之《こ》れを知《し》らざるものには獨習困難《どくしふこんなん》なるも人《ひと》の行《おこな》ふを見《み》るか或《あるひ》は人《ひと》に就《つい》て習《なら》はゞ、烟草《たばこ》一服《ぷく》吸《す》ふ間《ま》に容易《やうい》に覺《おぼ》へらるべし、それを練習《れんしふ》して早《はや》く上手《じやうづ》に行《おこな》ふが奥傳《おくでん》なり。

◎不動金縛の秘傳

不動金縛術《ふどうかなしばりじゆつ》は恰《あたか》も人《ひと》が金紐《かなひも》で縛《ば》せられし如《ごと》く身體《しんたい》を動《うご》かす能《あた》はざるやうにする術《じゆつ》なり此術《このじゆつ》は古昔《こせき》より神佛《しんぶつ》の力《ちから》に歸《き》して常人《じやうにん》の行《おこな》ふこと能《あた》はざる不可思議《ふかしぎ》の方法《はうはふ》なりとせり殊《こと》に俗間《ぞくかん》に傳《つた》はる所《ところ》の噺《はなし》は針小棒大《しんせうぼうだい》にして決《けつ》して信《しん》せられない、而《しか》し或《あ》る程度《ていど》に於《おい》て此術《このじゆつ》の行《おこな》はるゝは事實《じじつ》である、之《こ》れは精神作用《せいしんさよう》によりて行《おこな》はるゝものであつて即《すなは》ち催眠術《さいみんじゆつ》の一種《しゆ》である。今之《いまこれ》を説明《せつめい》せんに金縛《かなしばり》の術者《じゆつしや》と被術者《ひじゆつしや》との二人《にん》あり術者被術者《じゆつしやひじゆつしや》に向《むか》ふて一定《てい》の呪文《じゆもん》を唱《とな》へ印《いん》を結《むす》び以《もつ》て此秘術《このひじゆつ》を行《おこな》ふものとせんに被術者《ひじゆつしや》は已《すで》に今術者《いまじゆつしや》が金縛《かなしばり》の術《じゆつ》を行《おこな》ふことを知《し》らば自己《じこ》の豫期作用《よきさよう》によりて其身體強直狀態《そのしんたいきやうちよくじやうたい》となり自《みづか》ら之《これ》を動《うご》かすことが出來《でき》なくなる若し又被術者《またひじゆつしや》が金縛《かなしばり》の術《じゆつ》を我身《わがみ》に施《ほどこ》さるゝことを知《し》らざる場合《ばあひ》は豫期作用《よきさよう》にあらざるべきが如《ごと》きも其場合《そのばあひ》に於《お》ける術者《じゆつしや》の擧動容貌《きよどうようばう》大に平常《へいぜい》に異《ことな》る所《ところ》あり非常《ひじやう》の精神力《せいしんりよく》を外貌《ぐわいばう》に現《あら》はし一見悚然《けんぞくぜん》たる狀態《じやうたい》を示《しめ》さんか縱《たと》ひ被術者《ひじゆつしや》は何《なん》の意《い》たるを知《し》らざるも之《これ》を恐怖《きやうふ》するに餘《あま》り手足胴體《てあしどうたい》强直《きやうちよく》して動《うご》かざるのである、之《こ》れ宛《あだか》も蛙《かへる》が蛇《へび》に睨視《げいし》せられて畏怖《いふ》の餘《あま》り身體《しんたい》に强直《きやうちよく》を起《おこ》して遁去《さんきよ》すること能《あた》はざると其理《そのり》一なり又催眠術《またさいみんじゆつ》に於《おい》て覺醒狀態《かくせいじやうたい》にある者《もの》に向《むか》ひ突然汝《とつぜんなんぢ》の手《て》は動《うご》かぬと云《い》へば動《うご》かなくなることあるは、人《ひと》のよく知《し》る處《ところ》であらう。

その催眠術《さいみんじゆつ》の現象《げんしやう》を呈《てい》して不動《ふどう》の金縛《かなしばり》と云《い》ふのである。

◎鐵棒屈曲術

鐵棒卽《てつぼうすなは》ち火箸《ひばし》（鐵《こつ》なり、眞鍮《しんちう》なりのもの）の兩端《りやうたん》を兩手《りやうて》で握《にぎ》り（これは小《ちい》さい竹片《ちくへん》だから屹度《きつと》曲《ま》げることが出來《でき》る）といふ强《つよ》い信念《しんねん》を以《もつ》て急《きう》に之《これ》を曲《ま》げる時《とき》は容易《たやす》く曲《きよ》がる、又左《またひだり》の手《て》で火箸《ひはし》の下《した》の方《はう》を握《にぎ》り眞直《まつすぐ》に立《た》てゝ居《を》り右《みぎ》の手《て》の人《ひと》さし指《ゆび》又《また》は小指《こゆび》を引《ひつ》掛けて引《ひ》いても可《い》い、之《これ》を行《おこな》ふに最《もつと》も大切《たいせつ》な事《こと》は、此火箸《このひはし》は金《かね》でなく竹片《たけきれ》だと思《おも》ひ込《こ》むことで、自分《じぶん》は屹度《きつと》之《これ》を曲《ま》げることが出來《でき》るといふ確《たし》かな強《つよ》い信念《しんねん》が無《な》いと駄目《だめ》である、若《も》し一二回《くわい》も試《こゝろ》みて効《かう》が無《な》ければそれは精神《せいしん》の集注《しふちう》が不足《ふそく》な證據《しようこ》である、かの眞言宗《しんこんしう》の修業者《しゆげふしや》が大《おほ》きい火箸《ひはし》を飴《あめ》のやうに曲《ま》げるのも同《おな》じ道理《だうり》である。

俗《ぞく》に馬鹿力《ばかぢから》と云《い》ふことあり、平常腕力弱《へいぜいわんりよくよは》くして半人力《はんにんりき》もなき者《もの》が一朝狂人《てうきやうじん》となりて暴《あば》れ廻《まは》る際《さい》には非常《ひじやう》なる驚《おどろ》くべき大力《だいりき》が出《で》で壯健《さうけん》の者數名集《ものすうめいあつま》るも其力及《そのちからおよ》ばざることあり又病人《またびやうにん》あり寢《しん》に就《つ》き苦惱《くなう》し居《を》りたるに忽然隣家《こつぜんりんか》にて火《ひ》を失《しつ》し忽《たちま》ちにして大火事《おほくわじ》となり今《いま》や我家《わがいへ》も類燒《るゐせう》に逢《あ》はんとす此時病人蹶起《このときびやうにんけつき》して重要物《ちようえうぶつ》を入《い》れ置《お》きたる箱《はこ》を抱《かゝ》へて逃《に》げ去《さ》れり後火災止《のちくわさいや》み幸《さいはひ》にして類燒《るゐせう》を免《まぬ》かれり、よりて曩《さき》に病人《びやうにん》が持出《もちだ》したる箱《はこ》を持《も》ち入《い》れんとするに當《あた》り壯健《さうけん》の者《もの》四名《めい》にて汗《あせ》を流《なが》して漸《やうや》く元《もと》の處《ところ》に納《をさ》めたり斯《かゝ》る重《おも》き箱《はこ》を何《ど》うして病人《びやうにん》が手輕《てがる》く一人《ひとり》にて持出《もちだ》したるか、之《これ》は狂人《きちがひ》の馬鹿力《ばかぢから》と同《おな》じ場合《はあひ》にして何《なに》事《こと》も顧《かへりみ》る遑《いとま》なく一心不亂《しんふらん》になりたる故《ゆゑ》なり、換言《くわんげん》すれば其事《そのこと》にのみ精神《せいしん》が凝《こ》り固《かた》りたる故《ゆゑ》なり、心力集注《しんりよくしふちう》の結果《けつくわ》は如何《いか》に熾《おこ》くべきかを知《し》りぬべきなり。

◎敵の體に觸れずして自由に制する極意

この法《はふ》は所謂遠當《いはゆるとほあて》の法《はふ》にして一種《しゆ》の氣合術《きあひじゆつ》と忍術《にんじゆつ》の臨機應用《りんきおうよう》である。

一、氣當《きあて》　彼《か》の柳生又十郎《やぎふまたらう》が伴藏先生《はんざうせんせい》の門《もん》に修業《しうげふ》を積《つ》んで傳授《でんじゆ》されたる空飛小鳥《そらとぶことり》の羽交止術《はがひどめじゆつ》の如《ごと》き、或《あるひ》は山本勘助《やまもとかんすけ》が狼《おほかみ》を一睨《げい》して退《しりぞか》せしめたる如《ごと》きはそは一の氣合術《きあひじゆつ》にして平常《へいぜい》より心身《しんしん》の鍛錬《たんれん》を積《つ》む結果《けつくわ》である、氣合術《きあひじゆつ》の蘊奥《うんおう》を會得《えさく》すれば何人《なんぴと》も其域《そのゐき》に達《たつ》する事《こと》が出來《でき》る。

二、眼潰《めつぶし》　これは忍術《にんじゆつ》の應用《おうよう》にも見《み》るべし傳書《でんしよ》に據《よ》れば即《すなは》ち石灰《せきくわい》の汁水《しるみづ》に蕃辛《たうがらし》の[illegible]松脂《まつやに》の粉《こ》と少量《せうりやう》の斑猫《はんめう》を混入《こんにふ》したる汁《しる》を製《せい》し之《これ》を河豚《ふぐ》の皮《かは》にて作《つく》れる水砲（俗《ぞく》にキンタマツブシと稱《しよう》し小兒《せうに》の弄《もてあそ》ぶもの）に入《い》れて袂《たもと》に藏《おさ》め置《お》き敵《てき》に會《くわい》したる時《とき》その面部《めんぶ》に注《そゝ》げば如何《いか》なる強敵《きやうてき》も忽《たちま》ち眼《め》を閉《と》ぢ開《ひら》く能《あた》はざるなり。

注《ちう》（斑猫《はんめう》は劇藥《げんやく》なれば注意《ちうい》すべし又之《またこれ》を除《のぞ》くも可なり）

又《ま》た鶏卵《けいらん》の上下《じやうげ》に小孔《こあな》を明《あ》け中味《なかみ》を去《さ》り、乾《かは》かしたる殼《から》に石灰《せきくわい》の粉末《ふんまつ》と細辛の細末とを適宜《てきぎ》に混合《こんによ》したるものを詰《つ》め上下《じやげ》の孔《あな》に紙《かみ》を貼《は》りて作《つく》りたるものを敵《てき》に會《くわい》したる際《さい》、我《わ》が手《て》の握《にぎ》り潰《つ》ぶすと同時《ごうじ》に敵《てき》の面部《めんぶ》に投《な》げ附《つ》けるなり又《また》、最《もつと》も簡便《かんべん》なる法《はふ》として灰《はい》或《あるひ》は砂《すな》を紙《かみ》に捻《ひね》り、敵《てき》に當《あた》れば容易《やうい》に灰《はい》、砂《すな》の散《さん》じ開《ひら》くものなり。

◎敵體に觸れずして投げ倒す極意

この術《じゆつ》は所謂《いはゆる》氣《き》合《あひ》投《な》げの術《じゆつ》にして技《わざ》に依《よ》らず氣合《きあひ》を以《もつ》て敵《てき》を投《な》げ倒《たを》すことにして氣合《きあひ》術《じゆつ》の堂奥《だうおく》に達《たつ》すれば自由自在《じゆうじざい》に出來《でき》るものである、換言《くわんげん》すれば、我《わ》が有形《いうけい》の業《わざ》は敵《てき》に劣《をと》るとも無形《むけい》の氣力《きりよく》を以《もつ》て勝《か》つの法《はふ》である。

即《すなは》ち敵《てき》と立《た》ち合《あ》ふ技初《さいしよ》に於《おい》て先《ま》づ我《わ》が常《つね》に養《やしな》ふ所《ところ》の活潑剛健不屈《くわつぱつがうけんふくつ》の氣《き》を發《はつ》し敵《てき》の氣合《きあひ》

を取挫《さつくじ》くときは敵《てき》に必《かなら》ず業縮《わざすく》み心臆《こゝろおく》して勝《かち》は我《わ》れに取《と》ること疑《うたがひ》なし例《たと》へば彼《か》の源《みなもと》義經《よしつね》が辨慶《べんけい》に勝《か》ちたる、千利休《せんのりきう》が加藤清正《かとうきよまさ》に勝《か》ちたる、澤庵和尚《たくあんおしやう》が柳生但馬守《やぎふたじまのかみ》に勝《か》ちたるは皆此理法《みなこのりはふ》に依《よ》れるなり、而《しか》して此活潑剛健不屈《このくわつはつがうけんふくつ》の眞《しん》の勇氣《ゆうき》は生《せい》を忘《わす》れ、死《し》を忘《わす》れ敵《てき》を忘《わす》れ、我《われ》を忘《わす》れたる心裡《しんり》に發《はつ》するものなれば氣《き》合投《あひな》げなるものは所謂無我無心《いはゆるむがむしん》の動作《こうさ》に基《もとづ》く事《こと》である。

◎水中の試合法

水中《すゐちう》の試合法《しあひはふ》には左《さ》の注意《ちうい》が肝要《かんえう》である。

一、水中《すゐちう》にて敵《てき》と取組《とりく》む場合《はあひ》には必《かなら》ず我《われ》より先《さき》に水中《すゐちう》に沈《しづ》むべし即《すなは》ち我體《わがたい》を敵《てき》の下《した》にして沈《しづ》むべし、かくの如《ごと》くすれば浮《うか》び上《あが》る際《さい》には我《われ》は上《うへ》になるを以《もつ》てなり、上《うへ》になつたる時《とき》は敵《てき》の頭部《とうぶ》又《また》は肩部《けんぶ》を我手《わがて》又《また》は足《あし》にて上《うへ》より強《つよ》く水中《すゐちう》に押《お》し込《こ》むべし。

空手護身術としての早縄の秘訣

（一）　此捕縄術《このほじやうじゆつ》は悪漢《あくかん》、狂者等《きやうしやとう》を防制《ばうせい》するに當《あた》りて必要《ひつえう》なる者《もの》である、此法《このはふ》の術式《じゆつしき》は特科教授《とくくわけうじゆ》の虎《とら》之巻《まき》による、今圖《いまづ》の如《ごと》く細《ほそ》き麻縄《あさなは》類を「ヒッククシ」結《むす》びに輪《わ》を造《つく》り此輪《このわ》を我《わ》が右手首《みぎてくび》より篏《は》めて腕《うで》の奥《おく》に入《い》れ殘《のこ》りの縄全部《なはぜんぶ》を懐中若《くわいちうもし》くは袂《たもと》の中《なか》に入《い》れ置《お》き敵《てき》に逆技又《ぎやくわざまた》は投業《なげわざ》を掛《か》けて其右手《そのみぎて》なり、左手《ひだりて》なりを握《にぎ》りなば、（茲《こゝ》には右手《みぎて》を握《にぎ》りたるものとして説明《せつめい》す）速《すみや》かに我《わ》が腕《うで》の輪縄《わなは》を敵《てき》の腕《うで》に移《うつ》し其手《そのて》首《くび》に掛《か》けて引《ひ》き締《し》めながらその敵《てき》の手《て》を背後《はいご》に廻《まは》すや直《たゞち》に縄《なは》を敵《てき》の脊《せ》より咽喉《のど》首《くび》に引掛《ひつか》けて強《つよ》く後《うし》ろに引《ひ》くと同《どう》時《じ》に、廻《まは》せし手首《てくび》を一巻《まき》して首《くび》より釣《つ》りたる縄《なは》に返《かへ》し結《むす》びに一つ結《むす》び置《お》き次《つぎ》に敵《てき》の左《ひだり》手《て》を脊《せ》に廻《まは》し、返《かへ》し結《むす》びの輪《わ》に入《い》れて先《さ》きに廻《まは》したる右手《みぎて》と重《かさ》ね返《かへ》し結《むす》びの縄口《なはぐち》を引《ひ》き締《し》め更《さら》に兩手首《りやうてくび》を一巻《まき》して結《むす》び其縄先《そのなはさき》を持《も》つ様《やう》に殘《のこ》し置《お》くなり。

（二）　前法《ぜんはふ》の如《ごと》く敵《てき》の右手首《みぎてくび》に縄《なは》を掛《か》けて背後《うしろ》に廻《まは》しその縄《なは》を敵《てき》の首《くび》の左《ひだり》より咽喉《のど》に

掛け右《みぎ》に廻《まは》して背《せ》に持《も》ち來《きた》り、先《さき》に首《くび》へ廻《まは》したる繩《なは》の上《うへ》を越《こ》して其手首《そのてくび》と背筋《せすぢ》の間《あひだ》に引込《ひきこ》み其手首《そのてくび》を一巻廻《まきまは》し次《つぎ》に敵《てき》の左手《ひだりて》を背《せ》に廻《まは》して此繩《このなは》の上《うへ》に重《かさ》ね、尚《な》ほ其繩《そのなは》を以《もつ》て其左手首《そのひだりてくび》を一巻《まき》したる後敵《のちてき》の左上膊《ひだりじやうはく》の下部《かぶ》より水月部《すゐげつぶ》を經《へ》て右上膊下部《みぎじやうはくかぶ》に一週《しう》し次《つぎ》に左上膊《ひだりじやうはく》に向《むか》へる繩《なは》の左下《ひだりした》より首《くび》に掛《か》けたる二條《すぢ》の繩《なは》の下《した》を通《とほ》して右《みぎ》へ廻《まは》し其垂《そのた》れ繩《なは》を以《もつ》て二寸程《すんほど》の長《なが》さ半輪《はんわ》を作《つく》り左上膊《ひだりじやうはく》に通《つう》ずる繩《なは》の下《した》より二條《ふたすぢ》の背筋繩《せすぢなは》の下《した》を通《とほ》して右上膊《みぎじやうはく》に通《つう》ずる繩《なは》の上方《じやうはう》に引出《ひきだ》し垂《た》れ繩《なは》を其半輪《そのはんわ》に通《とほ》して締《し》めるなり。

（三）　この法《はふ》は繩《なは》を敵《てき》の首《くび》に掛《か》けず兩腕《りやううで》の上《うへ》より掛《か》け脊中《せなか》にて輪返《わがへ》しに結《むす》び、其結《そのむす》びたる上《うへ》に兩手《りやうて》を重《かさ》ねて男結《をとこむす》びに縛《はく》するなり。

（四）　敵《てき》の兩腕《りやううで》を背後《うしろ》に廻《まは》し其手首《そのてくび》を重《かさ》ね合《あは》せ繩《なは》を二巻廻《まきまは》はして之《これ》を縛《はく》し、更《さら》に皷締《つゞみしめ》をなして男結《をとこむす》びに結《むす》び其垂《そのた》れ繩《なは》を咽喉首《のどくび》に引掛《ひつか》けて手首《てくび》と背筋《せすぢ》の間《あひだ》を通《とほ》すこと二回《くわい》にして其繩《そのなは》の餘端《よたん》を我《わ》が左手甲《ひだりてかう》に巻《ま》きて持《も》ち居《を》り敵抵抗《てきていかう》せんとする時《とき》は其繩《そのなは》を引《ひ》き締《し》めて咽喉《のど》及《およ》び腕《うで》に苦痛《くつう》を感《かん》ぜしむる法なり。

（注）繩《なは》の長《なが》さは普《ふ》通《つう》早繩《はやなは》は三尋半《ひろはん》、本繩《ほんなは》は七尋半《ひろはん》なれども猥《みだ》りに繩《なは》を多《おほ》く巻《ま》き付《つ》くるが如《ごと》きは却《かへつ》て局部《きよくぶ》に緩嚴《くわんげん》を生《しやう》じ確實《かくじつ》ならざるものなれば成《な》るべく簡易《かんい》にして右條平《かくでうへい》均《きん》に締《しめ》るを要《えう》す。

■空手護身術としての符

○人《ひと》に狙《ねら》はれざる秘法《ひはふ》の符《ふ》

魙 戴 喼 々 如 律 令

此《この》符《ふ》を馬糞紙《ばふんし》七寸《すん》四方《はう》に切《きつ》て書《か》き閨《ねや》の巽《たつみ》の隅《すみ》に可押ス亦守調モ常ニ可レ持レ之ヲ指離ヲカキテ精進シテ可レ調フ大秘法《だいひはふ》也《なり》と云《い》ふ。

増補
圖解

空手護身秘術

空手護身秘術

■ 突然手首を握られた時の護身術

陸軍《りくぐん》の某將校《ばうしやうかう》が北歐《ほくおう》の某國《ばうこく》に遊學中《いうがくちう》のこと、ある日飄然としてとある海上《かいじやう》の孤島《ことう》に出《で》掛《か》けて行《い》つた。所《ところ》が實《じつ》はこの島《しま》は無頼漢《ぶらいかん》の集合所《しふがふじよ》で紳士《しんし》たるべきものゝ行《ゆ》くべき場所《ばしよ》ではなかつたのだ。けれども知《し》らぬが佛《ほとけ》の將校殿《しやうかうどの》は勿論意氣《もちろんいき》揚々《やう〳〵》と乘《の》り込《こ》んだすると俄然《がぜん》十數名《すうめい》の無頼漢《ぶらいかん》がばら〳〵とやつてきて件《くだん》の將校《しやうかう》を取《と》り卷《ま》いて了《しま》つた。戰場《せんぢやう》では鬼神《きじん》も避《さ》ける日本將校《にほんしやうかう》も獨《ひと》りぼつちでは如何《いかん》ともなし難《がた》く進退茲《しんたいこゝ》に谷《きは》まることゝなつた。それでも柔道《じうだう》でも知《し》つて居《を》れば十や二十の無頼漢《ぶらいかん》恐《おそ》るゝにも足《た》らなかつたが、如《い》何《かん》せん將校殿《しやうかうどの》は柔道《じうだう》を知《し》らないのだからどうにも流石《さすが》に手《て》の出《で》し樣《やう》もなく暫《しばら》く茫然《ばうぜん》として突立《つゝた》つてゐたするといきなり、雲《くも》つく許《ばか》りの一人《にん》の無頼漢《ぶらいかん》つと進《すゝ》んで我將校《わがしやうかう》の兩《りやう》

手《て》を握《にぎ》り、

「金《かね》を呉《く》れろ」と切《き》り出《だ》した。凹《くぼ》んだ目《め》はすごく光《ひか》つてゐる。將校《しやうかう》はこゝで考《かんが》へた。我《われ》は苟《いやし》くも日本帝國軍人《にほんていこくぐんじん》なり、今無賴漢《いまぶらいかん》のために見苦《みぐる》しい敗北《はいぼく》を見《み》ば、獨《ひと》り一身《しん》の恥《はぢ》のみならず實《じつ》に日本國《にほんこく》の名譽《めいよ》にも係《かゝ》はる一大事《だいじ》であると。そこで氣《き》を激《はげ》まして、

「一體貴樣《たいきさま》たちは何者《なにもの》だ」とやつた。すると無賴漢《ぶらいかん》は「ウムおれ達《たち》は勞働者《らうどうしや》だ」「何勞《なにらう》働者《らうしや》？　働《はたら》いて金《かね》を得《う》るのが勞働者《らうどうしや》ではないか、金《かね》を強請《かた》る奴《やつ》かあるものか」併《しか》し理《り》屈《くつ》は立派《りつぱ》だが無賴漢《ぶらいかん》の耳《みゝ》には入《い》らぬ。「理窟《りくつ》はぬきにして金《かね》を貰《もら》はう」茲《こゝ》に至《いた》つては萬事休《じきう》すだ。將校《しやうかう》も語氣《ごき》では強《つよ》い氣勢《きせい》を見《み》せたが內心少《ないしんすこ》しく弱《よは》つて了《しま》つた。が窮《きう》すれば通《つう》ずで辛《から》くも一策《さく》を案《あん》じ出《だ》した。「何《なに》、貴樣達《きさまたち》は金《かね》を欲《ほ》しいのではないんだらう。判《わか》つた判《わか》つた、おれが日本人《にほんじん》だから日本柔道《にほんじうだう》の手際《てぎは》を拜見《はいけん》したいんだな」とやつた、兇漢《きようかん》も柔道《じうだう》といふ事《こと》を聞《き》いては居《ゐ》たと見《み》えて、「柔道《じうだう》！柔道《じうだう》！」とどよめき出《だ》した。腕《うで》を握《にぎ》つて居《ゐ》た無賴漢《ぶらいかん》も柔道《じうだう》の一語《ご》に怖氣《おぢけ》がついて手《て》をはなして仕舞《しま》つた。茲《こゝ》に將校《しやうかう》は血路《けつろ》

を開き得てこの島《しま》を引上《ひきあ》げそしてそれから後《のち》は逢《あ》ふ人毎《ひとごと》に 苟《いやしく》も日本人《にほんじん》たる者《もの》は柔道《じうだう》を知《し》つて居《ゐ》なくてはならぬと説《と》いてるといふ事《こと》だ。

諸君《しよくん》！。柔道《じうだう》は日本《にほん》の代表物《だいへうぶつ》となつて居《ゐ》る。外國《ぐわいこく》の者《もの》は日本人《にほんじん》は一人《にん》も殘《のこ》らず柔道《じうだう》を知《し》つて居《ゐ》るものと思《おも》つて居《ゐ》るのだ。それで外國人《ぐわいこくじん》の見《み》た日《に》本人《ほんじん》としての方程式《はうていしき》を立《た》てると、

日本男子＝柔道修得者

となり我々《われわれ》も亦之《またこれ》を希望《きばう》する。一方又柔道修得者《はうまたじうだうしうとくしや》は凡《すべ》て柔《じう》道會員《だうくわいゐん》となつて欲《ほ》しいから其《そ》の希望《きばう》の實現《じつげん》した場合《ばあひ》を示《しめ》すと、

第一圖

柔道修得者＝柔道會員　　日本男子＝柔道會員

となる道理《だうり》です。

だから吾儕《わがはい》は第《だい》一式《しき》が本當《ほんたう》に事實《じじつ》となつて現《あら》はれ、かくして日本人《にほんじん》が殘《のこ》らず柔道《じうだう》によ

つて身體《しんたい》を練《ね》り精神《せいしん》を磨《みが》き勝負《しようぶ》の法《はふ》を修得《しうとく》し外國《ぐわいこく》へ行《い》つても決《けつ》して恥《はぢ》をさらさぬ様《やう》にしたいと思《おも》ふのです。

第二圖

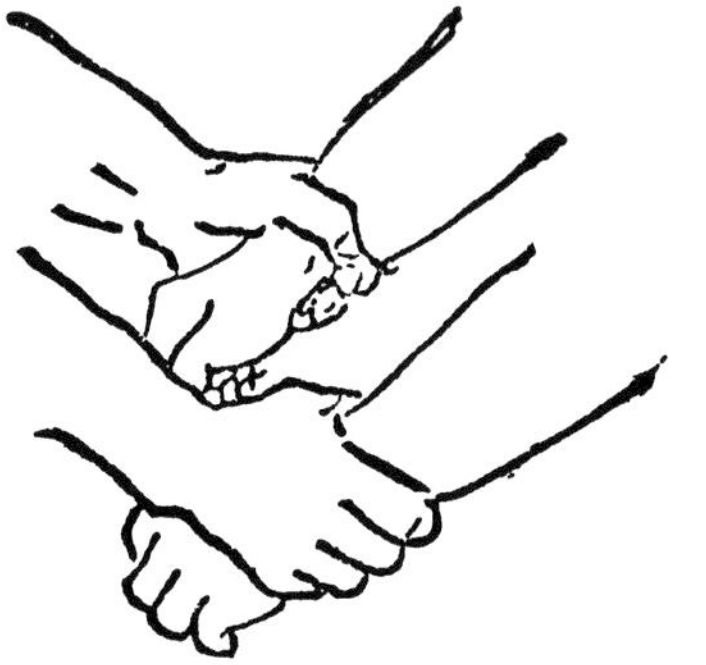

第三圖

偖《さて》この話《はなし》の様《やう》に若《も》し諸君《しよくん》が兇漢《きようかん》に突然《とつぜん》手首《てくび》を握《にぎ》られたらどうしますが。

これも昔《むかし》なら秘傳《ひでん》の一つだけれど知《し》つて居《ゐ》て善《よ》い事《こと》だから惜《を》し氣《げ》もなく秘傳《ひでん》を御授《おさづ》けしませう實《じつ》は何《なん》でもないのです。「來《き》て見《み》れば聞《き》くよりひくし富士《ふじ》の山《やま》」案外《あんぐわい》わけもない事《こと》です。先《ま》づ第《だい》一圖《づ》の様《やう》に握《にぎ》られたとします。こんな場合《ばあひ》には握《にぎ》られた手《て》の指《ゆび》をのばすか若《も》しくは拳《こぶし》を作《つく》つて力《ちから》を入《い》れて握《にぎ》つて居《ゐ》る手《て》の食指《しよくし》のつけねの處《ところ》を廻《まは》へ所《ところ》にして肱《ひぢ》を下《さ》げて拳《こぶし》の方《はう》を下《さ》げるのです。第《だい》一圖《づ》の様《やう》にするのです。すると握《にぎ》つた手《て》の一番弱《ばんよは》い處《ところ》に手《て》がぬける様《やう》にするから普通《ふつう》の力《ちから》なら必《かなら》ず外《はづ》れる事請合《ことうけあひ》です。

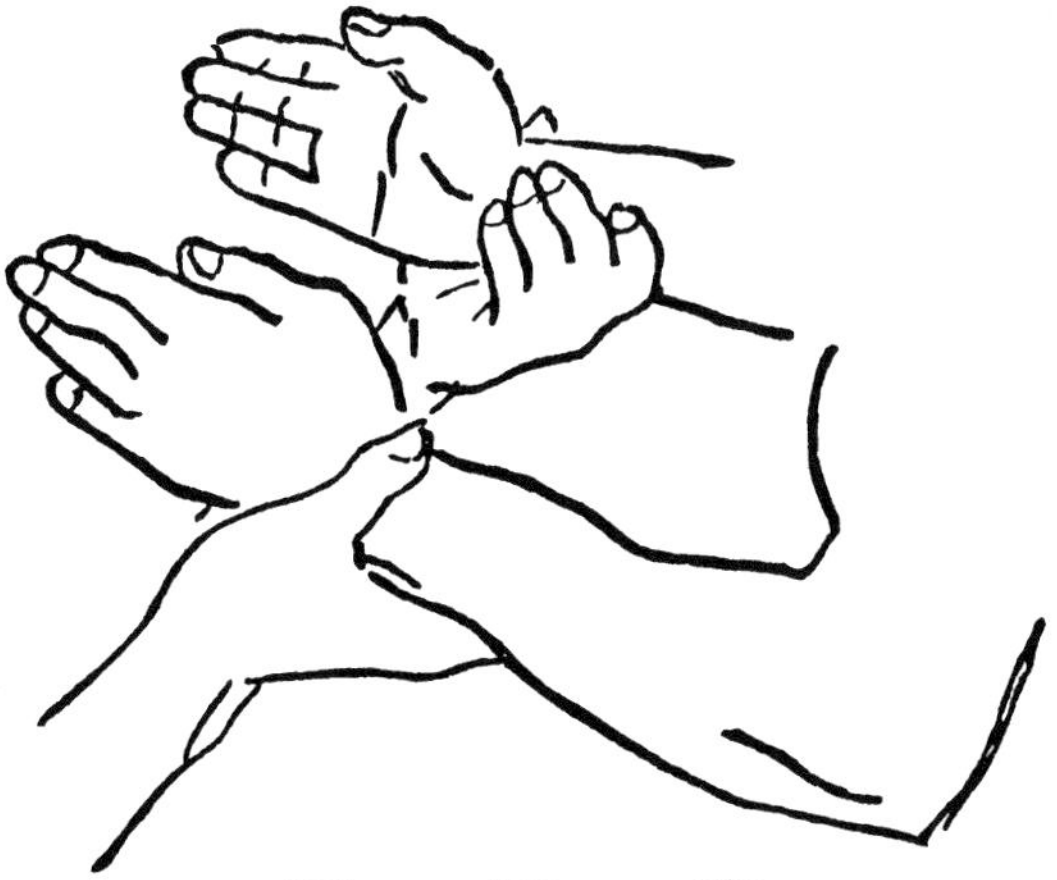

第四圖

腕《うで》の力《ちから》（熟練《じゆくれん》した人《ひと》ならば體《からだ》の力《ちから》）と指《ゆび》の力《ちから》だから大概《たいがい》の力《ちから》で握《にぎ》つて居《ゐ》る事《こと》は出來《でき》ないのです。まあ試《ため》しに友達同士《ともだちどうし》でやつて見給《みたま》へ。實《じつ》に譯《わけ》もなくとれますよ。但《たゞ》しそれにも巧拙《かうせつ》が有《あ》る、なまじ引《ひ》いたりなんかしてはいけない、肱《ひぢ》を向《むか》ふの體《からだ》の方《はう》によせる位《くらゐ》にやるといゝのです。兩手《りやうて》を握《にぎ》られたら如何《いかん》。今《いま》の説明《せつめい》で直《す》ぐ分《わか》るでせう。兩方《りやうはう》の手《て》で同時《どうじ》に今《いま》の様《やう》にしてぬけるのです。少《すこ》し腰《こし》を下《おろ》してやると尚《なほ》よくぬける事《こと》が出來《でき》る。この術《じゆつ》一つ覺《おぼ》えても愉快《ゆくわい》でせう、これを覺《おぼ》えたが最後如何《さいごいか》なる大男《おほをとこ》が手首《てくび》を握《にぎ》つてきたつて、びくどもすではありません。將校《しやうかう》もこの術《じゆつ》だけでも居《し》つて居《ゐ》たら「柔道《じうだう》」と言《い》ふ聲《こゑ》で威《おど》すばかりでなく、實際《じつさい》に大《おほひ》に我國《わかくに》の名譽《めいよ》を上《あ》げた譯《こさ》でせう。

一方の手を兩手で握られた時の護身術

一方《ぱう》の手《て》を相手《あひて》の兩手《りやうて》で握《にぎ》られた場合《はあひ》には如何《どう》か。これが前《ぜん》回《くわい》に問題《もんだい》として殘《のこ》して置《お》いたのです、熱心《ねつしん》に研究《けんきう》して答解《たふかい》した人《ひと》があります、何《いづ》れも其答《そのこた》へられる所《ところ》は正當《せいたう》なものであります。これは何《いづ》れ師範《しはん》の御耳《おみゝ》に入《い》れて何等《なんら》かの方法《はうはふ》で發表《はつぺう》しようと思《おも》ひます。兎《と》に角今回《かくこんくわい》は前《まへ》の問題《もんだい》について私《わたくし》の知《し》つて居《ゐ》ることの一二を御紹介《ごせうかい》いたします。己《おのれ》の一方《ぱう》の手《て》を握《にぎ》つた場合《はあひ》にもその握《にぎ》り方《かた》に幾通《いくとほ》りもあるでしよう。その一々の場合《はあひ》はさても說《と》き盡《つく》されぬから重《おも》なる場合《はあひ》を說明《せつめい》しませう。これが出來《でき》れば他《た》の場合《はあひ》には應用《おうよう》が出來《でき》ますから、

第一圖

第《だい》一は第《だい》　圖《づ》の樣《やう》に握《にぎ》つてきた場合《ばあひ》です、この場合《ばあひ》に重《かさ》なる方法《はうはふ》が二つある。その一

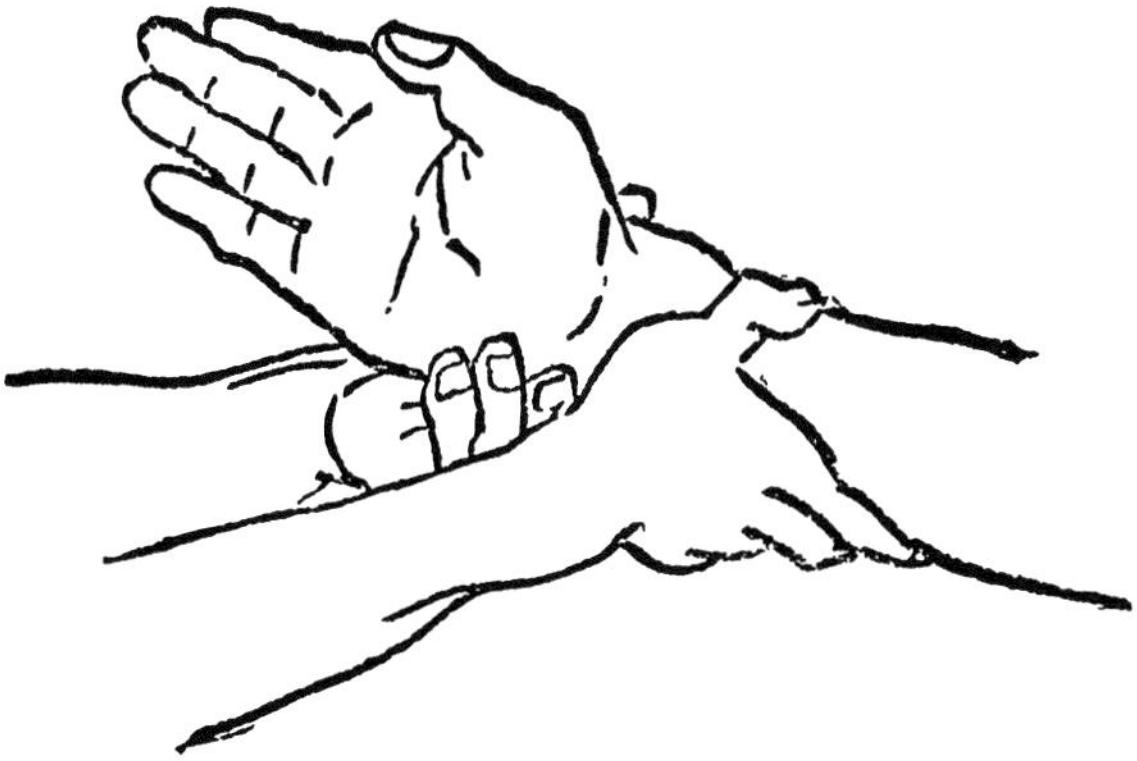

第二圖

第三圖

つはかうするのです、片手《かたて》でとられた時《とき》と同《どう》樣《やう》に指《ゆび》をのばして力《ちから》を入《い》れ易《やす》い樣《やう》にするか若《も》しくはこぶしを作《つく》つて力《ちから》を入《い》れ易《やす》い樣《やう》にする、何《いづ》れにしても相手《あひて》の弱《よは》い處《ところ》は上《うへ》の方《はう》即《すなは》ち相手《あひて》の左右《みぎひだり》の親指《おやゆび》の方《はう》です他《た》の方《はう》は力《ちから》が強《つよ》いけれど親指《おやゆび》二本《ほん》の所《ところ》が一番力《ばんちから》が弱《よは》い、それでそこにぬけるのです、指《ゆび》をのばすなり握《にぎ》るなりして力《ちから》を入《い》れて、第《だい》二圖《づ》の如《ごと》く相手《あひて》の右手《みぎて》の拇指《おやゆび》と人食指《じんしよくゆび》と

の間《あひだ》の處《ところ》を支點《してん》にして肱《ひぢ》の方《はう》を下《お》ろして押《お》す樣《やう》にし手先《てさき》の方《はう》を上《あ》げるのです、これで大概《たいがい》の力《ちから》ではとれます。然《しか》し親指《おやゆび》二本《ほん》の力《ちから》が右腕《みぎうで》一本《ぽん》の力《ちから》より強《つよ》い場合《ばあひ》には更《さら》に叉方《またはう》法《ほふ》を講《かう》じなくてはならぬのです、一體《たい》柔道《じうだう》の定議《ていぎ》でも分《わか》る通《とほ》り己《おのれ》の力《ちから》を最《もつと》も有効《いうかう》に使用《しよう》するが最上《さいじやう》の方法《はうほふ》であるのだから、これで脱《だつ》する事《こと》が出來《でき》れば上乘《じやうじよう》です然《しか》しとれなければ更《さら》により多《おほ》くの力《ちから》を使用《しよう》せねばならぬ、それは次《つぎ》の樣《やう》にするの

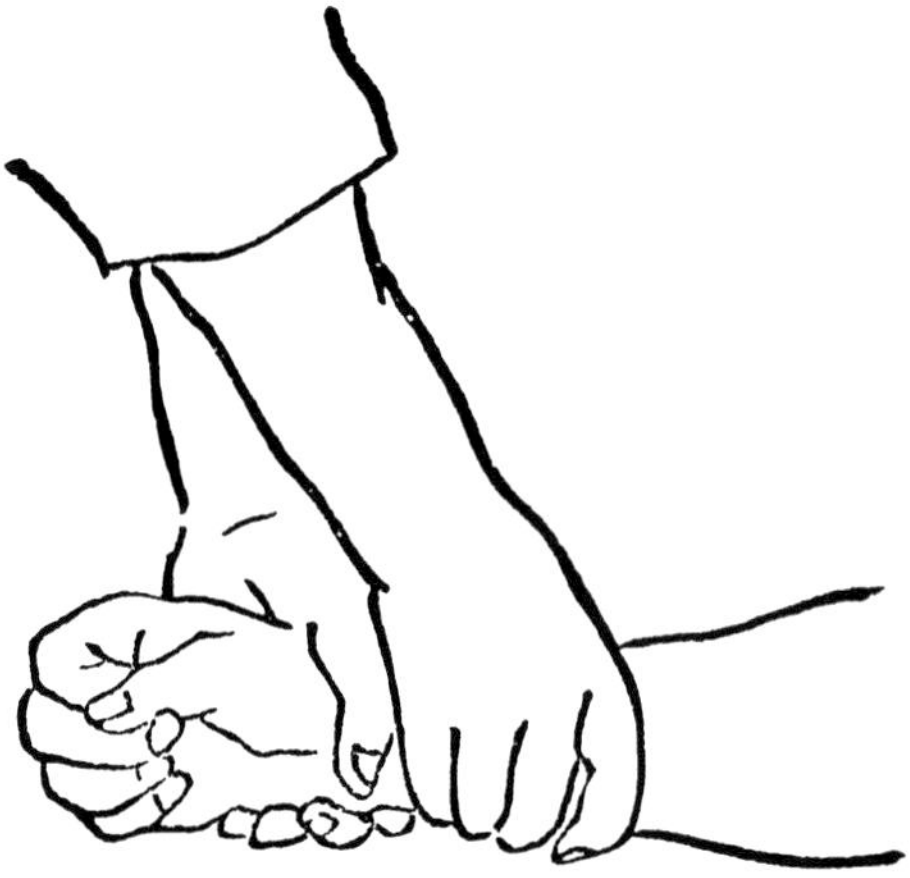

第四圖

第五圖

です、相手《あひて》の握《にぎ》つて居《ゐ》る兩手《りやうて》の間《あひだ》から、我自由《わがじいう》になる一方《はう》の手《て》を突込《つきこ》んで己《おのれ》の手《て》と手《て》

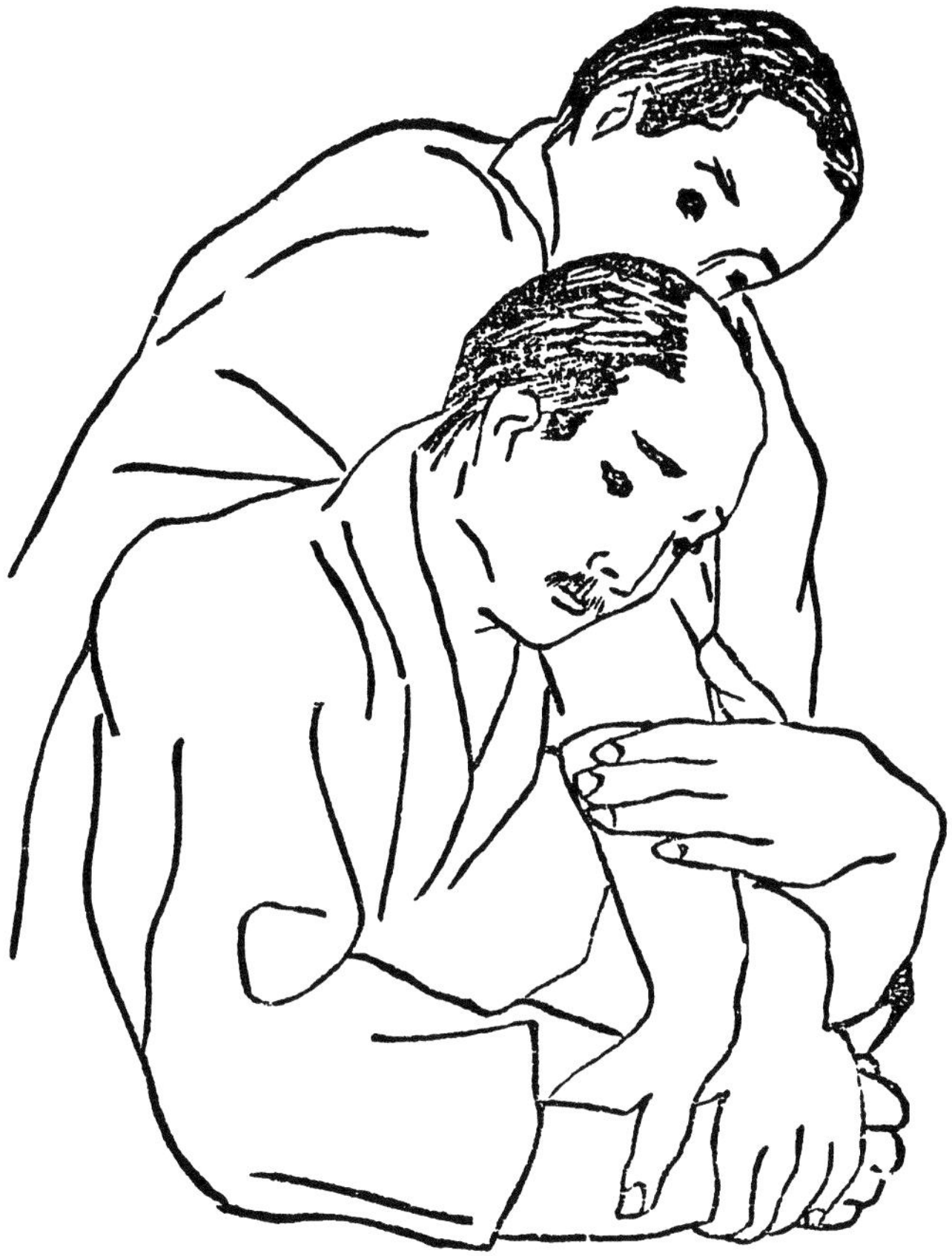

第六圖

と組《く》んでもよし、又第《だい》三圖《づ》の様《やう》に己《おのれ》のこぶしに一方《はつ》の手《て》を引《ひき》かけてもいゝのですへ
さうして前《まへ》と同《おな》じ要領《えうりやう》で右手《みぎて》を働《はたら》かし、左手《ひだりて》でその力《ちから》を加《くは》へるのです。これならとれるに定《き》まつて居《ゐ》るです。兩手《りやう》の力《ちから》と拇指《おやゆび》二本《はん》の力《ちから》ですからとれる筈《はづ》です
ところが兩手《りやうて》の間《あひだ》をあけると今《いま》の様《やう》に左手《ひだりて》を加勢《かせい》させてぬけられるからこの度《たび》は第《だい》四圖《づ》の様《やう》に兩手《りやうて》の間《あひだ》をあけずに握《にぎ》つてきたらどうします、何《なん》の事《たこ》はな

い矢張《やは》りこの場合《ばあひ》にはこの場合《ばあひ》にいゝ方法《はうはふ》があるのです。即《すなは》ち手《て》の指《ゆび》を揃《そろ》へてのばし少《すこ》し己《おのれ》の方《はう》に引《ひ》きながら相手《あひて》の右《みぎ》の方《はう》に手先《てさき》の出《で》る様《やう》にぐるりとまはすのです、すると第《だい》五圖《づ》の様《やう》になります、第《だい》五圖《づ》の様《やう》になつたらしめたもの、どうです一番弱《ばんよは》い處《ところ》はどこでせう、丁度《ちやうど》よくぬける處《ところ》が分《わか》りませう、即《すなは》ち右手《みぎて》の指《ゆび》と左手《ひだりて》の指《ゆび》との間《あひだ》にぬける處《ところ》が出來《でき》ました。それで右手《みぎて》の小指《こゆび》の處《ところ》を相手《あひて》の右手《みぎて》につけておすのです、すると腕《うで》の方《はう》から指《ゆび》が外《はづ》れてしまうのです。

かうなるとどうしても手首《てくび》を握《にぎ》つて居《ゐ》ることは出來《でき》ませんけれどこゝに素的《すてき》に力《ちから》の強《つよ》い奴《やつ》が居《ゐ》て今迄《いまゝで》のどの方法《はうはふ》を以《もつ》てしても外《はづ》す事《こと》は出來《でき》ない非常《ひじやう》に力《ちから》が強《つよ》い奴《やつ》が居《ゐ》たと假定《かてい》しましよう、どうです、こんな場合《ばあひ》にでも又《また》それ相當《さうたう》にぬけられるのです。一體《たい》人《ひと》の體《からだ》は左右《さいう》にあつく前後《ぜんご》にうすく出來《でき》てるのですそれで左右《さいう》に押《お》すなり引《ひ》くなりすることは防《ふせ》ぎ易《やす》いが前後《ぜんご》に押《お》すなり引くなりする事《こと》は中々《なか〳〵》防《ふせ》ぎ難《がた》いのです、柔道本義《じうだうほんぎ》の師範《しはん》の御講話中《ごかうわちう》にも見《み》えます通《とほ》り指《ゆび》一本《ぽん》の力《ちから》にでも前後《ぜんご》の方向《はうかう》には弱《よは》いものです、そこをよく味《あぢは》つてやると方法《はうほふ》が生《しやう》じてくるのです、いくら力《ちから》が強《つよ》くても押《お》したり引《ひ》いたりには少《すこ》しも動《うご》かぬといふ事《こと》は出來《でき》ぬ。少《すこ》しでも動《うご》いたらそれを利用《りよう》してます〳〵押《お》すなり引《ひ》くなりすると相手《あひて》の體《からだ》がどうしてもじつとして居《を》られず動《うご》くのですその場《ば》合前《あひまへ》に大《おほ》きく引《ひ》くと相手《あひて》が前《まへ》に傾《かたむ》いてきますその瞬間《しゆんかん》右手《みぎて》をにぎられた場合《ばあひ》には左業《さげふ》の脊負《せおひ》に入《い》るのです。二本《ほん》とも脊負《せお》つてしまうのです。第《だい》六圖《づ》の樣《やう》に脊負《せお》うのです、さうして投《な》げれば如何《いか》なものでも手《て》をはなしますよ、又《また》こゝで右臂《みぎひぢ》の肱《ひぢ》關節を折《を》つてしまうことも出來《でき》るのです。

まあ手首《てくび》を握《にぎ》られた場合《ばあひ》の方法《はうほふ》としてはこれ位《ぐらゐ》に留《と》めて置《お》いて次《つぎ》の問題《もんだい》に移《うつ》りませう前回諸君《ぜんくわいしよくん》に出《だ》して置《お》いた問題《もんだい》に就《つ》いて述《の》べます。「人《ひと》に袖《そで》まれた摘《つか》まれた時《とき》、如何《いか》にして之《これ》を離《はな》すか」と云《い》ふのでした。

一體《たい》袖《そで》などを摘《つか》まれる樣《やう》な場合《ばあひ》が今《いま》の世《よ》の中《なか》に在《あ》るかと云《い》ふ論者《ろんしや》も有《あ》りませう、世《よ》の中《なか》が文明《ぶんめい》に進《すゝ》み、個人《こじん》の道徳《だうとく》は勿論《もちろん》、公德《こうとく》など云《い》ふ方面《はうめん》も立派《りつぱ》に發達《はつたつ》すれば、無暗《むやみ》に

人《ひと》の袖《そで》を摑《つか》むなどの亂暴《らんばう》な事《こと》を滅多《めつた》に有《あ》りやう筈《はづ》はありません。けれど今《いま》の世《よ》の中《なか》の

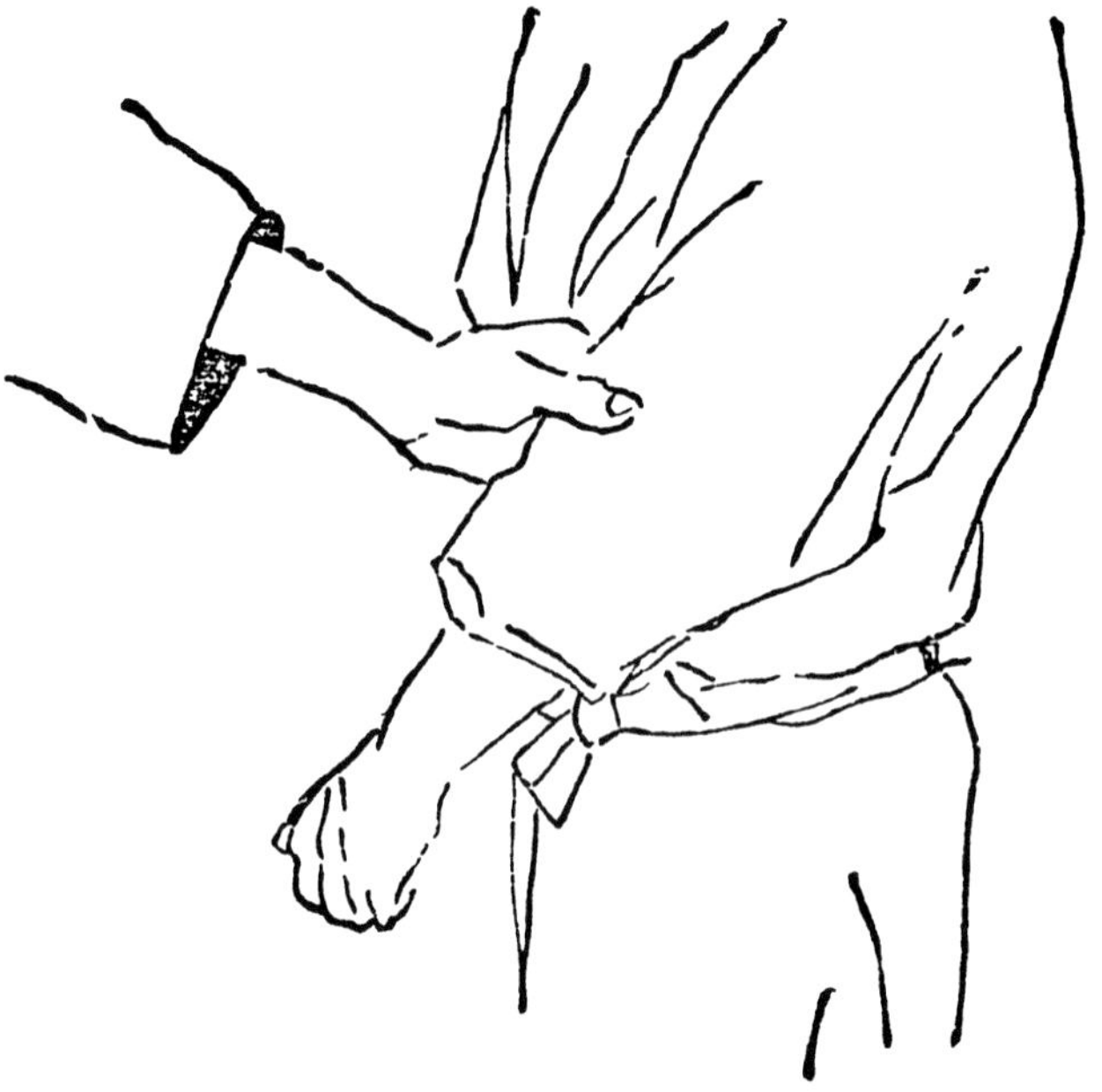

第一圖

道德《だうとく》はそんなに立派《りつぱ》に發達《はつたつ》して居《ゐ》ない樣《やう》であります。堂々《だうだう》たる代議士《だいぎし》、國民《こくみん》の選良《せんりやう》でさへ摑《つか》み合《あ》ひを打《う》ち合《あ》ひを演《えん》ずる事《こと》もあるさうです、まして一般社《ぱんしや》會《くわい》では隨分亂暴《ずゐぶんらんばう》な事《こと》もあります。新聞《しんぶん》紙上《しじやう》でも日々《にちにち》こんな事《こと》を發見《はつけん》しますして見《み》ればこんな亂暴《らんばう》な事《こと》はありたくない事《こと》ですけれど、實際《じつさい》にありますから夫《それ》を防《ふせ》ぐ方法《はうほふ》は心得《こゝろえ》て置《お》かねばなりません。柔道《じうだう》を本當《ほんたう》に練習《れんしふ》すればこの上《うへ》もない事《こと》です。一寸《ちよつと》した亂暴者《らんばうもの》などは少《すこ》しも恐《おそ》るゝに足《た》りません。けれど、柔道《じうだう》の修《しう》

行[illegible]出來《でき》ない人《ひと》でも、己《おのれ》の身《み》を守《まも》ることは知《し》つてほしいと思《おも》ふ。人情《にんじやう》の常《つね》として、ある人《ひと》に迫害《はくがい》でも加《くは》へやうと云《い》ふ時《とき》はその相手[illegible]首《くび》とか或《あるひ》は[illegible]

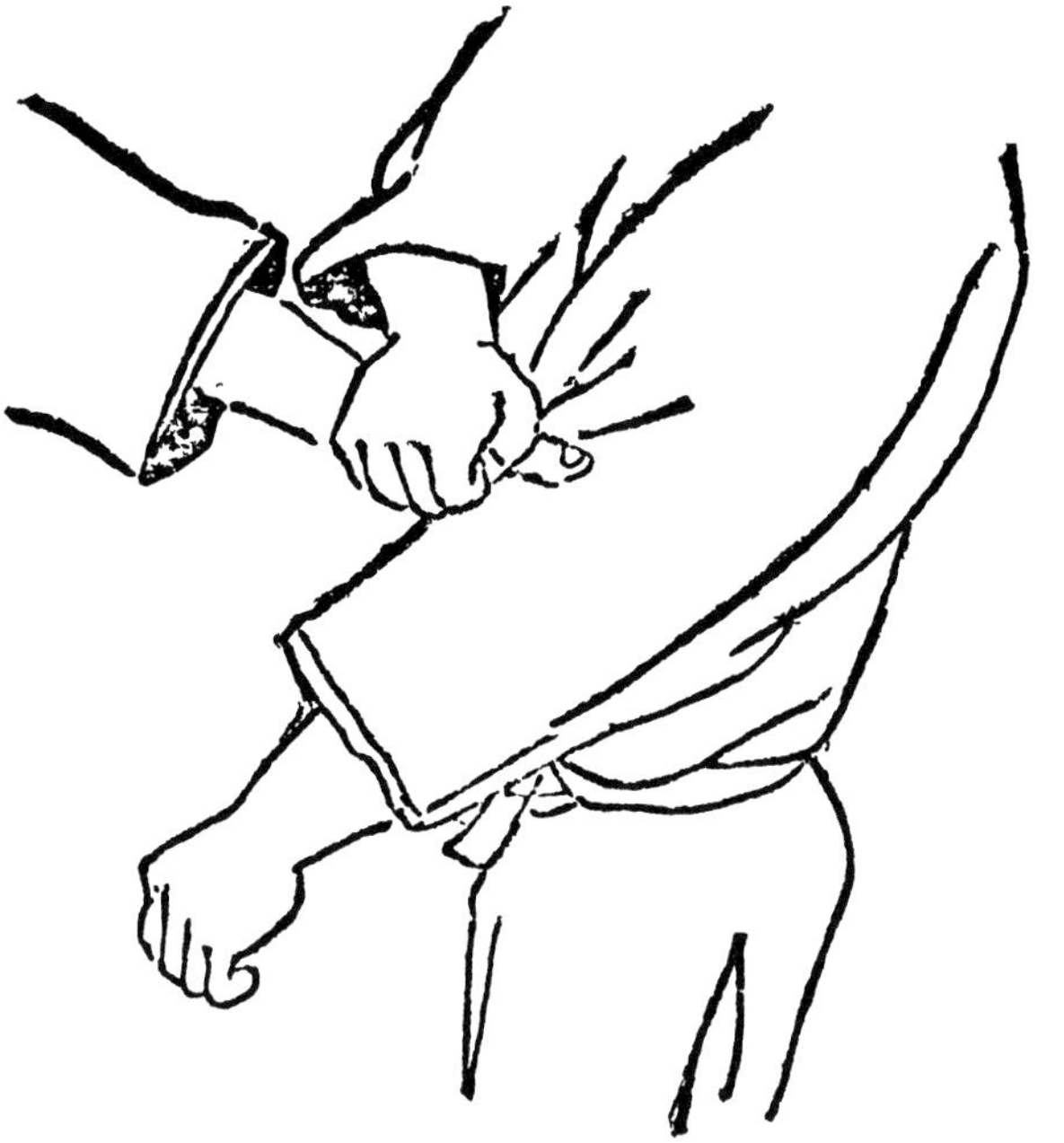

第二圖

か襟《えり》とかを摑《つか》むものですさなくば頭[illegible]打つとか蹴《け》るとかするものです。まあ迫害《はくがい》を加《くは》へる方法《はうほふ》は大體《だいたい》分《わ》けて見《み》るさこの二通《とほ》りになる樣《やう》です。さうして一般《ぱん》にはその相手《あひて》のどこか摑《つか》むと云《い》ふのが多《おほ》い樣《やう》です。これも吾々《われ〳〵》專門《せんもん》に柔道《じうだう》を研究《けんきう》して居《ゐ》る者《もの》が學問的《がくもんてき》に研究《けんきう》すると一の興味《きようみ》ある問題《もんだい》です。それは兎《と》に角《かく》、袖《そで》などを摑《つか》むことはよくある事《こと》ですから、どうしたらば容易《ようい》に之《これ》を離《はな》す事《こと》が出來《でき》やうか。亂暴《らんばう》な奴《やつ》に袖《そで》を摑《つか》まれた、全《ぜん》身《しん》の力《ちから》で無理《むり》にも引《ひ》いたら離《はな》れもしませうが、袖《そで》を摑《つか》まれた位《くらゐ》に驚《おどろ》いて全身《ぜんしん》の力《ちから》を出《だ》すにも及《およ》びません。僅《わづ》かな力《ちから》を使《つか》つて之《これ》を離《はな》し後《のち》に十分《ぶん》力《ちから》を殘《のこ》してさあ來《こ》いといふ餘《よ》裕《ゆう》がなくてはならぬのです。

袖《そで》を摑《つか》まへられる方法《はうはふ》は幾《いく》らもありませう。右《みぎ》の手《て》で右《みぎ》の袖《そで》を摑《つか》まへられることもあらうし、左《ひだり》の袖《そで》を摑《つか》まへられる事《こと》もあらうし、左《ひだり》の手《て》で摑《つか》まへられる事《こと》もありませう茲《ここ》にはその一々を解《と》かず一番分《ばんわか》り易《やす》い場合《ばあひ》を解《と》きます。これが了解《れうかい》されゝばその他《た》の場合《ばあひ》にはこれを應用《おうよう》して出來《でき》るのです。

第《だい》一圖《づ》の様《やう》に摑《つか》まへられたとしませう。何《なに》をするかと左《ひだ》の手《て》を引《ひ》いても一寸離《ちよつとはな》しません。と云《い》ふのは相手《あひて》の奴《やつ》の手《て》が動《うご》くからです、引《ひ》くと云《い》ふとそれだけ相手《あひて》の奴《やつ》が手《て》を伸《の》してきますから離《はな》れないのです。それで相手《あひて》の摑《つか》んで居《ゐ》る手《て》が動《うご》かない様《やう》に、伸《の》ばして來《こ》ない様《やう》に、する事《こと》を先《ま》づ工夫《くふう》しなくてはなりません。それには第《だい》二圖《づ》の様《やう》にその摑《つか》んで居《ゐ》る手《て》をこちらの一方《ぱう》の手《て》で摑《つか》むのです。さうして謂《お》いて第《だい》三圖《づ》の様《やう》に左手《ひだりて》

をひくのです。するとその手《て》を伸《の》ばしてついてくる事《こと》が出來《でき》ませんから離《はな》れます。が
その握《にぎ》り處《ところ》は必《かなら》ずしも手《て》でなくとも手首《くび》あたりでも差支《さしつかへ》はありません。要《えう》する處《ところ》は其《そ》

第三圖

の手《て》を四本《ほん》の指《ゆび》を同時《どうじ》に離《はな》さうとすると離《はな》れない事《こと》はありません。けれど容《よう》易《い》でありません。一本《ぽん》一本《ぽん》に離《はな》す様《やう》にすると容易《ようい》なんです。

此様《このやう》にするのが袖《そで》を離《はな》す一の良《よ》い方法《はうはふ》です。他《た》にも方法《はうはふ》はあります。他《た》に氣《き》を轉《てん》じさして力《ちから》が抜《ぬ》けた處《ところ》を離《はな》すなどゝいふ方法《はうはふ》も良《よ》いのです。これには面《おも》白《しろ》い實例《じつれい》もありますが、兎《と》に角袖《かくそで》を摘《つか》まれた時《とき》離《はな》し方《かた》を知《し》つて居《ゐ》ると摘《つか》まれても驚《おどろ》きません。その驚《おどろ》かぬ態度《たいど》を亂暴者《らんばうもの》でも

先《ま》づ第《だい》一に恐《おそ》ろしがります。

さうして離《はな》すのにらくに離《はな》す。其事《そのこと》に又恐《またおそ》ろしがらぬにしても又何等《またなんら》かの方法《はうはふ》で迫害《はくがい》を加《くは》へて來《き》てもそれに對《たい》して處《しよ》する力《ちから》と餘裕《よゆう》とを持《も》つて居《ゐ》ますから大丈夫《だいぢやうぶ》なのです。面白《おもしろ》いではありませんか、蜘蛛《くも》などが實《じつ》にうまくこの理《り》を利用《りよう》してゐます。これは亂《らん》暴者《ばうもの》が勝《かち》を占《し》める場合《ばあひ》の例《れい》になりますが、この理《り》はよく伸《の》ばしてついて來《こ》ぬ様《やう》にするのです。離《はな》す方《はう》の手《て》は又要領《またえうりやう》があるのです。その離《はな》し方《かた》は小指《こゆび》の方《はう》から離《はな》れる様《やう》にするがいゝのです。その理由《りいう》は直《す》ぐ分《わか》ります。小指《こゆび》の方《はう》から離《はな》す様《やう》にすると、己《おの》の引《ひ》く力《ちから》が握《にぎ》つて居《ゐ》る手《て》の一本《ぽん》の指《ゆび》の力《ちから》と對抗《たいかう》する、それで先《ま》づ小指《こゆび》がのびる、次《つひ》で藥指《くすりゆび》が伸《の》びる、次《つひ》で中指《なかゆび》が伸《の》びる、次《つひ》で食指《しよくゆび》が伸《の》びると云《い》ふ順《じゆん》になつて、指《ゆび》一本《ぽん》の力《ちから》と臂《ひぢ》の力《ちから》が對抗《たいかう》するから容易《ようい》に離《はな》れる理《わけ》です。けれど若《も》しさうでなくて四本《ほん》の指《ゆび》を一時《じ》に離《はな》さうとするとそれだけ相手《あひて》の強《つよ》い力《ちから》に對抗《たいかう》するので、難《むつ》かしくなるのです、こゝの道《だう》理《り》は中々面白《なかなかおもしろ》いのです。例《たと》へば自分《じぶん》に惡《わる》い癖《くせ》が幾《いく》つもあるとしませう。それを直《なほ》して立派《りつぱ》な人間《にんげん》にならうと志《こゝろざし》を立《た》てた。さあそれを直《なほ》すのにです、すべての癖《くせ》を一時《じ》に直《なほ》さうとすると中々《なかく》容易《ようい》ではありません。直《なほ》らぬ事《こと》は無論《むろん》ありますまいが容易《ようい》でないところが一つ直《なほ》して又《また》一つ直《なほ》すと云《い》ふ風《ふう》にして行《ゆ》くと、比較的容易《ひかくてきようい》にその癖《くせ》を直《なほ》して行《ゆ》く事《こと》が出來《でき》ます、それと同《おな》じことです。分《わか》りませう。柔《やわら》かい糸《いと》にねばりをつけて置《お》くので蟬《せみ》でも見事《みごと》に擒《いけどり》になつてしまうのです。あれがもしもねばりはあつても堅《かた》い金網《かなあみ》の樣《やう》な物《もの》だつたら蟬《せみ》はすぐ逃《に》げてしまひますよ、蟬《せみ》がこの袖《そで》を離《はな》す理法《りはふ》を知《し》り、あの蜘蛛《くも》の糸《いと》を堅《かた》くする材料《さいれう》をもつて居《ゐ》て網《あみ》にかゝるとすぐ堅《かた》くしてしまつて逃《に》げたら蜘蛛《くも》も困《こま》ることでせう。亂暴《らんばう》な奴《やつ》も皆《みな》の人《ひと》がこの方法《はうはふ》を知《し》つたらば手《て》の出《だ》し方《かた》もなく屏息《へいそく》すると思《おも》ひますね、アハヽヽ。

以上《いじやう》の護身術《ごしんじゆつ》は「柔道《じうだう》」雜誌《ざつし》の拔萃轉載《ばつすゐてんさい》せるものである。

空手護身秘術篇

終り

大正十年六月廿五日印刷
大正十年六月廿八日發行

空手護身秘術奥附
定價金壹圓八十錢

著者　武揚軒健齋

東京市淺草區瓦町二十八番地
發行者　福田淺一

東京市京橋區本八丁堀町一丁目十五番地
印刷者　秋塲熊太郎

東京市京橋區本八丁堀町一丁目十五番地
印刷所　秋塲印刷所

東京市淺草區瓦町二十八番地
發行所　青文堂書房
電話下谷七六一二番
振替東京一五四一〇

付録

魔力催眠術秘伝

活用

魔力催眠術秘傳

活用催眠術學會編纂

△催眠術とは何ぞ

催眠術《さいみんじゆつ》とは原語をヒプーチスムと稱《しよう》し希臘語《ぎりしやご》のヒプースなる由來《ゆらい》なる語《ご》なと云《い》ふヒプースとは睡眠《すゐみん》の意義《いぎ》なり。

催眠術《さいみんじゆつ》とは人爲《じんゐ》に由《よ》りて他人《たにん》の神經《しんけい》に感通《かんつう》を及《およ》ぼし之《こ》れを眠《ねむ》らしめて其精神《そのせいしん》を左右《さいう》するの術《じゆつ》を云《い》ふ。

偖《さ》て「催眠術《さいみんじゆつ》は何人《なんぴと》にも施《ほどこ》すことを得《う》べきや將《は》た人《ひと》によつて之《こ》れが感通《かんつう》を受《う》くる人《ひと》と受《う》けざる人《ひと》とありや」との問題《もんだい》に對《たい》しては左《さ》の說《せつ》あり。

昔《むかし》しは神經弱《しんけいよは》くして且《か》つ疾病《しつぺい》にかゝれる人就中《なかんづく》ヒステリー即《すなは》ち氣鬱病《きうつびやう》の質《し》なる婦人《ふじん》などのみ催眠術《さいみんじゆつ》に感《かん》ぜらるべきものと假定《かてい》されしが近來《きんらい》の經驗特《けいけんとく》に佛人《ふつじん》リーボール氏《し》の研究《けんきう》によれば殆《ほと》んど何人《なんぴと》でも感《かん》せしめらるべきことを示《しめ》されたり。

只《た》だ感《かん》じ易《やす》き人《ひと》と感《かん》ぜしめ難《がた》き人《ひと》となる差《さ》のみ、然《しか》らばいかなる人《ひと》には此術《このじゆつ》を施《ほどこ》し易《やす》く又《また》いかなる人《ひと》には之《こ》れを施《ほどこ》し難《がた》きかはその暗示《あんじ》に感通《かんつう》するの遲速《ちそく》に關係《くわんけい》するものにして何人《なんぴと》も催眠術《さいみんじゆつ》は應用《おうよう》せらるべきものなり。

△催眠術と必要なる暗示

暗示《あんじ》(サラセスション)には生活物内《せいくわつぶつない》に或《あ》る無意《むい》の結果《けつくわ》を生《しやう》ずるの作用《さよう》を有《いう》し智《ち》力《りよく》を經《へ》て或《あ》る想像《さうぞう》又《また》は觀念《くわんねん》を生《しやう》ずる衝動《しようどう》をいふ。簡單《かんたん》に言《い》へば觀念《くわんねん》を方便《はうべん》として人《ひと》を左右《さいう》する作用《さよう》の意義《いぎ》である。

例《たと》へは施術者《しやじゆつしや》が、被術者《ひじゆつしや》の臂《ひぢ》を曲《ま》ぐべき筋《すぢ》を握《にぎ》り縮《しゆ》るときは其節收縮《そのすぢしうしゆく》すべし然《しか》れども又《また》縦《たと》ひ一切《さい》其筋《そのすぢ》に觸《ふ》れざるも只《たゞ》「足下《そくか》の臂《ひぢ》は曲《まが》りたり、足下《そくか》之《こ》れを伸《の》すこと能《あた》はず」といふときはまた其節《そのすぢ》は收縮《しうしゆく》するであらう。

總《すべ》て暗示《あんじ》はかくの如《ごと》く、觀念即《くわんねんすなは》ち幻想《げんさう》の作用《さよう》を假《か》らなければならぬ、身體《しんたい》の機關《きくわん》が、此《こ》の觀念即《くわんねんすなは》ち幻想《げんさう》の影響《えいきやう》と大《おほい》に感《かん》ずるより推《お》すときは即《すなは》ち想像力《さうぞうりよく》が或《あ》る疾病《しつぺい》を起《おこ》し、若《も》し之《これ》を療治《れうぢ》するに大《だい》なる關係《くわんけい》あることが知《し》れる。

頭腦内《づなうない》に於《お》ける觀念及《くわんねんおよ》び想像《さうぞう》の中心《ちうしん》に至《いた》るべき道《みち》は數樣《すうやう》なるが故《ゆゑ》に隨《したが》つて暗《あん》示《じ》にも亦數種《またすうしゆ》あり。

普通《ふつう》に行《おこな》はるゝ最《もつと》も簡易便利《かんいべんり》なる暗示《あんじ》は言語《げんご》を用《もち》ゆるにあるので即《すなは》ち耳《みゝ》より直接《ちよくせつ》に頭腦《づなう》に通《つう》ずるのである、此法《このはふ》に據《よ》れば施術者《しやじゆつしや》は被術者《ひじゆつしや》に向《むか》つて話《わ》る事《こと》がかくなり、又《また》は斯《か》くなりと話《はな》し足下《そくか》は是《こ》れ又《また》は夫《そ》れを見《み》、若《も》しくは聞《き》き、若《も》しくは觸《ふ》るゝと話《はな》し足下《そくか》は是《こ》れ又《また》は夫《そ》れを爲《な》すならんと話《はな》す、然《しか》るときは被術者《ひじゆつしや》の觀念《くわんねん》は取分《きゝわ》け此點《このてん》に專《もつぱ》らとなるべし、斯《かく》の如《ごと》く言語《げんご》に由《よ》りて行《おこな》ふところの暗《あん》示《じ》を言語《げんご》の暗示《あんじ》と名《な》づく言語《げんご》はまた書記《かきしる》して之《こ》れを通《つう》ずることを得《う》べし、只口《たゞくち》に言《い》ふと書記《かきしる》すとの差《さ》は甲《かふ》は耳《みゝ》に由《よ》り、乙《おつ》は目《め》に由《よ》るの一事《じ》のみ、嗅覺《しうかく》、味《み》覺特《とく》に觸覺《しよくかく》の如《ごと》き、他《た》の官能《くわんのう》も、また暗示《あんじ》を傳《つた》ふべき線路《せんろ》たらしむることを得るのである。

觸覺《しよくかく》より行《おこな》ふ所《ところ》の暗示《あんじ》は幾分《いくぶん》か筋覺《きんかく》によりて身體機關《しんたいきくわん》内《ない》に通《つう》ずるのである、而《しか》して筋覺《きんかく》より通《つう》ずるが故《ゆゑ》に施術者《しじゆつしや》はいかなる思考《しかう》にても、いかなる身振《みぶり》にても隨意《ずゐい》に被術者《ひじゆつしや》をして思《おも》はしめ爲《な》さしむることを得《う》るなり、例《たと》へは施術者《しじゆつしや》若《も》し被術者《ひじゆつしや》をして祈禱《きたう》の姿勢《しせい》を爲《な》さしむるときは縱《たと》ひ一語《ご》を發《はつ》せざるも其《そ》頭腦中《こうなうちう》に祈禱《きたう》の觀念《くわんねん》を起《おこ》さしむるを得《う》べし、又斯《またか》かる姿勢《しせい》を爲《な》さしめざるも。祈禱《きたう》を爲《な》すが如《ごと》き顏付《かほつき》を爲《な》さしむるときは其腦裡《そのなうり》に祈禱《きたう》の觀念《くわんねん》を起《おこ》さしむることを得《う》るなり又若《またも》し被術者《ひとじゆつしや》をして悲《かな》しき時《とき》の身振《みぶり》を爲《な》さしむるときは必《かな》らず泣《な》悲《かな》しむべく若《も》し其拳《そのこぶし》を握《にぎ》らしむるときは必《かな》らず額《ひたへ》に八の字《じ》を寄《よ》せて、憤怒《ふんぬ》の相貌《さうばう》をあらはすべく、獨樂《こま》の如《ごと》きものを廻《まは》し始《はじ》めしむるときは、引續《ひきつゞ》きて自《みづか》ら廻《まは》すべく、毛皮《けがは》を以《もつ》て全身《ぜんしん》を覆《おほ》ふときは四這《よつは》ひて這《は》ふべく、手《て》に筆《ふで》を持《もた》しむるときは文字《もんじ》を書《か》くべく、被術者《ひじゆつしや》若《も》し婦人《ふじん》なるとき針《はり》と糸《いと》とを手《て》に持《もた》しむるときは裁縫《さいほう》を始《はじ》むるならん、夫《そ》れ斯《かく》の如《ごと》く身振《みぶり》に由《よ》りて之《こ》れに相應《さうおう》する所《ところ》の觀念《くわんねん》を容易《たやす》く造《つく》ることを得《う》るなり、ベンネットの言《い》ふ處《ところ》によれば、或《あ》る肉商《にくしやう》、肉《にく》を鈎《かぎ》にて吊《つる》さんとする時偶々《ときたま〳〵》暗示《あんじ》を施《ほどこ》されしが、彼《か》れはおのれの臂《ひぢ》を鈎《かぎ》に掛《か》けたりと想像《さうざう》し只《たゞ》衣服《いふく》を鈎《かぎ》に掛《か》けたるのみにて痛《いた》い〳〵と泣《な》き叫《さけ》び殆《ほとん》ど半死半生《はんしはんしやう》の體《てい》なりしと、右《みぎ》は外《そと》より身振《みぶ》りに由《よ》りて施《ほどこ》したる暗示《あんじ》を行《おこな》ひ而《しか》して内《うち》に之《これ》に相應《さうおう》する感覺《かんかく》を起《おこ》すの例《れい》なれどもこの外《ほか》に又全《またまつた》く内《うち》より暗示《あんじ》の行《おこな》はるゝものあり、之《こ》れを「自己《こ》暗示《あんじ》」と云《い》ふ。

例《たと》へば、一婦人《ふじん》あり或《あ》る朝《あさ》凡《およ》そ五分《ふん》の間《あひだ》深《ふか》き止動睡《しどうすゐ》に罹《かゝ》りしが醒《さ》めて後《のち》數時《すうじ》閑眠《かんねむ》れりと誤想《ごさう》せり、醫師《いし》も伴《とも》に然《しか》りと答《こた》へ、適々《たまたま》午前《ごぜん》九時《じ》なりしを午後《ごご》二時《じ》なりと僞《いつは》り告《つ》げしかは婦人《ふじん》は忽《たちま》ち甚《はなは》だ空腹《くうふく》を感《かん》じて午飯《こはん》を求《もと》めける、依《よつ》て想像《さうぞう》的食物《てきしよくもつ》を以《もつ》て此想像的空腹《このさうぞうてきくうふく》を滿足《まんぞく》せしめんと暗示《あんじ》を行《おこな》ひて彼女《かのぢよ》の前《まへ》に旨《うま》き食物《しよくもつ》が卓子《テーブル》の上《うへ》に在《あ》るところの幻想《げんさう》をあらはし尚彼女《なほかのぢよ》がそれを快《こゝろよ》く食《しよく》する所《ところ》の幻《げん》想《さう》をあらはしければ彼女《かのぢよ》は忽《たちま》ち滿腹《まんぷく》を覺《おぼ》えしとぞ。

△暗示に感じ易き人

暗示《あんじ》は右《みぎ》の如《ごと》きものなるが偖《さ》ていかなる人《ひと》が最《もつと》も暗示《あんじ》に感《かん》じ易《やす》きや此問題《このもんだい》答《こた》へんには先《ま》づ第《だい》一に獨《ひと》り催眠術《さいみんじゆつ》を施《ほどこ》されたる人《ひと》のみ之《これ》に感《かん》ずるにあらず常《じやう》の睡眠《すゐみん》の間《あひだ》も加之《しか》のみならず、全《まつた》く醒《さ》めたるときも亦之《またこ》れに感《かん》ずることを意《い》せざるべからず。

催眠術《さいみんじゆつ》を施《ほどこ》されたる間《あひだ》に暗示《あんじ》に感《かん》ずべき習慣《しふくわん》を受《う》けたる人《ひと》は全《まつた》く醒《さ》めたる

にも亦之《またこ》れに感《かん》ずることを得《え》、而《しか》して必《かなら》ずしも生《き》 眠らしむと言ふと書記《かきしる》すとの
て一度《ど》も催眠術《さいみんじゅつ》を施《ほどこ》されしことなき人又《ひとまた》は加《し》之《か》のみならず、に觸覺《しょくかく》の如《ごと》き、他《た》
れ易《やす》しといふ明證《めいしょう》なき人《ひと》にても最《もっと》も暗示《あんじ》に感《かん》じ易《やす》きものありである。
の如《ごと》きは殊《こと》に然《しか》りかゝる人《ひと》は只疾病《たゞしっぺい》を見聞《けんもん》したるのみにて忽《たちま》ち觸覺《しょくかく》より行《おこな》ふ所《ところ》の一
罹《かゝ》れりと想像《さうぞう》するなり又此類《またこのるゐ》の人《ひと》は此想像《このさうぞう》をして神經系內《そのしんけいけいない》して筋覺《きんかく》より通《つう》ず
神經痛《しんけいつう》、人事《じんじ》不《ふ》省等《せいとう》の如《ごと》き種々《しゅ〴〵》の病《やまひ》を起《おこ》すなり、此類《このるゐ》の人《ひと》の隨意《ずゐい》に被術者《ひじゅつしゃ》をし
のみにて身體《しんたい》の一部《ぶ》より他部《たぶ》に容易《たやす》く移《うつ》すことを得《う》べし、ボ術者《じゅつしゃ》をして祈禱《きたう》の
物學會《ぶつがくくわい》に於《おい》て述《の》べたる所《ところ》に據《よ》れば或《あ》る健康《けんかう》なる人々《ひと〴〵》は（しか、禱《たう》の觀念《くわんねん》を起《おこ》さし
術者《じゅつしゃ》が唖者《あしゃ》になるべし、盲目《まうもく》になるべし、聾者《ろうしゃ》になるべし、又《また》は香臭《かうしう》を辨別《べんべつ》せ
ざるに至《いた》るべし、中風《ちうふう》になるべし、人事《じんじ》不《ふ》省《せい》の病《やまひ》にかゝるべしと斷言《だんげん》し若《も》しく
は其呪咀《そのまじない》を爲《な》したるのみにて然《しか》なりしといへり斯《か》る病《やまひ》はまた只暗示《たゞあんじ》を行《おこな》ひ、治《ち》
すべしとの信念《しんねん》を吹込《ふきこ》みたるのみにて容易《たやす》く治《ち》することを得《う》るなり。

醫學生《いがくせい》殊《こと》に青年醫學生《せいねんいがくせい》は其研究《そのけんきう》しつゝある所《ところ》の病《やまひ》に罹《かゝ》れりとの感《かん》を起《おこ》し易《やす》きものなり。

醒《さ》めたる人《ひと》に暗示《あんじ》を施《ほどこ》し、跳《と》はしめ躍《をど》らしめ、最《もつと》も可笑《をか》しき身振《みぶり》を爲《な》さしめ又《また》は感覺《かんかく》を失《うしな》はしむるは決《けつ》して難《かた》きにあらず。

ベルンハイム氏《し》は患者《くわんじや》に催眠術《さいみんじゆつ》を施《ほどこ》さずして其感覺《そのかんかく》を失《うしな》はしめ、五枚《まい》の齒《は》を拔《ぬ》き取《と》るに聊《いさゝ》かも苦痛《くつう》を感《かん》ぜざらしめたりといへり、然《しか》れども此類《このるゐ》の暗示《あんじ》が行《おこな》はるゝ所以《ゆゑん》は人間《にんげん》が其外貌《そのぐわいばう》に於《おい》ては健全無病《けんぜんむびやう》なるに拘《かゝは》らず、神經《しんけい》に或《あ》る虚弱《きよじやく》の箇所《かしよ》ありて然《しか》るならんか、然《しか》り而《しか》して催眠術《さいみんじゆつ》を施《ほどこ》さるゝことに慣《な》れたる人《ひと》は最《もつと》も此暗示《このあんじ》に感《かん》じ易《やす》し蓋《けだ》し彼等《かれら》は暗示《あんじ》に由《よ》りて殆《ほと》んど悟《さと》り得《う》べからざる程《ほど》の催眠《さいみん》的有様《てきありさま》に變《へん》せられたるものと思考《しかう》せざるべからざるなり。

往古《わうこ》より此類《このるゐ》の暗示術《あんじじゆつ》を知《し》りたるもの少《すく》なからず、唯古代《たゞこだい》は之《こ》れを暗示《あんじ》と稱《とな》へずして「妖術《えうじゆつ》」又《また》は「迷魂術《めいこんじゆつ》」と稱《とな》へたるの差《さ》あるのみ、印度《いんど》の「蛇使《へびつか》ひ」

の如《ごと》きは數《よう》千年《ねん》の間《あひだ》この類《るゐ》の暗示《あんじ》を行《おこな》ひたるなり。

△幻想又に幻影

幻想《げんさう》又は何物《なにもの》もあらざるに五官《くわん》其一《の》に由《よ》りて物《もの》ありと感《かん》じ之《これ》を知覺《ちかく》するをいふ、例《れい》せば、白紙《はくし》の上《うへ》に肖像《せうざう》なりと目《め》に見《み》え、四邊《あたり》の靜《しづ》かなるに聲《こゑ》ありと耳《みゝ》に聞《きこ》ゆるの類《るゐ》之《こ》れなり、又《また》之《こ》れとは異《こと》なりて若《も》し眞《しん》に物體《ぶつたい》ありて五官《くわん》此物體《このぶつたい》を誤《ご》認《にん》する時《とき》は之《こ》れを妄念《まうねん》と名《な》づく例《たと》へば人物《じんぶつ》の畫《ぐわ》を見《み》て馬《うま》の畫《ぐわ》と念《おも》ひ、鐘《かね》の音《ね》を聽《きい》て人《ひと》の聲《こゑ》と念《おも》ふの類《るゐ》是《こ》れなり、此《こ》の幻想《げんさう》と妄念《まうねん》との二者《しや》を總稱《そうしよう》して幻影《げんえい》といふ。

偖《さ》て「暗示《あんじ》」を行《おこな》ひたるより生《しやう》ずる幻影《げんえい》は五官《くわん》の孰《いづ》れにも生《しやう》ぜしむることを得《う》べく且《か》つ施術者《しじゆつしや》の意《い》に任《まか》せて、いかやうにも變更《へんかう》せしむることを得《う》べし。

△精神的暗示

此精神的暗示《こゝせいしんてきあんじ》はいかにも不思議《ふしぎ》のものにて外部《ぐわいぶ》の擧動言語《きよどうげんご》を他人《たにん》に感應《かんおう》せしむるのみならず唯《たゞ》一言《げん》の語《ご》を發《はつ》することなくして我思想《わがしさう》、感覺《かんかく》、意志《いし》、及《およ》び其《その》他《た》いかなる心力《しんりよく》をも他人《たにん》の腦裡《なうり》に感應《かんおう》せしむるものなり。

此法《このはふ》は實《じつ》に奇《き》々妙々《めう〱》にして頗《すこぶ》る解《かい》し難《がた》きに似《に》たれども顧《おも》ふに一般《はん》の催眠術《さいみんじゆつ》と同《おな》じくまた學理《がくり》に基《もとづ》き解釋《かいしやく》することを得《う》べきものである。

精神的暗示《せいしんてきあんじ》とは今假《いまか》りに睡遊《すゐいう》にかゝれる一少年《せうねん》に施《ほどこ》したる實驗《じつけん》(ビウニージリーボールの時《とき》によるもの)を掲《かゝ》げん。

リーボールは此少年《このせうねん》に催眠術《さいみんじゆつ》を施《ほどこ》したる後《の》ち之《こ》れにいふやう「足下《そくか》醒《さ》めたらば余《よ》が今《いま》思考《しかう》しつゝある所《ところ》の動作《どうさ》を爲《な》すべし」と其時《そのとき》ビウニーは傍《かたはら》にありてリーボールが思考《しかう》しつゝある即《すなは》ち豫《かね》て言合《いひあはせ》あり

たることを紙片《しへん》へ書《か》き「足下《そくか》の従妹《いとこ》を抱《だ》きかゝゆべし」として居合《ゐあは》す人々《ひと〴〵》に讀《よま》しめたり、斯《か》くて少年《せうねん》は目醒《めざ》めしかば人々《ひと〴〵》孰《いづ》れも其擧動《そのきよどう》如何《いかん》と注目《ちうもく》せしところ少年《せうねん》は抱腹絶倒《はうふくぜつたう》して、殆《ほとん》ど口《くち》さへ利《き》くこと能《あた》はず何故《なぜ》笑《わら》ふと問《とは》れて「諸君《しよくん》は余《よ》に異《い》なことをせよとの思考《しかう》せらるゝが故《ゆゑ》に」と答《こた》ふ「さらば我々《われ〳〵》はいかなる事《こと》を考《かんが》へ居《ゐ》るかを述《の》べられよ」といふに「大聲《たいせい》にては述《の》べ難《がた》し」とて小聲《こごゑ》にピッニーに囁《さゝや》きて「余《よ》の従妹《いとこ》を抱《だ》くべしとのお望《のぞ》みならん」と言《い》ひしとぞ。

△感覺の傳達

最《もつと》も確實《かくじつ》なる證例《しやうれい》によるに古今《ここん》に論《ろん》なく睡遊者《すゐいうしや》の中《うち》には他人《たにん》の身體《しんたい》に竊《ひそ》かに悩《なや》むところあるを感覺《かんかく》すべき能力《のうりよく》をあらはすもの少《すく》なからず、即《すなは》ち他《た》人《にん》の身體《しんたい》中《ちう》に悩《なや》む所《ところ》あればおのれの身體中同一《しんたいちうどう》の部分《ぶぶん》に於《おい》て之《こ》れを感覺《かんかく》すること少《すく》なからず是《これ》を以《もつ》て之《こ》れを察知《さつち》することを得《う》るなり、之《こ》れを名《な》づけて「有機《いうき》的同《てきど》感《かん》」

といふ。

○心理的生理的催眠術方式

△心理的催眠法

催眠法《さいみんはふ》を生理的《せいりてき》と心理的《しんりてき》とに區別《くべつ》するは便宜上《べんぎじやう》の分類《ぶんるゐ》にして、學理上嚴《がくりじやうげん》區分《くぶん》すること能《あた》はざるなり之《こ》れ生理的施術法《せいりてきしじゆつはふ》と雖《いへど》も、心理《しんり》の力《ちから》を藉《か》らざればあらず、心理的施術法《しんりてきしじゆつはふ》の如《ごと》きも其《そ》の刺戟物《しげきぶつ》が無形《むけい》なると云《い》ふに限《かぎ》らずして要《えう》はなり只爰《たゞこゝ》には普通《ふつう》の分類法《ぶんるゐはふ》に從《したが》ひて先《ま》つ本項《ほんかう》に於《おい》ては心理的施術法《しんりてきしじゆつはふ》を陳《の》べ次項《じかう》に於《おい》ては生理的施術法《せいりてきしじゆつはふ》を述《の》べんとす、心理的施術法《しんりてきしじゆつはふ》とは施術者《しじゆつしや》が被術者《ひじゆつしや》の心《こゝろ》に一定《てい》の方針《はうしん》を與《あた》へ其《そ》の通《とほ》りに想像《さうざう》を向《む》けさせて行《ゆ》くことに依《よ》つて催眠状態《さいみんじやうたい》を生する方法《はうはふ》なり此《こ》の方法《はうはふ》は多《おほ》くは言葉《ことは》によると雖《いへど》も、被術者《ひじゆつしや》の心《こゝろ》に催眠《さいみん》の觀念《くわんねん》を起《おこ》させ得《う》るものならば、身振《みぶ》り手眞似《てまね》、手紙《てがみ》、電話《でんわ》、電信《でんしん》の如《ごと》きも又可《またか》なり。此法《このはふ》はアヲベアアリア氏《し》が始《はじ》めて催眠現象《さいみんげんしやう》は全《まつた》く主觀的作用《しゆくわんてきさよう》に過《す》ぎざることを發見《はつけん》したるに基《もと》づくものあり。此法中《このはふちう》又《ま》た數個《すうこ》に別《わか》るゝこと下《しも》の如《ごと》し。

(一)一喝催眠法

ファリ氏《し》の施《ほどこ》したる方法《はうはふ》は出來得《できう》る限《かぎ》り被術者《ひじゆつしや》に睡《ねむ》ることを準備《じゆんび》をなさしめ己《すで》に自《みづか》ら眠《ねむ》るばかりになし置《お》き突然《とつぜん》「睡《ねむ》れ」と一喝《かつ》するなり。此《こ》の方法《はうはふ》は餘《あま》り簡短《かんたん》に過《す》ぎて成功《せいこう》すること稀《まれ》なり由《よ》つて次《つぎ》に最《もつと》も有效《いつかう》なる心理的施術法《しんりてきしじゆつはふ》を述《の》べんとす。

(二)言語催眠法

施術者《しじゆつしや》は先《ま》づ豫《あらかじ》め被術者《ひじゆつしや》に向《むか》つて催眠《さいみん》せしむべきことを告《つ》げて其《そ》の準備《じゆんび》をなさしめ然《しか》る後徐《のちおもむ》ろに次《つぎ》の如《ごと》き暗示《あんじ》を與《あた》ふるなり、僕《ぼく》は之《こ》れより君《きみ》を睡《ねむ》らせんとす、君《きみ》は漸々《やうやう》睡《ねむ》ろふとする樣《やう》になる……己《すで》に君《きみ》は睡《ね》むたい樣《やう》になつた……君《きみ》の顔色《かほいろ》は睡《ねむ》たいことを現《あら》はした……君《きみ》の眼《め》は將《まさ》に閉《と》ぢよふとして居《ゐ》る……君《きみ》の眼《め》は鈍《にぶ》くなつた……もう君《きみ》は眼《め》を閉《と》じて仕舞《しま》つた……君《きみ》は最早《もはや》眼《め》を開《あ》くことが出來《でき》ない……君《きみ》は手《て》も足《あし》も動《うご》かすことが出來《でき》ない……君《きみ》は全《まつた》く睡《ねむ》りて仕舞《しま》つた等《とう》なり斯《か》かる暗示《あんじ》を與《あた》ふる時《とき》、或《あ》る被術者《ひじゆつしや》は特更《ことさら》に反抗《はんかう》せんと欲《ほつ》して其《そ》の眼《め》を開《ひら》かんとするものあり、其時《そのとき》には何遍《なんべん》も繰《く》り返《かへ》して、嚴肅《げんしゆく》に「君《きみ》の眼《め》は閉《と》ぢんとして開《あ》くことは出來《でき》ぬ」と暗示《あんじ》すれば終《つひ》には其《そ》の暗示《あんじ》通《どほ》りとなるものなり、又施術者《またしじゆつしや》は極《きは》めて平調《へいてう》の低音《ていおん》にて一二の數《すう》を云《い》ふて、之《こ》れを被術者《ひじゆつしや》の心《こゝろ》に數《かぞ》へさするも又催眠《またさいみん》せしむる一方法《はうはふ》なり。

（三）隔地催眠法

屢々《しばしば》催眠《さいみん》せしめられたることある被術者《ひじゆつしや》を催眠《さいみん》せしむるには施術者《しじゆつしや》と被術者《ひじゆつしや》とは家《いへ》を異《こと》にし、又《また》は壁《かべ》を距《へだ》てゝ催《もよほ》せしむることを得《う》べし之《こ》れは豫《あらかじ》め被術者《ひじゆつしや》に告《つ》ぐるに催眠《さいみん》せしめんとすることを以《もつ》てし被術者《ひじゆつしや》は亦《ま》た之《こ》れを承知《しようち》して居《を》りて、自《おのづか》ら催眠《さいみん》せしめらるゝものと信《しん》じて居《ゐ》る、心理的作用《しんりてきさよう》に起因《きいん》するものなり又《ま》た或施術者《あるじゆつしや》は被術者《ひじゆつしや》に告《つ》ぐるに何月何日《なんぐわつなんにち》二度《ふたゝ》び催眠状態《さいみんじやうたい》に入《い》らしむべきを以《もつ》てし其《そ》の指定《してい》したる日《ひ》に被術者《ひじゆつしや》は其《そ》の處《ところ》より數百哩《すうまいる》距《へだ》りたる處《ところ》に居《を》りしにその指定《してい》せられし日《ひ》の時刻《じこく》に二度《ふたゝ》び催眠《さいみん》したり、之《こ》れ又《ま》た心理的影響《しんりてきえいきやう》の外《ほか》ならざるなり。

△生理的催眠法

生理的催眠法《せいりてきさいみんはふ》は被術者《ひじゆつしや》の外部《ぐわいぶ》の感覺器官《かんかくきくわん》に生理的刺戟《せいりてきしげき》を與《あた》へて催眠《さいみん》せしむる方法《はうはふ》なり即《すなは》ち被術者《ひじゆつしや》の身體《しんたい》の表面《へうめん》にある、感覺器官《かんかくきくわん》たる視感《しかん》、聽官《ちやうくわん》及《およ》び觸感《しよくかん》等《とう》の五官《くわん》に一種《しゆ》の刺戟《しげき》を與《あた》へて眠《ねむ》れよ暗示《あんじ》となし或《あるひ》は被術者《ひじゆつしや》の雜念《ざつねん》を去《さ》らしめ無念無想《むねんむさう》の境《きやう》たる催眠狀態《さいみんじやうたい》となすなり、換言《くわいげん》すれば或《あ》る感官《かんくわん》を刺戟《しげき》して精神《せいしん》を其《そ》の一方《はう》に集注《しうちう》せしめ其《そ》の感官《かんくわん》が疲勞《ひらう》すれば貧血《ひんけつ》を來《き》たし遂《つひ》に全部《ぜんぶ》の機能《きのう》が休《きう》此《し》して催眠状態《さいみんじやうたい》となるなり以《い》て尤《もつと》もなる感覺器官《かんかくきくわん》に分《わか》けて之《これ》を述《の》べん。

視感《しかん》を刺戟《しげき》する催眠法《さいみんはふ》は被術者《ひじゆつしや》に或《あ》る物體《ぶつたい》を見詰《みつ》めさして催眠《さいみん》せしむるなり

（一）凝視催眠法

此方法《このはうはふ》を行《おこな》ふには被術者《ひじゆつしや》をして、成《な》るべく大《おほ》きく眼《め》を開《ひら》かして出來得《できう》る限《かぎ》り眼瞼《まぶた》が緊張《きんちやう》さする様《やう》にし其《そ》の見詰《みつ》る物體《ぶつたい》は五尺《しやく》か六尺位《しやくくらゐ》の距離《きより》に置《お》くを可《か》とす而《しか》して被術者《ひじゆつしや》に見詰《みつ》めさすに物體《ぶつたい》は光輝《くわうき》の小體《せうたい》をよしとす。殊《こと》に催眠凝視球《さいみんぎようしきう》を用《もち》ゆれば初學《しよがく》のものにても失敗《しつぱい》することなく、又被術者《ひじゆつしや》の眼《め》を害《がい》することなし其《そ》の物體《ぶつたい》を熱心《ねつしん》に凝視《ぎようし》せしむること、數分或《すうふんあるひ》は數十分時間《すうじつぷんじかん》にし 被術者《ひじゆつしや》の眼球《がんきう》は潤《うる》ふて涙《なみだ》ぐみ視線《しせん》は停《とま》りて動《うご》かず、眼脚《がんきやく》は平常《へいじやう》の時《とき》に比《ひ》して稍《やゝ》膨脹《ぼうちやう》する様《さま》を呈《てい》し、自然《しぜん》に閉《と》ぢるものなり、閉《と》ぢざるものは其《そ》の時施術者《ときせじゆつしや》は「[illegible]を[illegible]おて[illegible]」と云《い》へば、被術者《ひじゆつしや》は其《そ》の通《とほ》りに催眠《さいみん》するものなり。

（二）音調催眠法

此法《このはふ》は被術者《ひじゆつしや》に千篇《へん》一律單調《りつたんてう》不變《ふへん》の音《おん》を聞《き》かせ催眠《さいみん》せしむる方法《はうはふ》なり、懐中《くわいちう》時計《とけい》の響《ひゞき》はそれに最《もつと》も善《よ》く適《てき》す、子守歌《こもりうた》がよく孫子《まごこ》を眠《ねむ》らす計《ばか》りにあらず之れを聞《き》く或人《あるひと》にも亦《ま》た睡氣《ねむけ》を催《もよほ》さしむるなり。

此《こ》の理《り》を應用《おうよう》して被術者《ひじゆつしや》が日《ひ》頃信《ごろしん》ずる所《ところ》の南無《なむ》妙法蓮華經《めうはふれんげきやう》、或《あるひ》はアーメン等《とう》の宗敎上《しうけうじやう》の祈禱《きたう》を繰《く》り返《かへ》し又《また》は一定《てい》の音調《おんてう》を幾遍《いくへん》となく繰返《くりかへ》す音樂《おんがく》を奏《そう》し、精《せい》神《しん》を爽快《さうくわい》ならしめ無想《むさう》の境《きやう》にあらしむれば忽《たちま》ち催眠《さいみん》するものなり。

（三）觸接催眠法

被術者《ひじゆつしや》の身體《しんたい》を靜《しづか》に打《う》ち又《また》は輕《かる》く壓《あつ》し或《あるひ》は撫《な》で下《さ》ぐる姿勢《しせい》をなして、觸感《しよくかん》も一定《てい》の刺戟《しげき》を與《あた》へて催眠狀態《さいみんじやうたい》となす方法《はうはふ》なり、此法中《このはふちう》最《もつと》も有效《いうかう》なるは衣《い》服《ふく》の上《うへ》より輕《かる》く皮膚《ひふ》を撫《な》で下《さ》ぐるか、然《しか》らざれば皮膚《ひふ》に觸《ふ》れざるも殆《ほと》んど接近《せつきん》して撫《な》で下《お》ろす姿勢《しせい》をなす即《すなは》ち頭部《とうぶ》より腰部《えうぶ》或《あるひ》は足部《そくぶ》迄《まで》撫《な》で下《お》げ又《また》は頭部《とうぶ》より兩腕《りやうで》を經《へ》て兩手《りやうて》の指先《ゆびさき》に至《いた》るまで撫《な》で下《さ》ぐること數《すう》十回《くわい》も反覆《はんぷく》することなり。然《さ》れば能《よ》く催眠《さいみん》せしむることを得《う》、其《そ》の撫《な》で下《さ》ぐる方法《はうはふ》中注意《ちうちうい》すべきことなり、即《すなは》ち撫《な》で下《さ》げたる手《て》を再《ふたゝ》び上部《じやうぶ》に擧《あ》ぐるときは其の手掌《てのひら》を施術者《しじゆつしや》の方に向《む》けたる儘《まゝ》擧《あ》ぐるときは催眠《さいみん》せしむる効力《かうりよく》甚《はなは》だ薄《うす》きものなり（下略）

（四）嗅覺催眠法

爽快《さうくわい》なる輕《かる》き刺激《しげき》を被術者《ひじゆつしや》の嗅官《しうくわん》を長《なが》く與《あた》ふるとき催眠《さいみん》するものなり即《すなは》ち麝《じや》香《かう》の如《ごと》き香料《かうれう》を數分時《すうふんじ》嗅《か》がしむる時《とき》はよく催眠《さいみん》するものなり。

（五）筋覺催眠法

被術者《ひじゆつしや》の筋肉《きんにく》を靜《しづ》かに單調《たんてう》に運動《うんどう》さすることも催眠《さいみん》せしむる一方法《はうはふ》なり、小《こ》兒《に》を子守《こもり》が負《お》ふて靜《しづ》かに動搖《どうえう》するときは容易《ようい》に眠《ねむ》るか如《ごと》きは其《そ》の一例《れい》なり、而《しか》して又《また》は器械的作用《きかいてきさよう》によつても催眠《さいみん》せしむることを得《う》、例《たと》へば被術者《ひじゆつしや》の眼《め》を閉《と》ぢしめて、眼瞼《まぶた》の上《うへ》より輕《かる》く眼球《がんきう》を摩擦《まさつ》し、或《あるひ》は外耳《そとみゝ》の孔《あな》を輕《かる》く刺戟《しげき》する等《とう》の器械的作用《きかいてきさよう》によつても又《ま》た催眠的現象《さいみんてきげんしやう》を呈《てい》するものなり。

△應用催眠法

以上《いじやう》述《の》べ來《きた》りたる心理的催眠法《しんりてきさいみんはふ》及《および》生理的催眠法《せいりてきさいみんはふ》を應用《おうよう》して同時《どうじ》に出來得《できう》る丈《だ》けの手段《しゆだん》を盡《つく》すときは其《そ》の結果《けつくわ》は一層顯著《そうけんちよ》なり、例《たと》へば室内《しつない》には麝香《じやかう》を飛散《ひさん》せしめ耳《みゝ》には單調《たんてう》の音樂《おんがく》を聞《き》かせ、眼《め》には催眠凝視球《さいみんぎようしきう》を見詰《みつ》めさせ、而《しか》して催眠帶《さいみんたい》を撫《な》で乍《なが》ら言語《げんご》の暗示《あんじ》を與《あた》ふる如《ごと》く凡《すべ》ての方面《はうめん》より各器官《かくきくわん》に刺激《しげき》を與《あた》ふるときは其《そ》の被術者催眠狀態《ひじゆつしやさいみんじやうたい》となること至《いた》つて容易《ようい》なり以下《いか》應用催眠法《おうようさいみんはふ》中最《もつと》も簡易《かんい》にして初學者《しよがくしや》と雖《いへど》も直《たゞ》ちに好果《かうくわ》を得《う》る所《ところ》の實用的催眠法《じつようてきさいみんはふ》を述《の》べん。

(一) 瞳視催眠法

被術者《ひじゆつしや》を臥《よ》さすなり椅子《いす》によらすなりして施術者被術者《せじゆつしやひじゆつしや》の前《まへ》に座《ざ》を占《し》め左右《さいう》の掌《てのひら》を施術者《しじゆつしや》の手《て》にて各《かく》一掌《てのひら》づゝを握《にぎ》り施術者被術者《しじゆつしやひじゆつしや》と共《と》に一方《はう》の瞳《ひとみ》に己《おのれ》の顏《かほ》の寫《うつ》り居《ゐ》るを凝視《ぎようし》すること數分《すうふん》にして瞳孔放大《どうこうはうだい》し涙《なみだ》を出《いだ》しなば此時《このとき》施術者は

「目《め》を閉《と》ぢて眠《ねむ》る」と云《い》へば被術者《ひじゆつしや》は其《そ》の通《とほ》りとなるなり。此法《このはふ》を初めて行ふときは厳格《げんかく》に瞳孔を見詰めさするを要《えう》す。若《も》し瞳孔以外《どうこういぐわい》の鼻《はな》の所《ところ》を眺《なが》むることあらんか直《たゞ》ちに可笑しくなつて終《つひ》に両者共《りやうしやとも》に笑《わら》ふて中止《ちうし》することとなり、斯《か》かる軽忽《けいこつ》のことにては到底好果《たうていかうくわ》を収《をさ》むること能《あた》はざるなり、注意《ちうい》せずして可《か》ならんや。

（二）壓瞼催眠法

此法《このはふ》は被術者《ひじゆつしや》を閉目《へいもく》せしめ其《そ》の両眼瞼《りやうまぶた》の上《うへ》へ施術者《しじゆつしや》の拇指《おやゆび》の腹《はら》を各別《かくべつ》に當《あ》て手掌《てのひら》を顔《かほ》の側面は附着《ふちやく》して軽く壓し又眼瞼《またまぶた》の上《うへ》を指《ゆび》の腹《はら》にて軽《かる》く壓し下《さ》げつゝ先《さき》に述《の》べたる言語催眠法《げんごさいみんはふ》を行《おこな》ふなり然《しか》ると直《たゞ》ちに催眠《さいみん》するものなり。

（三）大喝催眠法

施術者《しじゆつしや》被術者《ひじゆつしや》を距《へだ》ること三歩位《ほくらゐ》の處《ところ》に止《とゞま》りて起立《きりつ》し被術者施術者《ひじゆつしやしじゆつしや》互《たがひ》に眼《め》を見《み》詰《つ》め居《ゐ》ることを数分時《すうふんじ》にして施術者《しじゆつしや》は右手《めて》を高《たか》く頭上《づじやう》に擧《あ》ぐることを静々《しづ〳〵》とな

り被術者《ひじゆつしや》施術者《しじゆつしや》互《たがひ》に眼《め》を見詰《みつ》め居《ゐ》ることは依然《いぜん》として居《を》り、被術者《ひじゆつしや》の精神恍惚《せいしんくわうこつ》たるを見込《みこ》み突然大喝《とつぜんたいかつ》一聲《せい》「眠《ねむ》れ」と云《い》ひつゝ擧《あ》げたる手《て》を下《さ》ぐること恰《あたか》も劍《けん》術師《じゆつし》が一刀兩斷《たうりやうだん》と云《い》ふ如《ごと》き勢《いきほ》ひにて下《さ》ぐるなり、然《しか》ると大喝《たいかつ》と共《とも》に忽然催眠《こつぜんさいみん》するものなり、此大喝《このたいかつ》に代《か》ふるにピストルを鳴《な》らすと同時《どうじ》に眠《ねむ》れと云《い》ひ置《お》き之《こ》れを鳴《な》らすも又有効《またいうかう》なり。

（四）壓頭催眠法

施術者《しじゆつしや》は一手《て》を以《もつ》て前頭部《ぜんとうぶ》を輕《かる》く摑《つか》み一手《て》を以《もつ》て頂部《ちやうぶ》より後頭部《こうとうぶ》に置《お》き而《しか》して其兩手《そのりやうて》にて頭部《とうぶ》を壓《あつ》し握《にぎ》る如《ごと》くなして右《みぎ》より左《ひだり》に廻轉《くわいてん》すること始《はじ》めは靜々《しづ／＼》とし中《なか》は急《きふ》に最後《さいご》は又漸々《またぜん／＼》靜《しづか》にして全《まつた》く止《や》むなり、斯《か》くなること十分位《ぷんくらゐ》にして「眠《ねむ》りなさい」と云《い》へば直《たゞち》に催眠《さいみん》するものなり。

（五）開閉眼催眠法

術者被術者《じゆつしやひじゆつしや》に向《むか》つて「此催眠凝視球《このさいみんぎようしきう》を君《きみ》が見詰《みつ》め居《ゐ》るとき余《よ》が一と云《い》ひたら

目《め》を閉《と》ぢなさい、二《に》と云《い》ひたら再《ふたゝ》び目《め》を開《ひら》きて此球《このたま》を見《み》る」と云《い》ひ聞《き》かし置《お》きて眼《め》の開閉《かいへい》を號令《がうれい》によつてなさしむること十五六回《くわい》に及《およ》ばゝ夫《そ》れより次第《しだい》〳〵に號令《がうれい》を加減《かげん》し閉目《へいもく》して居《ゐ》る時間《じかん》を多《おほ》くし見詰《みつ》め居《ゐ》る時間《じかん》を少《すく》なくし終《つひ》には全《まつた》く閉目《へいもく》の儘《まゝ》となし言語催眠法《げんごさいみんはふ》を施《ほどこ》せば言語《げんご》の通《とほ》りに催眠《さいみん》するものなり。

（六）暗室催眠法

室《しつ》の一方《ぱう》に小圓孔《せうゑんこう》を穿《うが》ち其《そ》の穴《あな》に赤紙《あかがみ》を張《は》りて被術者《ひじゆつしや》と見詰《みつ》めさせ又《また》は豆《まめ》ランプのホヤを黒《くろ》く塗《ぬ》り小圓形《せうゑんけい》に塗《ぬ》らぬ分《ぶん》を殘《のこ》し火《ひ》を點《とも》して其《そ》れを見詰《みつ》めさせ、而《しか》して撫《な》で下《さ》ぐる方法《はうはふ》を行《おこな》ふなり、若《も》し前陳《ぜんちん》の小孔《せうこう》を見詰《みつ》めさするに代《か》へてマグネシヤに點火《てんくわ》して強《つよ》き光線《くわうせん》にて刺戟《しげき》せば一層《そう》効果《かうくわ》よし。

（七）睡眠者を催眠せしむる法

自然《しぜん》の眠《ねむ》りになるものゝ眼瞼《まぶた》を輕《かる》く撫《な》で下《さ》げながら催眠《さいみん》を誘導《いうだう》する暗示《あんじ》を施《ほどこ》すなり又《また》は輕《かる》く手《て》を睡眠者《すゐみんしや》の顔《かほ》に當《あ》て催眠誘導《さいみんいうだう》の暗示《あんじ》を與《あた》へ「ラポー」を附《つ》く

るなり（ラポールは意志《いし》の聯合《れんがふ》のこと）

（八）強制催眠法

心理作用《しんりさよう》と藥物作用《やくぶつさよう》とにより催眠《さいみん》せしむる方法《はうはふ》にして藥物《やくぶつ》を利用《りよう》して催眠《さいみん》せんとするとき暗示《あんじ》を與《あた》へてラポールを附《つ》くるにあり此催眠法《このさいみんはふ》は感受性《かんじゆせい》の鈍《にぶ》きものに對《たい》して止《や》むを得《え》ず行《おこな》ふ手段《しゆだん》なり、此法《このはふ》は藥物《やくぶつ》を使用《しよう》する故《ゆゑ》、醫師《いし》にあらざれば行《おこな》ふことを得《え》ず（下畧）

△醒覺法

醒覺法《せいかくはふ》にも亦《ま》た數種《すうしゆ》あり、之《こ》れを身體的《しんたいてき》及び精神的《せいしんてき》の二つに別《わか》つことを得《う》る。

最《もつと》も簡易《かんい》なる且《か》つ最《もつと》も普通《ふつう》に行《おこな》はるゝ醒覺法《せいかくはふ》は眼《め》の上《うへ》、又《また》は額《ひたひ》の上《うへ》を吹《ふ》くにあり、其《その》吹《ふ》くには、口《くち》を用《もち》ひずして鞴《ふいご》を用《もち》ゆるも可《か》なり若《も》しくは數滴《すうてき》の水《みづ》を顏《かほ》に注《そゝ》ぐも可《か》なり、若《も》し此等《これら》の法《はふ》を用《もち》ひて醒《さ》めざるときは瞼《まぶた》を開《ひら》けて少《すこ》しく強目《つよめ》眞直《まつすぐ》に眼《め》の中《なか》を吹《ふ》くべし、それにても醒《さ》めざるときはヒステリー性《せい》の婦人《ふじん》ならば卵巣部《らんさうぶ》の上《うへ》、又《また》は其他《そのた》催眠部《さいみんぶ》の上《うへ》を壓《あつ》するも妨《さまた》けなし、又《また》「醒《さ》めよ」の一言《ごん》を以《もつ》て精神的《せいしんてき》より醒《さま》すことを得《う》るなり。

△催眠術大家の行ひたる方式

○メスメルの行ひたる法

施術者《しじゆつしや》は被術者《ひじゆつしや》と相對坐《あひたいざ》し、其兩手《そのりやうて》を握《にぎ》り其眼《そのめ》を見詰《みつ》め十分乃至《ぶんないし》十五分《ふん》を經《へ》て後手《のちて》を放《はな》して更《さら》に兩手《りやうて》を以《もつ》て被術者《ひじゆつしや》の頭《かしら》を頂上《ちやうじやう》より下《した》の方《はう》へ徐々《じよ/\》と撫《な》でおろすが如《ごと》き狀《さま》をなし。且《か》つ此際指《このさいゆび》の先《さき》を被術者《ひじゆつしや》の兩眼《りやうがん》の上《うへ》、胸《むね》の上《うへ》、鳩尾《みづおち》の上《うへ》兩膝《りやうひざ》の上《うへ》に數分間《すうふんかん》づゝ置《お》くべし。

此法《このはふ》を凡《およ》そ十回《くわい》—十五回繰返《くわいくりかへ》すときは、被術者自《ひじゆつしやみづか》ら精神恍惚《せいしんくわうこつ》として眠《ねむり》に就《つか》んとするものなり、然《しか》るときは尚引續《なほひきつゞ》きて之《こ》れを反復《はんぷく》すべし。

○印度にて行ひたる法（エステル博士法）

先《ま》づ被術者《ひじゆつしや》を半裸體即《はんらたいすなは》ち肩《かた》を脱《ぬが》せて、暗室《あんしつ》の臥床《ぐわしやう》の上《うへ》に仰臥《ぎやうぐわ》せしめ、施術者《しやじゆつしや》は其頭《そのあたま》の方《はう》に坐《すは》りて我顏《わがかほ》と其顏《そのかほ》と殆《ほと》んど相接《あひせつ》し、其兩眼《そのりやうがん》を見詰《みつ》め、雙手《もろて》を其鳩《そのみづ》尾《おち》の上《うへ》に置《お》き、他《た》の手《て》にて重《な》もに其兩眼《そのりやうがん》を撫《な》で、又屢々《またしば〳〵》靜かに其鼻孔《そのびこう》を吹《ふ》き、且《か》つ其兩脣《そのりやうくちびる》の間《あひだ》と兩眼《りやうがん》の上《うへ》とを吹《ふ》くときは被術者《ひじゆつしや》は遂《つひ》に熟睡《じゆくすゐ》するなり。

○最も簡易の法（テスト、カリール法）

只被術者《たゞひじゆつしや》と施術者《しやじゆつしや》と彼此《ひし》目《め》と目《め》を見詰《みつ》め合《あ》ふのみの法《はふ》なり。

○ブレードの行ひたる法

先《ま》づ鼻《はな》の附根《つけね》より二インチ即《すなは》ち一寸《すん》六分《ぶ》七厘《りん》ほど上《うへ》の見當《けんたう》に玻璃《ガラス》製《せい》の鈕《とつて》などの光輝《くわうき》ある物《もの》を置《お》きて被術者《ひじゆつしや》に之《こ》れを見詰《みつ》めしむべし。

然《しか》るときは被術者《ひじゆつしや》の眼《め》は頗《すこぶ》る上釣《うはづ》りて眼筋甚《がんきんはなは》だ疲《つか》れ、視《し》神經《しんけい》尤《もつと》も焮衝《きんしよう》するなり又睡眠《またすゐみん》を催《もよほ》さしめんには秘術者《ひじゆつしや》をして何事《なにごと》にか思想《しさう》を凝《こ》らさしむることを緊要《きんえう》とす。

○ファリアの行ひたる法

此《こ》の法《はふ》は不意《ふい》に驚《おどろ》かして眠《ねむ》らしむるに在《あ》り、氏《し》は卒然《そつぜん》立《た》ちて、秘術者《ひじゆつしや》の方《はう》に両手《りやうて》を伸《のば》し、大喝《たいかつ》して「眠《ねむ》れ」と命《めい》じ、彼《か》れを眠《ねむ》らしむるを常《つね》とせり、されど斯《か》くなすこと四回《くわい》に及《およ》びても尚眠《なほねむ》るべき兆候《てうこう》なきときは其者《そのもの》は到底施術《たつていしじゆつ》し難《がた》きものとして之《こ》れを棄《す》てたり、此法《このはふ》は頗《すこぶ》る簡便《かんべ》なれども。効《かう》を奏《そう》すること甚《はなは》だ稀《まれ》なりと。

○リシーグの行ひたる法

剛情《がうじやう》なる秘術者《ひじゆつしや》を取扱《とりあつか》ふに其眼《そのめ》を指《ゆび》にて閉《と》ぢ眼球《がんきう》の上《うへ》を柔《やはら》かに壓《あつ》せしかば遂《つひ》に之《これ》を降参《かうさん》せしめたりと云《い》ふ。

○シャルコーの行ひたる法

此《こ》の法《はふ》はブレード法《はふ》に聊《いさゝ》か變更《へんかう》を加《くは》へ數片《すうへん》のガラスを鼻梁に近《ちか》き邊《へん》に置きて更《さら》に一層《そう》眼《め》を寄《よ》せしめ而《しか》して更《さら》に一層《そう》睡《ねむり》を促《うなが》せり。

○グスマンの行ひたる法

グスマン氏《し》は我《わ》が行《おこな》ひたる法《はふ》を左《さ》の如《ごと》く記《しる》せり。

余《よ》は常《つね》に受療者《じゆれうしや》の中《うち》より、顏色《がんしよく》の青白《あをじろ》き眼《め》におのれの空想家《くうさうか》なるをあらはせる一見《けん》神經質《しんけいしつ》の人《ひと》たるを證據立《しようこだ》てたる女子《ぢよし》を撰《えら》びて彼《か》の女《ぢよ》に向《むか》ひ「余《よ》が機關内《きくわんない》には電氣《でんき》を烈《はげ》しく起《おこ》すべき裝置《さうち》あれば鬼《おに》の如《ごと》く強壯《きやうさう》なる人《ひと》の外《ほか》、誰《た》れにても電氣《でんき》を傳《つた》ふることを得《う》る旨《むね》を告《つ》げ、其《そ》の證據《しようこ》を見《み》られよとて彼《か》の女《ぢよ》をして其兩手《そのりやうて》を以《もつ》て余《よ》が右手《めて》の二指《し》を握《にぎ》らしめ、數秒《すうべう》を經《へ》て後《のち》「貴女《あなた》はいかなる感《かん》を起《おこ》されしや」と問《と》ふに彼《か》の女《ぢよ》皆《みな》し催眠術《さいみんじゆつ》に感應《かんおう》すべきものなれば概《おほむ》ね先《ま》づ「蟲《むし》の這《は》ふやうなる感《かん》じあり」と

間《ま》もなく又《また》「掌と指の上部《じやうぶ》との麻痺《まひ》を感《かん》ず」と答《こた》ふ、然《しか》るとき余《よ》は又《また》「確《しか》

と余《よ》の手《て》を握《にぎ》られよ、強《つよ》く、もつと強《つよ》く、もつと〱強《つよ》く」といひて段々《だん〲》に強《つよ》く握《にぎ》らしめ又彼女《またかのぢよ》に向《むか》つて「最早貴女《もはやあなた》はわたしの手《て》をお放《はな》しなさること叶《かな》ふまじ」といふに果《はた》して放《はな》すこと能《あた》はず次《つぎ》に余《よ》が左手《ゆんで》を以《もつ》て彼女《かのぢよ》の兩臂《りやうひぢ》を撫《なで》れば其《その》筋《すぢ》の痙攣《けいれん》は益々加《ます〱くは》はりて最早《もはや》いかやうにあせるも手《て》を放《はな》すこと能《あた》はざるに至《いた》る依《よつ》て其兩手《そのりやうて》を吹《ふ》きて「貴方《あなた》のお手《て》は再《ふたゝ》び自由《じいう》になりし」といふに果《はた》して痙攣止《けいれんや》みて放《はな》すも握《にぎ》るも自在《じざい》となるなり偖《さ》て此手始《このてはじ》めの試驗《しけん》に感通《かんつう》すべき確證《かくしよう》を得《え》たる後《のち》左《さ》の如《ごと》く施術《しじゆつ》に着手《ちやくしゆ》す。

余《よ》は先《ま》づ彼《か》の女《ぢよ》と對坐《たいざ》し彼女《かのぢよ》は眼《め》を眠《ねむ》らしめ互《たがひ》に手《て》さ手《て》を握《にぎ》り合《あ》ひて左右《さいう》ながら拇指《おやゆび》と拇指《おやゆび》と相壓《あひあつ》し彼《か》の女《ぢよ》に向《むか》つて「靜《しづか》にして眠《ねむ》らんと心掛《こゝろが》けよ」と命《めい》ず斯《か》くて凡《おそ》そ十分《ぶん》――二十分《ぶん》を過《す》ぎ彼《か》の女《ぢよ》が眠《ねむ》るを待《ま》ちて其頭《そのかたま》と胸《むね》とを撫《な》で益々《ます〱》其眠《そのねむり》を深《ふか》からしむ、然《しか》るときは之《こ》れを誘《さそ》ひて話《はな》し出《だ》さしむること甚《はなは》だ容易《ようい》なり其法《そのはふ》は余《よ》が片手《かたて》を彼《か》の女《ぢよ》の頭《あたま》の上《うへ》に載《の》せ他《た》の手《て》にて彼《か》の女《ぢよ》の片手《かたて》を執《と》りつゝ彼《か》

の女《ぢよ》の鳩尾《みづおち》の邊《へん》　向《むか》つて何事《なにごと》にても述《の》べ「聞《きこ》えますか」と問《と》ひ返答《へんたふ》なき間《あひだ》は凡《およ》そ四五回《くわい》はども其話《そのはなし》を繰返《くりかへ》すなり、此時《このとき》彼女《かのぢよ》が微《かす》かなる聲《こゑ》にて何《なん》とか答《こた》へなば夫《そ》れより引《ひき》つゞきて他《た》の試驗《しけん》を行《おこな》ふべき時節《じせつ》の到來《たうらい》せるなりされど初回《しよくわい》の機《き》には被術者《ひじゆつしや》を疲《つか》れしむべき恐《おそ》れあるが故《ゆゑ》にこゝに止《や》むるを宜《よ》しとす。

これにて手《て》を引《ひ》くときは遲《おそ》くも二十分以《ぶんい》内《ない》に目《め》を醒《さま》すべし、尤《もつと》も其《その》まゝに置《お》きては醒《さ》めざるに依《よ》り「醒《さ》めよ」の一言《げん》を以《もつ》て醒《さま》すなり、此時《このとき》醒めて後《のち》の氣分《きぶん》如何《いかん》と問《と》へば全《まつた》く健康《けんかう》に復《ふく》し正氣《しやうき》になりたりと答《こた》ふべし、若《も》し斯様《やう》々々の工《ぐ》台《あひ》に醒《さま》して貰《もら》ひたしと望《のぞ》むものあらば望《のぞ》みの通《とほ》りになして可《か》なり又若《またも》し醒《さ》めよと言《い》ひたるのみにて醒《さ》めざるときは其顏《そのかほ》を吹《ふ》くか又《また》は前《まへ》と反對《はんたい》に撫《なで》るも妨《さまた》げなし然《しか》れども烈《はげ》しくゆすぶり、又《また》は水《みづ》を吹掛《ふきかけ》る等《とう》の如《ごと》き亂暴《らんばう》なる手段《しゆだん》は決《けつ》して行《おこな》ふべからず、又《また》他人《にん》をして一切《さい》彼女《かのぢよ》の身體《しんたい》に觸《ふ》れしむべからず、醒《さ》むべき時間《じかん》になるも醒《さ》めざる時《とき》は尚《なほ》十分間《ぶんかん》——二十分間《ぶんかん》眠《ねむ》らしむるも可《か》なり但し其脈《そのみやく》と呼吸《こきふ》どに異常《いじやう》なきならば斯《か》く眠《ねむ》れるまゝになし置《お》くも可《か》なり。然《しか》るときは概《がい》して自《おのづか》ら覚《さめ》るものなり。

以上《いじやうの》述べたる何《いづ》れの法《はふ》も要《えう》するに豫《あらかじ》め施術者《しじゆつしや》の身體諸機關《しんたいしよきくわん》を自ら慣《な》れしむるを要《えう》するものにして術《じゆつ》を施《ほどこ》さるゝ度数《どすう》愈々《いよく》多《おほ》ければその睡眠《すゐみん》を催《もよほ》すことも亦愈々《またいよく》易《やす》きものである。

△五官器の感通より催眠する法

五官器即《くわんきすなは》ち視《し》、聴《ちやう》、觸《しよく》、味《み》、嗅官《しうくわん》の感動《かんどう》より催眠《さいみん》するものである。

○視官《しくわん》は日光《につくわう》、電燈《でんとう》、電光《でんくわう》などが眼《め》を射《い》たる場合《はあひ》の如《ごと》く迅速激烈《じんそくげきれつ》なる刺戟《しげき》によりて感動《かんどう》せらるゝあれども光輝《くわうき》ある物體《ぶつたい》を見詰《みつ》めたる場合《はあひ》などの如《ごと》く優[illegible]なる刺戟《けい》によりても亦感動《またかんどう》せらるゝことを得《う》るなり。

○聴官《ちやうくわん》も亦《また》据付《すゑつけ》の呼鐘《よびがね》などにて不意《ふい》に烈《はげ》しく刺戟《しげき》することあれどもまた[illegible]

時計の單調《ぜんてう》に打《う》つ、時鐘《ときがね》の均齊《きんせい》に打《う》つが如《ごと》く遲《おそ》く和《やは》らかく刺戟《しげき》することもあるなり、單調《たんてう》の音《おと》によりて睡眠《すゐみん》を促《うな》がし得《う》ることは「ねん〳〵よ」の見守歌《こもりうた》が小《せう》兒《に》の眠《ねむり》を助《たす》くるを見《み》て知《し》るべし。

○觸官《しよくくわん》は卵巢《らんさう》などの如《ごと》き知覺《ちかく》の鋭敏《えいびん》なる諸點《しよてん》即《すなは》ち所謂《いはゆる》催眠帶《さいみんたい》を速《すみや》かに且《か》つ強《つよ》く壓《あつ》するときも刺戟《しげき》せらるれども柔《やは》らかき按摩《あんま》。溫度《をんど》などもまた刺戟《しげき》せらる、溫氣《をんき》が催眠的要因《さいみんてきえういん》の一なることはその例多《れいおほ》し、ベルゲル氏《し》は被術者《ひじゆつしや》の頭《あたま》の邊《へん》に溫《あたゝ》かき金屬又《きんぞくまた》はおのれが溫《あたゝ》かき手《て》を置《お》きて術《じゆつ》を施《ほどこ》し果《はた》せり、されどおのれの手《て》を覆《おほ》ふか又《また》は被術者《ひじゆつしや》の頭《あたま》を覆《おほ》ひて溫《をん》を遮《さへぎ》りしと云《いふ》には成功《せいこう》せざりしとぞ。

○嗅官《しうくわん》はバイネット及《およ》びフエール氏《し》の實驗《じつけん》には麝香《じやかう》を用《もち》ゆる嗅官《しうくわん》を疲《つか》らせしに首尾《しゆび》よく睡眠《すゐみん》せしめ得《え》たりと云《い》ふ。

○味官《みくわん》に就《つい》ては催眠術《さいみんじゆつ》を試《こゝろ》みたることは稀《まれ》なれどもこの感覺《かんかく》を應用《おうよう》するも亦《ま》た成功《せいこう》も難《かた》からざるべし。

△催眠帶

最近《さいきん》の發見《はつけん》に據《よ》れば羽又《はねまた》は凡《すべ》て無勢力體《むせいりよくたい》を以《もつ》て皮膚《ひふ》を摩擦《まさつ》するときは其刺戟《そのしげき》の度《ど》、手《て》を以《もつ》てするに異《こと》ならず、然《しか》れども頭《あたま》の頂上《ちやうじやう》、額《ひたへ》、卵巢《らんさう》の存《そん》する部分《ぶぶん》拇指《おやゆび》の根《ね》、關節等《くわんせつとう》の如《ごと》き、ビートルと云《い》へる人《ひと》が催眠帶《さいみんたい》と名《な》づけたる點《てん》とは特《とく》に感覺《かんかく》の鋭敏《えいびん》なるものなれば此點《このてん》とを撫《なで》るときは尤《もつと》も効驗《かうけん》あるなり、この催眠《さい》帶《たい》は催《さ》眠術《ゆつ》を行《おこな》ふに必要《ひつえう》の部分《ぶぶん》なり。（催眠術《さいみんじゆつ》は人《ひと》によりて効驗《かうけん》の異《こと》なる）

△催眠術の成功不成功の理由

諸々《もろ〱》の催眠法《さいみんはふ》は人《ひと》によりて効驗《かうけん》を異《こと》にし或《あ》る人《ひと》は甲法《かふはふ》によりて最《もつと》も容易《たやす》く感《かん》通《つう》せらるれども又或《またあ》る人《ひと》は乙法《おつはふ》によりて最《もつと》も容易《たやす》く感通《かんつう》せらるゝなり。

要《えう》するに數法《すうはふ》を併《あは》せ施《ほどこ》すときは只其《たゞその》一法《はふ》を施《ほどこ》すよりも効驗著《かつけんいちじる》しかるべし。

又是等《またこれら》の身體的催眠法《しんたいてきさいみんはふ》は被術者《ひじゆつしや》の人物如何《じんぶついかん》に關係《くわんけい》なく作用《さよう》するを以《もつ》て被術者《ひじゆつしや》の人物如何《じんぶついかん》は古人《こじん》の重《おも》きを置《お》きしが如《ごと》く緊要《きんえう》ならざれどもそれにも拘《かゝ》はらず、或《あ》る人《ひと》には他《た》の人《ひと》よりも術《じゆつ》を施《ほどこ》し易《やす》しといふことは事實《じじつ》なるが故《ゆゑ》に此事實《このじじつ》に由《よ》りて催眠術《さいみんじゆつ》は獨《ひと》り身體感通《しんたいかんつう》するのみを目的《もくてき》とすべきを知《し》るなり即《すなは》ち外面的《ぐわいめんてき》、官能的刺戟《くわんのうてきしげき》に由《よ》りて施《ほどこ》し得《う》べきのみに止《とゞ》まらず、尙又精神的刺戟《なほまたせいしんてきしげき》に由《よ》りて施《ほどこ》し得《う》べきものなり。

△催眠し易き人と催眠し難き人

元來催眠術《ぐわんらいさいみんじゆつ》は單《たん》に生理的作用《せいりてきさよう》或《ある》ひは器械的刺戟《きかいてきしげき》にのみよつて施《ほどこ》さるゝものでない、若《も》し單《たん》に生理的作用《せいりてきさよう》にのみよるものなれば何人《なんぴと》もよく催眠《さいみん》せらるべきものなるに決《けつ》してしからず猜疑深《さいぎふか》き人《ひと》、又《また》は幼兒及《えうじおよ》び白痴《はくち》は感受《かんじゆ》せしむること甚《はなは》だ困難《こんなん》である、それ故《ゆゑ》に感受《かんじゆ》せしむる上《うへ》にも難易《なんい》ありて被術者《ひじゆつしや》の年齡《ねんれい》・氣質《きしつ》・

學識等《がくしきとう》の如何《いかん》によりて異《こと》なる又《また》施術者《しやゆつしや》その人《ひと》の人格《じんかく》、容貌《ようばう》、態度等《たいどとう》によりて同一《どう》の被術者《ひじゆつしや》を感受《かんじゆ》せしむる上《うへ》に難易《なんい》なり之《こ》の點《てん》より見《み》るも催眠術《さいみんじゆつ》には如何程《いかほど》精神的影響《せいしんてきえいきやう》の存《そん》するかを知《し》りぬべきなり。

畢竟催眠法《ひつきやうさいみんはふ》の心理的《しんりてき》の基礎《きそ》は豫期《よき》の作用即《さようすなは》ち我《われ》は此《この》施術者《しやゆつしや》の術《じゆつ》によりて催眠《さいみ》すとの意思《いし》强固《きやうこ》にして亂《みだ》れざる故《ゆゑ》に催眠《さいみん》す、又《また》催眠法《さいみんはふ》の生理的《せいりてき》基礎《きそ》は疲勞《ひらう》[illegible]貧血《ひんけつ》になり、よりて或感官《あるかんくわん》を刺戟《しげき》して眠《ねむ》れとの暗示《あんじ》となると共《とも》に疲勞《ひらう》を來《き》た[illegible]しめ腦貧血《なうひんけつ》を助成《じよせい》して催眠《さいみん》せしむるにあるのである。

△自分で自分を催眠せしむる方法

自己催眠法《じこさいみんはふ》は施術者《しやゆつしや》が被術者《ひじゆつしや》を催眠《さいみん》せしむる方法《はうはふ》を準用《じゆんよう》するものなり換言《かんげん》れば一人《にん》にして施術者《しやゆつしや》たると同時《どうじ》に被術者《ひじゆつしや》となるなり、彼《か》の俗間《ぞくかん》に行《おこな》はるゝ所《ところ》の巫子《みこ》神降《かみくだ》し等《とう》は自己催眠術《じこさいみんじゆつ》の一種《しゆ》なりし之《これ》を行《おこな》ふには幽靜《ゆうせい》なる一室《しつ》を選《えら》み障《しやう》子《じ》又《また》は窓《まど》には布呂敷《ふろしき》を吊《つ》り光線《くわうせん》の透射《とうしや》を弱《よは》くし室内《しつない》を薄暗《うすぐら》くなし、其の室《しつ》の中央《あう》へ布團《ふとん》を敷《し》き夜寢《よるい》ぬるやうにし其《そ》の枕《まくら》の處《ところ》より二尺位《しやくぐらゐ》の高《たか》さに即席催眠器《そくせきさいみんき》を天井《てんぢやう》より吊《つ》り下《さ》げ試《こゝろ》みに寢《い》ねて工合《ぐあひ》を見《み》その装置《さうち》全《まつた》く整《とゝの》はゞ全《まつた》く寢《い》ねて身體《しんたい》を安靜《あんせい》にし心《こゝろ》を催眠《さいみん》の一點《てん》に集注《しふちう》し目《め》を成《な》るべく大《おほ》きく開《ひら》きて瞬《またゝき》をせず、即《そく》席催眠器《せきさいみんき》を眺《なが》め居《を》ること數分時《すうふんじ》にして眼《め》は開《あ》き居《を》るも眼《め》の反射機能《はんしやきのう》漸次《ぜんじ》なくなりて初《はじ》め輝々《きゝ》なりし球《たま》は次第《しだい》々々に光《ひか》りも失《うしな》ひ、最後《さいご》には朦朧《もうろう》として霞《かすみ》の如《ごと》くなり、終《つひ》に全《まつた》く催眠《さいみん》す而《しか》して暫時《ざんじ》にして自然《しぜん》に覺醒《かくせい》するを常《つね》とす。その身體《しんたい》の位置《ゐち》は寢《い》ぬるに代《か》へて椅子《いす》に腰《こし》を掛《か》くるもよし。

又《ま》た即席催眠器《そくせきさいみんき》を見詰《みつ》むる代《かは》りに目《め》を閉《と》ぢ呼吸《こきふ》を一より百迄算《までさん》し百に至《いた》らば又《また》一に戻《もど》りて百迄算《までさん》すること二三回《くわい》なれば大抵催眠《たいていさいみん》するものなり。若《も》しそれを算《さん》する中《うち》に雜念《ざつねん》起《おこ》り算數《さんすう》を間違《まちが》へたる時《とき》は又《また》一に戻《もど》るべし。

△萬人が萬人悉く催眠せしめる法

甲《かふ》の催眠法《さいみんはふ》にて成功《せいこう》せざれば乙《おつ》の催眠法《さいみんはふ》を用《もち》ひ乙《おつ》にて成功《せいこう》せざれば丙《へい》、丙《へい》にて又成功《またせいこう》せざれば丁《てい》と云《い》ふ風《ふう》に種々《しゆ〻》の催眠法《さいみんはふ》を施《ほどこ》して決《けつ》して中止《ちうし》すべからず、而《しか》し同《どう》の一催眠法《さいみんはふ》を一時間以上繼續《じかんいじやうけいぞく》して効《かう》なき場合《ばあひ》に他《た》の催眠法《さいみんはふ》を用《もち》ゆるを可《か》とす若《も》し然《しか》らずして十分時位《ぶんじくらゐ》にして催眠法《さいみんはふ》を代《か》へんか催眠《さいみん》し初《はじ》めたるに精神《せいしん》を他《た》へ轉《てん》ずるの虞《おそ》れあり却《かへつ》て催眠《さいみん》の妨《さまた》げとなるものなり之《こ》れ又注意《またちうい》すべきことなり又被術者《またひじゆつしや》も催眠術《さいみんじゆつ》によりて己《おの》れの病氣或《びやうきあるひ》は惡癖《あくへき》を治《なほ》して貰《もら》はんとて施術《しじゆつ》を乞《こ》ひたるもの故《ゆゑ》、自分《じぶん》は之《こ》れを直《なほ》して貰《もら》はざれば如何《いか》なる事情《じやう》あるも否死《いなし》すとも止《や》まずとの一大決心《だいけつしん》を以《もつ》て施術《しじゆつ》を受《う》くるを要《えう》す、最早施術《もはやしじゆつ》に着手《ちやくしゆ》して一時間《じかん》を經《へ》たるも未《いま》だ催眠《さいみん》せざる故己《ゆゑおの》れは催眠術《さいみんじゆつ》にかゝらぬ性質《せいしつ》なりとか、或《あるひ》は此被術《このひじゆつ》者《しや》は眠《ねむ》らぬ駄目《だめ》だなぞと思惟《しゐ》して被術者又《ひじゆつしやまた》は施術者中何《しじゆつしやちういづ》れにても之《これ》を中止《ちうし》する如《ごと》き輕忽《けいこつ》のことなきを要《えう》す果《はた》して然《しか》れば萬人《にん》が萬人《にん》悉《ことごと》く催眠《さいみん》せしむることを得《う》べし。

△千里眼の練習

睡遊者《すゐいうしや》若《も》し黑暗《くろやみ》に居《を》つて何物《なにもの》も明《あき》らかに見《み》ることを得《う》るときは之《こ》れを名《な》づけて千里眼《りがん》といふ。

詳《つまびら》かに言《い》へば千里眼《りがん》とは外覺《ぐわいかく》極《きは》めて鋭敏《えいびん》となり內覺《ないかく》も亦《また》(一)他人《たにん》の思想感情《しさうかんじやう》を察知《さつち》し(二)未來《みらい》の出來事《できごと》を豫言《よげん》し(三)從來《じうらい》少《すこ》しも知《し》らざりし外國語《ぐわいこくご》を達者《たつしや》に話《はな》し(四)以上《いじやう》の三者《しや》に加《くは》へて未《いま》だ人間《にんげん》の認識《にんしき》の及《およ》ばざるべき所《ところ》と事物《じぶつ》を認識《にんしき》する等《とう》の義《ぎ》なり。

千里眼《りがん》はいかにして起《おこ》るやといふにこれには種々《しゆ〴〵》の原因《げんいん》あれども精神的暗示《せいしんてきあんじ》によつて施術者《しやじゆつしや》の知識《ちしき》と觀念《くわんねん》とが被術者《ひじゆつしや》と傳達《でんたつ》するといふことも亦其《またその》一たらず

んばあらざるなり。

△簡易催眠法

(即席催眠器應用法)

催眠術《さいみんじゆつ》を初《はじ》めて實驗《じつけん》せんと欲《ほつ》するものゝ爲《た》めに以上《いじやう》に述《の》べたる多數《たすう》の催眠法《さいみんはふ》中《ちう》の長所《ちやうしよ》を採《と》りて極簡易《ごくかんい》にして有效《いうかう》の方法《はうはふ》を左《さ》に述《の》べんとす。

(一)先《ま》づ靜《しづ》かなる薄暗《うすぐら》き室《しつ》を選《えら》みて施術室《しゆつしつ》となすこと。

(二)被術者《ひじゆつしや》をして身體《しんたい》を安樂《あんらく》に寢《ね》るなり座《ざ》するなり椅子《いす》に凭《よ》らしむるなり夜具《やぐ》に凭《よ》りかゝらしむるなり、すること但《たゞ》し顏《かほ》は窓《まど》の反對《はんたい》に向《む》けること之《こ》れは後《あと》にし即席催眠器《そくせきさいみんき》を見詰《みつ》むるとき光線《くわうせん》の工合《ぐあひ》よき故《ゆゑ》なり。

(三)被術者《ひじゆつしや》は上眼附《うはめつき》にて眺《なが》め得《う》る位置《ゐち》に眼《め》より一二尺《しやく》の距離《きより》に即席催眠器《そくせきさいみんき》が下《くだ》り居《を》る樣《やう》其《そ》の柄《と》の穴《あな》に紐《ひも》を通《とほ》して天井《てんぢやう》より吊《つ》り下《さ》げ置《お》くこと。

(四)被術者《ひじゆつしや》に催眠器《さいみんき》を見詰《みつ》めさして身體及《しんたいおよ》び節《ふし》の位置《ゐち》を定《さだ》め、其位置を保たしめ而《しか》して被術者《ひじゆつしや》に眼《め》を閉《と》ざさしめ己《おのれ》の呼吸《こきふ》を一より百迄算《までかぞ》へさせるに至《いた》らば又《ま》た一に戻《もど》りて百迄算《までさん》せしむること五分間乃至《ぶんかんないし》十分間位《ぶんかんくらゐ》なるべし。

而《しか》して被術者《ひじゆつしや》の精神安靜《せいしんあんせい》となりたるを機《き》として眼《め》を開《あ》かしめ前述《ぜんじゆつ》(三)の器《き》を見詰《みつ》めさせ施術者《しじゆつしや》は今汝《いまなんぢ》が心力《しんりよく》によりて催眠《さいみん》せしめんと下腹部《かふくぶ》に力《ちから》を入《い》れて強《つよ》く心力《しんりよく》を集注《しふちう》するなり此心力《このしんりよく》が集注《しふちう》の度《ど》の強弱《きやうじやく》と催眠《さいみん》の深淺《しんせん》は大關係《だいくわんけい》あるを以《もつ》て施術中《しじゆつちう》は終始此心力集注《しうしこのしんりよくしふちう》を要《えう》す。

(三)の方法《はうはふ》による即席催眠器《そくせきさいみんき》を釣《つる》すに代《か》へて其器《そのき》の柄《え》を採《と》りて之《これ》を支《さゝ》へ被術《ひじゆつ》者《しや》に見詰《みつ》めさするもよく。

此場合《このはあひ》には被術者《ひじゆつしや》の精神恍惚《せいしんくわうこつ》となりたるを見濟《みすま》し催眠器《さいみんき》を直徑《ちよくけい》二寸位《すんくらゐ》に靜《しつ》かに徐々《じよ〳〵》と一二回《くわい》位《くらゐ》圓形《ゑんけい》を形《かた》ち造《づく》るべし、又其《またそ》の器《き》を眼《め》に近《ちか》づけ或《あるひ》は遠《とほ》ざくることを二三回《くわい》なすべし然《し》ると眼球《がんきう》は其《そ》の器《き》に伴《ともな》ふて動《うご》くものなり、然《しか》し催眠器《さいみんき》を漸々《だん〳〵》徐々《じよ〳〵》と被術者《ひじゆつしや》の胸部《きようぶ》へ近《ちか》づくれば被術者《ひじゆつしや》の眼瞼《まぶた》は漸々《だん〳〵》下《さ》がりて終《つひ》には全《まつた》く閉目《へいもく》す、或《あるひ》は今僅《いまわづ》かにて閉目《へいもく》せんとする所《ところ》とて止《とゞ》まりたるものは術者《じゆつしや》の手《て》にて靜《しづ》かに眼《め》を閉《とざ》さしてやるか、さなくば施術者《しじゆつしや》は「眼《め》を閉《と》ぢて眠《ねむ》る」と云《い》ふなり。

（五）前項前段《ぜんかうぜんだん》の凝視《ぎようし》を五分乃至《ふんないし》十分時間位《ふんじかんぐらゐ》續《つゞ》くると被術者《ひじゆつしや》の眼球《がんきう》潤《うるほ》ひ次《つい》て涙《なみだ》流《なが》る、此時《このとき》「眼《め》を閉《と》ぢて眠《ねむ》る」……「大層《たいそう》からだが疲《つい》れた」「モー眠《ねむ》くて堪《た》まらない」と云《い》ひつゝ頭上《づじやう》より腰部《えうぶ》に至《いた》る迄《まで》施術者《しじゆつしや》の兩《りやう》の掌《てのひら》を被術者《ひじゆつしや》の身《み》に觸《ふ》れざるやうに近《ちか》づけて、撫《な》で下《さ》げ腰《こし》の處《ところ》に至《いた》らばその手《て》を左右《さいう》に及《およ》ぶだけ開《ひら》きて手《て》の甲《かふ》を被術者《ひじゆつしや》に向《む》けて頭上《づじやう》に擧《あ》げ又撫《またな》で下《さ》ぐること前《まへ》の如《ごと》く十數回《すうくわい》に及《およ》べば既《すで》に催眠《さいみん》するものなり、此時施術者《このときしじゆつしや》は「モー眠《ねむ》つた」「尚《なほ》一層深《そうふか》く眠《ねむ》る」と云《い》ひつゝ被術者《ひじゆつしや》の前額《ぜんがく》と後頭部《こうとうぶ》とを輕《かる》く壓《お》す事《こと》二三回《くわい》にして施術者《しじゆつしや》の手掌《てのひら》を被術者《ひじゆつしや》の額上《ひたへうへ》に置《お》き一層強《そうつよ》く心力《しんりよく》を集注《しふちう》して、而《しか》して

「最《も》う眠《ねむ》りし故《ゆゑ》眼瞼《まぶた》は重《おも》くて開《ひら》けない、如何《いか》に開《ひら》かんとするも開《ひら》くことは出來《でき》ない」と云《い》へばその通《とほ》りとなる若《も》し此時《このとき》被術者《ひじゆつしや》眼《め》を自由《じいう》に開《ひら》きたれば未《いま》だ催眠《さいみん》せざるものなるを以《もつ》て再《ふた》び催眠器《さいみんき》を凝視《ぎようし》せしむること前述《ぜんじゆつ》の如《ごと》くし閉目《へいもく》さして被術者《ひじゆつしや》の兩眼《りやうがん》を施術者《しじゆつしや》の兩《りやう》の拇指《おやゆび》の腹《はら》にて輕壓《けいあつ》するなり。

然《しか》れば今度《こんど》は被術者《ひじゆつしやみづか》自ら眼《め》を開《ひら》くことを得《え》ざるやうになる、然《しか》るに「眼《め》が明《あ》くことが出來《でき》ない樣《やう》に足《あし》も手《て》も自分《じぶん》で動《うご》かすことは出來《でき》ない、其《そ》の手《て》は擧《あが》らないから自分《じぶん》で擧《あ》げて御覽《ごらん》」と云《い》へば眞《しん》に其《そ》の通《とほ》り擧《あ》がらざるものなり。

【六】前項《ぜんかう》の催眠程度《さいみんていど》にて幻覺錯覺《げんかくさくかく》の暗示《あんじ》に感應《かんおう》すること充分《じうぶん》なりと雖《いへど》も研究《けんきう》上尙《じやうなほ》一層深《そうふか》く催眠《さいみん》を進《すゝ》ましめんと欲《ほつ》せば前述《ぜんじゆつ》の頭部《とうぶ》の輕壓《けいあつ》、眼球《がんきう》の輕壓《けいあつ》及《およ》び撫《な》で下《さ》ぐること「尙深《なほふか》く眠《ねむ》る」との暗示《あんじ》を重《かさ》ぬれば重《かさ》ぬる程深《ほどふか》く催眠《さいみん》するものなり尙其《なほそ》れにても思《おも》ふ樣深《やうふか》く催眠《さいみん》せざるときは「あなたの眼《め》は明《あ》けるやうになつた、眼《め》を明《あ》いても醒《さ》めてはいかぬ、眼《め》を開《あ》いて此器《これ》を見《み》ると一層《そう》深《ふか》く眠《ねむ》れる」と云《い》ひて眼《め》を開《あ》かしめ再《ふた》び催眠器《さいみんき》を見詰《みつ》めさすること約《やく》二分《ふん》乃至《ないし》五分間《ふんかん》（此時《このとき》は催眠器《さいみんき》の代《かは》りに強《つよ》き燈光《とうくわう》を見詰《みつ》めさするもよし）にして「眼《め》を閉《と》ぢて深《ふか》く眠《ねむ》る」と云《い》ひて眼《め》を閉《とず》さしめ前述《ぜんじゆつ》の撫《な》で下《さ》ぐる方《はう》法《はふ》を重《かさ》ぬれば重《かさ》ぬる程深《ほどふか》く催眠《さいみん》するものなり。

△男女運命豫知術

○金儲《かねまうけ》の成否《せいひ》を豫知《よち》する法《はふ》
○米株相場《こめかぶさうば》の高低《かうてい》を前知《ぜんち》する法《はふ》
○配偶者《はいぐうしや》の選定方《せんていかた》
○如何《いか》なる男女《だんぢよ》に縁《えん》あるかを豫知《よち》する法《はふ》
○目的《もくてき》の成否《せいひ》を豫知《よち》する法《はふ》

○女《をんな》の心中《しんちう》を知《し》る法《はふ》

○吉凶《きつきやう》を前知《ぜんち》する法《はふ》

これ等《とう》の男女《をんぢよ》の運命《うんめい》を豫知《よち》するには尤《もつと》も學理的《がくりてき》にして實驗上《じつけんじやう》確效《かくかう》あるプランセット術《じゆつ》によるものとす

プランセットは米國《べいこく》に於《おい》て西暦《せいれき》一千八百六十年《ねん》に創見《さうけん》せられたるものにて幅《はゞ》五寸長《すんなが》さ六寸厚《すんあつ》さ二分《ぶ》五厘《りん》の板《いた》を堅牢《けんろう》なる質《しつ》の木《き》にて心臓形《しんざうがた》に造《つく》りその一端《たん》に鉛《えん》筆《ぴつ》を挿入《さつにふ》する穴《あな》ありその穴《あな》に金屬製《きんぞくせい》のバネ附《つ》き居《を》りて鉛筆《えんぴつ》を適度《てきど》の位置《ゐち》に留《と》め得《う》る裝置《さうち》あり、板《いた》の一方《はう》には眞鍮《しんちう》の足《あし》に木製《もくせい》の車輪《しやりん》を附《ふ》したる者《もの》を二個《こ》附着《ふちやく》しあり

此《こ》の具《ぐ》の構造中最《かうざうちうもつと》も注意《ちうい》すべきは板《いた》は堅牢《けんろう》の質《しつ》にてクルーことなきものならざるべからず

木製軍輪《もくせいしやりん》附き眞鍮《しんちう》の足《あし》は至《し》極徴妙《ごくびめう》の働《はたら》きをなすやう造《つく》りあらざるべからず

○ブランセット使用法《しようはふ》

米國《べいこく》にては紳士《しんし》淑女《しゆくぢよ》を以《もつ》て任《にん》ずる者《もの》の家庭《かてい》には大概《たいがい》之《これ》を具《そな》へ我東京《わがとうきやう》に於《おい》ても之《これ》を所持《しよぢ》せるもの少《なく》なからず、娯樂《ごらく》と慰安《ゐあん》、或《あるひ》は運命豫知《うんめいよち》の具《うつは》は供《きよう》せりブラレセツトが最《もつと》もよく活動《くわつどう》し明示《めいじ》する場合《ばあひ》は金《かね》と女《をんな》とに關《くわん》して運命《うんめい》を尋《たづ》ぬるときなり

○よくあたる金《かね》と女《をんな》のことの豫知《よち》

之《こ》れは抑《そもそ》も何故《なにゆゑ》なるや世人《せじん》の多《おほ》く心《こゝろ》を痛《いた》むるは金《かね》と女《をんな》とにある故《ゆゑ》其《そ》れに就《つい》ての運命《うんめい》を豫言《よげん》し注意《ちうい》を與《あた》へ無限《むげん》の快樂《くわいらく》と希望《きばう》とを得《え》せしめんとするにあるか將又《はたまた》ブランセットに尋《たづ》ねんとする者《もの》が金《かね》と女《をんな》との事《こと》に關《くわん》しては眞《しん》に熱心《ねつしん》なる故《ゆゑ》なるか否《いな》やは知《し》らざるも從來《じうらい》試《こゝろ》みる處《ところ》によればブランセットがよく活動《くわつどう》し明示《めいじ》したる場合《ばあひ》の多《おほ》くは金《かね》と女《をんな》（女《をんな》に對《たい》しては男《をとこ》）とに關《くわん》する場合《ばあひ》なり例《たと》へば僕《ぼく》が後來《こうらい》配《はい》する妻《つま》（或《あるひ》に本夫《ほんぷ》）は美《び》なるや醜《しう》なるや賢《けん》なるや愚《ぐ》なるや身心《しん〱》の健否《けんぴ》持參金《じさんきん》の有無《うむ》立《とう》を尋《たづ》ぬると最《もつと》もよく明示《めいじ》するものなり、又《また》僕《はく》は農醫職工船員官吏記者《のういしよくこうせんゐんくわんりきしや》

俳優等《はいゆうとう》の中何《うちなに》をなさば金《かね》に不足《ふそく》せざるやと問《と》ふと最《もつと》も其人《そのひと》の性格《せいかく》を適《てき》し眞《しん》に金持《もち》となるものを豫言《よげん》す

○眞《しん》に金持《かねもち》となる事《こと》を豫言《よげん》す

之等《これら》の豫言《よげん》に關《くわん》しては比較的適中《ひかくてきてきちう》するも其他《そのた》のものに關《くわん》しては隨分當《ずゐぶんあた》らざる者等《とう》ありき、又時《またとき》に答《こたへ》の意味不明《いみふめい》なることあり殊《こと》に金《かね》と女《をんな》とより外《ほか》の事《こと》に就《つい》てはプランセツトの答《こたへ》活潑《くわつはつ》ならず之《こ》れは何故《なにゆゑ》なるかに就《つい》ては大《おほい》に目下研究中《もくかけんきうちう》なりそは扱置《さてお》き之《こ》れが使用法《しようはふ》は厚《あつ》き滑《なめら》かなる紙《かみ》（光澤紙《くわうたくし》七八十斤《きん》の者即《ものすなは》ち寫眞銅版《しやしんどうはん》を印刷《いんさつ》するによく用《もち》ゆる紙《かみ》を一尺五寸四方位《しやくすんはうくらゐ》に切《き》り）を滑《なめら》かな平面《へいめん》の机上《きじやう》に載《の》せ其四隅《そのよすみ》をガビヨウにて止《と》め置《お》きプランセツトの前方《ぜんはう》の小穴《こあな》に鉛筆《えんぴつ》を挿入《さうにふ》し車《くるま》附足《つきあし》と同一《どう》の長《なが》さに止《と》め前記《ぜんき》の紙《かみ》の上《うへ》に載《の》せ而《しか》して板《いた》の上《うへ》に輕《かる》く手《て》を當《あ》てゝ或《あるひ》は心《こゝろ》にて問《と》ひ成《な》るべく無念無想《むねんむさう》となり我《わ》れなく他人《たにん》なく此世《このよ》も天地《てんち》も何《なに》もなき者《もの》の如《ごと》き心的狀態《しんてきじやうたい》となり居《を》ると二三分乃至《ぶんないし》二十分時《ぶんじ》の後《のち》に動《うご》き初《はじ》め鉛筆《えんぴつ》によりて字或《じあるひ》は書《ゑ》を書《か》き又《また》は方向《はうかう》を指《さ》す然《しか》ればそれによりて判断《はんだん》するなり其字或《そのにあるひ》は書《ゑ》を書《か》き又《また》は方向《はうかう》を指《さ》す然《しか》ればそれによつて判断《はんだん》するなり其字或《そのじあるひ》は書《ゑ》又《また》は方向《はうこう》を示《しめ》すことは明瞭《めいりやう》なることあり不明瞭《ふめいりやう》なることあり若《も》しプランセツトが甘《うま》く動《うご》かざるときはプランセツトの車《くるま》へ油《あぶら》をさすとよし

〇使用《しよう》につきての注意《ちうい》

その注意事項《ちういじこう》に違反《ゐはん》すると面白《おもしろ》き結果《けつくわ》を望《のぞ》むも得《え》られずよく其《そ》の注意事項《ちういじこう》を遵守《じゆんしゆ》すほどプランセツトはよく活動《くわつどう》するものなり注意事項《ちういじこう》も何《なん》にも知《し》らずしてよく活動《くわつどう》せしむるものは其《そ》の人《ひと》の天性《てんせい》が注意事項《ちういじこう》に不知不識《しらずしらず》合致《がふち》し居《を》る故《ゆゑ》なり注意事項《ちういじこう》は主観的《しゆくわんてき》と云《い》へば實驗者《じんけんしや》の精神《せいしん》をしてプランセツトの活動《くわつどう》する原理《げんり》に合《がつ》する状態《じやうたい》とするにあり、客観的《かくくわんてき》に其《そ》の要點《えうてん》を擧《あ》ぐれば左《さ》の如《ごと》し

一、プランセツトを見《み》てかゝる簡單《かんたん》な者《もの》で運命《うんめい》を豫知《よち》することは疑《うたが》はしと胸《きやう》中《ちう》に思《おも》ひ浮《うか》びたる者《もの》は活動《くわつどう》せしむる資格《しかく》なき者《もの》なる事《こと》

二、プランセットを使用《しよう》する者《もの》は熱心《ねつしん》なるもプランセットを侮《あなど》る者《もの》の居《を》る室《しつ》にてはプランセットは充分《じうぶん》に働《はたら》かざるものなる事《こと》

三、手《て》をプランセットに當《あ》て居《を》るときは腕臀膝《うでしりひざ》或《あるひ》は足《あし》を机《つくえ》に密接《みつせつ》せしめざる事《こと》

四、プランゼットに手《て》を當《あ》て居《を》る間《あひだ》は心《こころ》を冷靜《れいせい》にし勉《つと》めて無念無想《むねんむさう》とする事《こと》

五、プランセットに手《て》を當《あ》て居《を》る時間《じかん》は十分時《ぶんじ》間以上《かんいじやう》三十分間位《ぶんかんくらゐ》なる事《こと》

六、プランセットが甘《うま》く働《うご》かざるときは使用者《しようしや》の誠心《せいしん》が足《た》らざるものと覺悟《かくご》し益々《ますく》誠意《せいい》を以《もつ》てする事《こと》

七、然《し》からざるも尚働《はたら》かざるとき日《ひ》と時《とき》とを代《か》へて又試《またこころ》むべき事《こと》

八、プランセットを終《をは》りたるときは綿布にてよく拭《ぬぐ》ひ日光《につくわう》の當《あた》らざる冷《すゞ》しき室《しつ》に安置《あんち》すべき事《こと》

○實驗《じつけん》の例證《れいしよう》

△米相場《こめさうば》の高低《かうてい》を前知《ぜんち》する法《はふ》は聞《きか》かんと欲《ほつ》する未來《みらい》の日《ひ》を臺紙《だいし》の兩端《りやうたん》に二通《とほ》り記《しる》し置《お》くなり例《たと》へば今日《こんにち》十七日《にち》より三十日迄《にちまで》に於《お》ける日々《ひゞ》の高低《かうてい》を占《うらな》はんとするときは臺紙《だいし》の右方《みぎかた》と左方《ひだりがた》の兩端《りやうたん》に十七より三十迄《まで》に數字《すうじ》を各々《〳〵》一字宛《じづゝ》記《しる》し置《お》き、其中央《そのちうわう》にプランセットを置《お》きプランセットさへ臺紙《だいし》に記《しる》した日《ひ》の米《こめ》又《また》は株《かぶ》の相場《さうば》が高《たか》きときは右方《みぎがた》に低《ひく》きときは左方《ひだりがた》に記《しる》したる日《ひ》を指《さ》して下《くだ》さいと云《い》ひて男《をとこ》と女《をんな》とにて手《て》を當《あ》て居《を》れば字《じ》を書《か》ひて示《しめ》すこと稀《まれ》にはあるも右《みぎ》の日《ひ》か左《ひだり》の日《ひ》かを線《せん》を以《もつ》て指《さ》し、其高低《そのかうてい》を示《しめ》すを常《つね》とす、

△如何《いか》にせば目的《もくてき》を遂《たつ》するを得《う》るかを尋《たづ》ねんには先《ま》づ其目的《そのもくてき》に基《もとづ》きて己《おの》れの力《ちから》にて成《な》し得《う》る目的到達法《もくてきたうたつはふ》を臺紙《だいし》に記《しる》し置《お》くなり例《たと》へば早《はや》く獨立《どくりつ》して生計《せいけい》を立《た》てんには如何《いか》にして可《か》なるか、學問《がくもん》によりて立《た》てんなれば文官《ぶんくわん》、武官《ぶくわん》、醫師《いし》、辯《べん》護士《ごし》、の中何《うちいづ》れによらんかなれば其《そ》の四者《しや》を臺紙《だいし》に記《しる》し置《お》くなり又商法《またしやうはふ》によりて身《み》を立《た》てんなれば呉服商《ごふくしやう》、洋服商《やうふくしやう》、電氣商《でんきしやう》、繪畫商《くわいぐわしやう》の中何《うちいづ》れがよきかを聞《き》

かんにはその四個《こ》の語を臺紙《だいし》に記《しる》し置《お》くなり、又《また》女中《ぢよちう》奉公《ほうこう》女教師《をんなけうし》編物《あみもの》造花《ざうくわ》女記《をんなき》者《しや》の中《うち》何《いづ》れかによりて身《み》を立《た》てれば立身《りつしん》するかを占《うらな》はんとする場合《ばあひ》はそれぞれを臺紙《だいし》に記《しる》し置《お》き而《しか》してプランセットに尋《たづ》ぬるなり然《しか》ればプランセットは遠慮《ゑんりよ》なく其人《そのひと》の適《てき》する方法《はうはふ》を明示《めいし》す

○精神感傳術

△萬里を距て父母親戚の一身上の變動を知る法

△數里離れて居り甲の思ふ所を乙に通ずる法

前萬朝《ぜんまんてう》に下《し》の如《ごと》き記事《きじ》あり曰《いは》く「テレパシー」即《すなは》ち精神感應術《せいしんかんおうじゆつ》は漸《やうや》く進歩《しんぽ》して近《ちか》き將來《しやうらい》に於《おい》ては無《む》線電信《せんでんしん》や無《む》線電話《せんでんわ》は不用《ぶよう》に歸《き》し人間《にんげん》は唯《た》だその精神《せいしん》に依《よつ》て思《し》想《さう》を他《た》に傳《つた》へるやうになることは不可能《ふかのう》ではないと思《おも》はれるやうになつて來《き》た

現《げん》に和蘭《おらんだ》のザンチッヒといふ人《ひと》の夫人《ふじん》は子供《こども》の時《とき》から夫《をっと》と同棲《どうせい》して居《ゐ》たので實《じつ》では夫《をっと》が或事《あること》を思《おも》ふと同時《どうじ》にその心《こゝろ》を知《し》ることが出來《でき》るさうだ、此頃英米《このころえいべい》で之《これ》を實驗《じつけん》したが極《きは》めて良好《りやうこう》の結果《けつくわ》であつたといふことである。これは劇場《げきぢやう》で行《おこな》つたので夫人《ふじん》は舞臺《ぶたい》に立《た》つて白墨《はくはく》を以《もつ》て石板《せきはん》に對《たい》し夫《をつと》ザンチッヒ氏《し》は觀客席《かんきやくせき》を廻《まは》つて客《きやく》から何《なん》でも構《かま》はず品物《しなもの》を出《だ》して貰《もら》ひ暫《しばら》く之《これ》を見詰《みつみ》ると同時《どうじ》に夫人《ふじん》はその物《もの》の名《な》を石板《せきはん》に書《か》くのである、銀行手《ぎんかうて》形《がた》の番號《はんがう》などでも夫《をつと》がたゞ之《これ》を見詰《みつ》めれば夫人《じん》は誤《あやま》らずその番號《はんがう》を書《か》くといふことで勿論《もちろん》ザンチッヒ氏《し》は夫人《ふじん》の方《はう》を向《むか》いては居《ゐ》ない又品物《またしなもの》も見《み》えないのである或時《あるとき》などは或人《あるひと》が兩人《りやうにん》を自宅《じたく》へ招待《せうたい》して夫人《ふじん》は階下《かいか》の室《しつ》に居《を》らしめザンチッヒ氏《し》を伴《ともな》つて階上《かいじやう》の一室《しつ》に入《い》り勞働者《らうどうしや》の肖《せう》像《ざう》を氏《し》に示《しめ》した然《しか》るに階下《かいか》の室《しつ》に居《ゐ》る夫人《ふじん》はそれと同時《どうじ》に「人《ひと》の肖像《せうぞう》」と叫《さけ》んだといふ程《ほど》で勿論鏡《もちろんかゞみ》や電氣《でんき》などを用《もち》ふるのでは決《けつ》してない更《さら》に驚《おどろ》くべき例《れい》がある米國《べいこく》のアンドリユー、マツマンールといふ人《ひと》は或婦人《あるふじん》と頻《しきり》に此精神感應術《このせいしんかんおうじゆつ》を練《れん》習《しゆ》した結果《けつくわ》今《いま》では其婦人《そのふじん》が千二百哩《まいる》の遠地《えんち》にあつても其心《そのこゝろ》を通《つう》ずることが出來《でき》ると聲言《せいげん》して居《ゐ》る若《も》し事實《じじつ》であるとすれば重寶《ちやうほう》な事《こと》である

催眠術《さいみんじゆつ》の現象《げんしやう》を説明《せつめい》するに心理學上《しんりがくじやう》より説明《せつめい》するを最《もつと》も進歩《しんぽ》したる學説《がくせつ》とす、然《しか》れども全《まつた》く心理學《しんりがく》のみによりては今日《こんにち》の處説《しよせつ》も得《え》ざる現象《げんしやう》あることは確《たしか》なり或《あ》る學者《がくしや》は心理學上《しんりがくじやう》より説明《せつめい》し得《え》ざる現象《げんしやう》は虛僞《きよぎ》を流布《るふ》するものなりとのみ速《そく》斷《だん》して顧《かへり》みざるもそは未《いま》だ研究《けんきう》の屆《とゞ》かざることを自白《じはく》したるものと見做《みな》して可《か》なりと信《しん》ず然《しか》ればとて催眠術《さいみんじゆつ》の現象《げんしやう》を哲學《てつがく》にのみよりて科學的《くわがくてき》に證明《しようめい》し得《え》らる點迄《てんまで》も排斥《はいせき》せんとするは余《よ》の又《また》採《と》らざる所《ところ》なり

前記《ぜんき》の精神感傳《せいしんかんでん》の現象《げんしやう》は偶然《ぐうぜん》による暗合《あんがふ》の場合《ばあひ》もあらん而《しか》し悉《ことごと》く偶然《ぐうぜん》の暗合《あんごふ》とのみ云《い》ひ難《がた》き所《ところ》あり宜《よろ》しく學者《がくしや》の實驗《じつけん》を希望《きばう》する所《ところ》なり人《ひと》を振《ふ》り向《む》けさせんと欲《ほつ》せば其後《そのうしろ》に立《た》ちて振《ふ》り向《む》けて心中《しんちう》に思《おも》ふて熱心《ねつしん》に其事《そのこと》にのみ心力《しんりよく》を凝《こ》むれば其通《そのとほ》りとなり或《あるひ》は某氏《ぼうし》余《よ》の宅《たく》へ來《きた》れ或《あるひ》は來《きた》りたる某氏《ぼうし》歸宅《きたく》せよと熱心《ねつしん》に思念《しねん》

せば其通《そのとほ》りに感應《かんおう》する者《もの》なり之等《これら》、實驗成功《じつけんせいかう》せば順次面倒《じゆんじめんどう》なる實驗《じつけん》をなすなり凡《およ》そ暗示《あんじ》を感應《かんおう》せしむるには思想《しさう》を發表《はつぺう》する所《ところ》の形式《けいしき》によるを常《つね》とす例《たと》へば斯《か》く思《おも》ふべしとの意《い》を通《つう》ずる方式《はうしき》なる言語《げんご》とか身振《みぶり》とか手紙《てがみ》とか電話《でんわ》とかによらざればならざるを普通《ふつう》とす而《しか》し精神的暗示《せいしんてきあんじ》と云《い》ふて心《こころ》に思《おも》ふた丈《だけ》にて未《いま》だ外部《ぐわいぶ》に何等《なんら》の表出《へうしゆつ》をせざるに相手方《あひてかた》に對《たい》して意《い》が通《つう》ずるとの説《せつ》を專《もつぱ》ら泰西《たいせい》にて主張《しゆちやう》する者《もの》なり、

精神感傳《せいしんかんでん》の現象《げんせう》も之《こ》れと同《どう》一理由《りいう》に基《もとづ》くならん

○天眼通術

△遠方のことを一室に居り乍ら實地其場にある如くよく知る法

此《こ》の現象《げんしやう》を學理《がくり》上《じやう》より説明《せつめい》することは頗《すこぶ》る困難《こんなん》なり而《しか》し事實《じじつ》出來《でき》ると云《い》ふことを

は爭《あらそ》はれざる所《ところ》なり彼《かれ》エッキス光線《くわうせん》の如《ごと》きも或度《あるど》迄《まで》は學理《がくり》にて説明《せつめい》するを得《う》るも未《いま》だ盡《つく》さゞる所《ところ》ありと云《い》ふ而《しか》しエッキス光線《くわうせん》の奇《き》なる働《はたら》きたる不透明物《ふとうめいぶつ》を透《とう》視《し》し得《う》る事實《じじつ》は爭《あらそ》ふべからざるなり催眠術《さいみんじゆつ》上《じやう》天眼通《てんがんつう》の原理《げんり》も之《こ》れと同《どう》一なり而《しか》し此《この》現象《げんしやう》を説明《せつめい》するは哲學《てつがく》を以《もつ》てするものあり曰《いは》く個人《こじん》の精神《せいしん》と宇宙《うちう》の精神《せいしん》との合致《がふち》による個《こ》人《じん》の精神《せいしん》が無念《むねん》無想《むさう》の極《きよく》となれば宇宙《うちう》の精神《せいしん》と同《どう》一となる然《しか》れば過去《くわこ》現在《げんざい》未來《みらい》も何《なに》もなくなる即《すなは》ち場《ば》所《しよ》の制限《せいげん》もなくなり萬里《はんり》の遠方《ゑんはう》も此處《ここ》も同體《どうたい》の現象《げんしやう》となる從《したが》つて明《あきら》かとなるや當然《たうぜん》なりと云《い》ふにあり又心理《またしんり》學《がく》上《じやう》より此《この》現象《げんしやう》を説明《せつめい》する者《もの》は曾《かつ》て米國《べいこく》狐狗狸《こくり》の原理《げんり》の如《ごと》く多重人格《たじうじんかく》の理《り》によりて説明《せつめい》せらる

△實驗例《じつけんれい》

先《ま》づ被術者《ひじゆつしや》をして椅子《いす》に凭《よ》らしめ閉目《へいもく》させ筋肉《きんにく》の各部《かくぶ》の力《ちから》を全《まつた》く抜《ぬ》かしめ、催《さい》眠術《みんじゆつ》は充分安心《じうぶんあんしん》す可《べ》きものなること及び沈着《ちんちやく》すべき注意《ちうい》事《じ》項《こう》を術《の》べ頭部《たうぶ》を輕《かる》く摩《な》で暫《しはら》く心意《しんい》の平穏《へいおん》なるを窺《うかゞ》へり然《しか》して又活目《またくわつもく》させ今《いま》より催眠術《さいみんじゆつ》をなす可《べ》きを術《の》べ距離《きより》二尺《しやう》を隔《へだ》て、懐中時計《くわいちうとけい》の中央點《ちうわうてん》を凝視《こし》さすること二分時《ぶんじ》にして更《さら》に閉《へい》目《もく》させ力《ちから》なき深呼吸《しんこきう》をなさしむ且《か》つ其數《そのすう》を數《かぞ》へしめ漸次《ぜんじ》君《きみ》はだん〳〵眠《ねむ》くなります君《きみ》はだん〳〵よい心地《こゝち》に成《なつ》て來《き》ましたもう眠《ねむ》りますもう眠《ねむ》つたと暗示《あんじ》を與《あた》へしに被術者《ひじゆつしや》は最初《さいしよ》より約《やく》八分時《ぶんじ》にして全《まつた》く深《ふか》き催眠状態《さいみんじやうたい》と成《な》れりかくして術《じゆつ》者《しや》は暗示《あんじ》を以《もつ》て被術者《ひじゆつしや》の故郷《こきやう》へ睡遊《すゐいう》せしむ此《こ》の時術者《ときじゆつしや》は被術者《ひじゆつしや》に向《むか》て「君《きみ》は今《いま》列車《れつしや》に乘《の》つて故郷《こきやう》に到《いた》る」と暗示《あんじ》せしに全《まつた》く列車内《れつしやない》に在《あ》ると思惟《しい》し車内《しやない》の光景《くわうけい》又《また》は快走《くわいそう》する列車《れつしや》の妙味《めうみ》偕《さ》ては停車場《ていしやは》に到着《たうちやく》せる樣毫《やうかう》も實際《じつさい》の言語動作《げんごどうさ》と異《ことな》らざりき

間《ま》もなく術者《じゆつしや》は「君《きみ》は今故郷《いまこきやう》へ着《つ》いた」と暗示《あんじ》せしに早《は》や全《まつた》く郷里《きやうり》の人《ひと》となり父《ちゝ》に逢《あ》ひ母《はゝ》に語《かた》り知己《ちき》朋友《ほういう》と相合《あひがふ》せる樣殆《やうほと》んど實際《じつさい》と異《こと》ならず種々《しゆ〴〵》なる幻覺《げんかく》をなして後去《のちさつ》て東京《とうきやう》に歸《かへ》る

△火渡の法

此火渡《このひわたり》なるものは神佛《しんぶつ》の靈顯《れいげん》にあらずして物理上《ぶつりじやう》及《およ》び心理上《しんりじやう》の現象《げんしやう》なることを信《しん》ずるものなり即《すなは》ち修驗者《しゆげんしや》は斯《か》くせば火傷《くわせう》することなくして無事《ぶじ》に渡《わた》ることを得《う》との確信《かくしん》固《かた》くして動《うご》かざるが故《ゆゑ》に其結果《そのけつくわ》を得《う》るなり蓋《けだ》し其靈顯《そのれいげん》を疑《うたが》はゞ火傷《くわせう》すと云《い》ふは即《すなは》ち精神《せいしん》の作用《さよう》たる豫期《よき》の結果《けつくわ》なり、物理上《ぶつりじやう》の理由《りいう》としては松《まつ》の燃《もえ》火《び》は質鬆粕《しつせうはく》として從《したがつ》て熱度《ねつど》低《ひく》く火《ひ》も消《き》へ易《やす》し今試《いまこゝろみ》に松《まつ》の炭火《たんくわ》を疊上《じやうじやう》に落《おと》すも直《すぐ》に拾《ひろ》はゞ燒痕《しやうこん》なくし却《かへ》て、火《ひ》の滅《めつ》せるを見《み》る又之《またこれ》を草履《ざうり》にて踏《ふ》まんか直《すぐ》に火《ひ》の消《きへ》るを認《みと》めん然るに足底《あしそこ》は皮膚《ひふ》厚《あつ》くして堅《かた》く神經遲鈍《しんけいちどん》なれば此感覺鈍《このかんかくにぶ》き足底《あしそこ》を以《もつ》て鬆粕《しやうはく》にして消《き》へ易《やす》き余燼《よじん》を踏《ふ》むこと故何等《ゆゑなんら》の火傷《くわせう》なき所以《ゆゑん》なり、稀《まれ》に信念《しんねん》の淺《あさ》き者《もの》火傷《くわせう》することあるは足底《あしそこ》の土踏《つちふま》ずなり之《こ》れ土踏《つちふま》ずは凹形《わうけい》をなしその皮《ひ》膚《ふ》他部《たぶ》の如《ごと》く厚《あつ》からず感覺《くわんかく》あり又他部《またたぶ》より鋭敏《えいびん》なり殊《こと》に土踏《つちふま》ずの名《な》の如《ごと》く燃火《もえび》と皮膚《ひふ》との間《あひだ》に空隙《すき》あるがため炭火《すみび》は消《き》へすして却《かへ》つて火傷《くわせう》するなりよりて土踏《つちふま》ずが割合《わりあひ》に高《たか》きものは火傷《くわせう》し土踏《つちふま》ず低《ひく》くし　足底殆《あしそこほと》んど平面《へいめん》なるものは火傷《くわせつ》せず又渡《またわた》る處《ところ》は炭火《すみび》を平坦《へいたん》とするも凹凸《わうとつ》あれば空隙《すき》を生《しやう》し足底火氣《あしそこくわき》を受《う》くることあると躓《つまづ》きて顛倒《てんたう》する患《うれひ》あればなり、而《しか》して火焔《くわもん》にて衣裳《いしやう》の燃《も》へざるを不思議《ふしぎ》と思《おも》ふものあるも焔《ほのう》の端《はじ》は輕《かる》き物《もの》を燃燒《ねんしやう》することなきを知《し》らば思《おも》ひ半《なか》ばに過《す》ぎん、

特《とく》に最《もつと》も記憶《きおく》すべきは精神《せいしん》のさ用なる彼《か》の宗教《しうけう》の信者《しんじや》寒中戸外《かんちうとぐわい》に於《おい》て冷水《れいすゐ》に浴《よく》し祈念《きねん》すること數《すう》十分時《ぶんじ》に亘《わた》り或《あるひ》は嚴冬朔風《げんとうさくふう》を衝《つ》ひて襦袢《じはん》一枚《まい》にて寒詣《かんまいり》をなし毫《がう》も風邪《ふうじや》に罹《かゝ》らず之《これ》に反《はん》して衣服《いふく》を多《た》數重《すうかさ》ね着《ぎ》をなし頭巾《づきん》を以《もつ》て頭巾顔面《づきんがんめん》を包《つゝ》み火鉢《ひばち》に暖《だん》を採《と》りつゝ寒《さむ》ひ々々と叫《さけ》び而《しか》して風邪《ふうじや》に罹《かゝ》るものあり、火渡《ひわたり》の如《ごと》きも神佛《しんぶつ》の靈顯《れいけん》により決《けつ》して火傷《くわせう》することなしと確信《かくしん》し而《しか》してその結果《けつくわ》を得《え》たる所《ところ》の精神《せいしん》の作用《さよう》が主《おも》なりと信《しん》ず

△探湯術

火渡《ひわたり》の原理《げんり》と同一《どう》である。

△狐遣術

要《えう》するに狐《きつね》に取附《とりつ》かれたりと云《い》ふ現象《げんしやう》即《すなは》ち狐憑《きつねつき》は醫學上《いがくじやう》は精神病《せいしんびやう》にして心《しん》理學上《りがくじやう》より見《み》れば人格《じんかく》の變換《へんくわん》なり普通《ふつう》の人格《じんかく》が狐《きつね》と自信《じしん》する人格《じんかく》に變化《へんくわ》したるなり狐《きつね》に化《は》かされたりと云《い》ふ現象《げんしやう》は狐《きつね》に化《は》かされたるにあらずして自分《じぶん》で惹起《ひきおこ》したる精神《せいしん》の異常《いじやう》なりいづな遣《つかひ》即《すなはち》管狐《くだぎつね》を人《ひと》の體内《たいない》に入《い》り込《こ》ませて苦《くる》しましめ又《また》は斥候《せきこう》に使《つか》ふて人《ひと》の秘密《ひみつ》を探《さぐ》ると云《い》ふは全《まつた》く根據《こんきよ》のなき無稽《むけい》の言《げん》にして狐《こ》憑病《ひようびやう》は奇怪《きくわい》の現象《げんしやう》を呈《てい》する故《ゆゑ》無《む》智《ち》なる愚《ぐ》民《みん》は狐《きつね》をたけられたりと想像《さうざう》し妄信《まうしん》し又《また》祈禱者《きたうしや》が奇《き》を衒《てら》はんが爲《た》めに虚言《きよげん》を吐《は》きたるを妄信《まうしん》せしものならん。

△剣を飲み火を掴む術の説明

此《こ》の術《じゆつ》は古來《こらい》より傳説《でんせつ》せらるゝも針小棒大《しんせうぼうだい》の説《せつ》ならん然《しか》し要《えう》するに一種《じゆ》の幻《げん》術《じゆつ》の理法《りはふ》により説明《せつめい》すれば稍《や》や了解《れうかい》せらるゝならん。（幻術《げんじゆつ》は追《お》つて發表《はつぺう》す）

△男女交際的魔術

（精神的大魔術抄錄）

男女交際《だんぢよかうさい》の關係《くわんけい》を目《もく》して魔術《まじゆつ》と云《い》ふは附會《ふくわい》も甚《はなは》だしきが如《ごと》くなるも余《よ》の考《かんが》へによれば之《これ》こそ所謂《いはゆる》理外《りぐわい》の理《り》にして眞《しん》の大魔術《だいまじゆつ》大不可思議《だいふかしぎ》のことゝ信《しん》ず、試《こゝろみ》に見《み》よ絶世《ぜつせい》の美人《びじん》が人三化七《にんはけ》の如《ごと》き醜男《ぶをとこ》に迷《まよ》ひ親《おや》を棄《す》て世《よ》を棄《す》てゝ顧《かへり》みざるを又立《またりつ》派なる門閥家《もんばつか》に生《うま》れし貞節《ていせつ》の美妻《びさい》あり、愛子《あいじ》ありながらそれを棄《す》てゝ醜《みにく》き賤女《せんぢよ》を慕《した》ひ、名譽《めいよ》も、財産《ざいさん》も、生命《せいめい》も犧牲《ぎせい》に供《きよう》するものあるは抑《そもそ》も何故《なにゆゑ》ぞや、特《とく》に之等《これら》の男女《だんぢよ》は智識學藝《ちしきがくげい》衆《しう》に超《こ》へ居《を》りながら斯《か》る理不盡《りふじん》の惡行《あくぎやう》を敢《あへ》てなし之《こ》れ程《ほど》善《よ》いことは此世《このよ》になひと思《おも》ひ居《を》るは實《じつ》に不可思議《ふかしぎ》にあらずや、馬糞《はふん》や牡丹餅《ほたもち》と思《おも》ふて喰《く》ひ木葉《このは》を紙幣《しへい》と思《おも》ふて紙入《かみいれ》に納《をさ》むると異《こと》ならざるにあらずや、之《こ》れは恰《あたか》も催眠術《さいみんじゆつ》上《じやう》に於《お》ける幻覺錯覺の現象《げんしやう》と同《どう》一なりと信《しん》ず、換言《くわんげん》すれば偶然《ぐうぜん》に妙《めう》な暗示《あんじ》が感應《かんおう》したるなり、男女間《だんぢよかん》の關係《くわんけい》は悉《ことごと》く精神作用《せいしんさよう》なり、例《たと》へば爰《こゝ》に二枚《まい》のハンケチあり其《その》一枚《まい》は美人《びじん》の賞《ほま》れ高《たか》き華族女學校生徒《くわぞくぢよがくかうせいと》某伯爵《ばうはくしやく》の姫君《ひめぎみ》の愛品《あいひん》たり君《きみ》に保管《ほくわん》を賴《たの》むと云《い》はんか、忽《たちま》ち鼻毛《はなげ》を伸《の》ばし其《その》ハンケチを持《も》ちたる丈《だけ》にて其愉快得意《そのゆくわいとくい》幾何《いくばく》ぞや、他《た》の一枚《まい》のハンケチは隣家《りんか》の醜女《しうぢよ》お鍋《なべ》の所持品《しよぢひん》なり君《きみ》に保管《ほくわん》を托《たく》すと云《い》はんか、憤然《ふんぜん》と、人《ひと》を馬鹿《はか》にするなと激怒《げきど》するならん、嗚呼《あゝ》之《こ》れ抑《そもそ》も何故《なにゆゑ》ぞや其《そ》の實《じつ》二枚《まい》のハンケチは同《どう》一物《ぶつ》にして醜女《しうぢよ》おさんの所有《しよいう》にもあらず、伯爵《はくしやく》の姫君《ひめぎみ》の所有《しよいう》にもあらず、斯《か》く云《い》ひし丈《だ》けにて一は快感《くわいかん》を得《え》他《た》は不快《ふくわい》を感《かん》じ一は喜《よろこ》び他《た》は怒《いか》ると云《い》ふに至《いた》りて精神作用《せいしんさよう》の如何《じか》に奇《き》なるかを知《し》らぬべきなり。口先《くちさき》でさい然《しか》るを若し其《そ》れが實際《じつさい》に姫君《ひめぎみ》に手《て》を握《にぎ》られし心持《こゝろもち》とお鍋《なべ》に手《て》を握《にぎ》られし心持《こゝろもち》とは如何《いかん》實《じつ》に雲泥《つんてい》の差《さ》あらん、嗚呼《あゝ》奇《き》なる哉《かな》。男女《だんぢよ》の關《くわん》係《けい》余《よ》が魔術的不可思議《まじゆつてきふかしぎ》と云《い》ふも寧《むし》ろ奇言《きげん》を弄《ろう》するものとして一概《がい》に排斥《はいせき》すべきにあらざることを首肯《しゆかう》せらるゝならんか。

人《ひと》の生涯《しやうがい》の運《うん》は往々《わう〳〵》交際《かうさい》の巧拙《かうせつ》の爲《た》めに左右《さいう》せらる　諺《ことわざ》にも人《ひと》は交際《かうさい》の動物《どうぶつ》なりと云《い》ふ、男女《だんぢよ》を問《と》はず。眞《しん》に交際《かうさい》に巧妙《かうめう》なる人《ひと》は世《よ》の所謂成功《いはゆるせいこう》を得《う》るの利《り》便多《べんおほ》きは夫《か》の顯門《けんもん》の家《いへ》に生《うま》れ金錢《きんせん》に不足《ふそく》なき人《ひと》に比《ひ》するも決《けつ》して遜色《そんしよく》なきなり交際《かうさい》の上手《じやうず》下手《へた》は天性《てんせい》によるも一意《い》に之《これ》を學《まな》ばゝ何人《なんびと》と雖《いへど》も竟《つひ》には相應《さうおう》の熟達《じゆくたつ》を得《う》べきこと恰《あたか》も習字《しふじ》に於《お》けるが如《ごと》くならん天性《てんせい》によりて進歩《しんぽ》の遲速《ちそく》は免《まぬか》れざるも人生《ひとうま》れて字《じ》を習《なら》ひしことなくして字《じ》を能《よ》くする者《もの》なきと一般《はん》にして交際法《かうさいはふ》の如《ごと》きも諸法則《しよはふそく》を心得《こゝろえ》機會《きくわい》ある毎《ごと》に之《これ》が應用《おうよう》に怠《おこた》らざれば竟《つひ》には必《かなら》ず巧妙《かうめう》の域《ゐき》に達《たつ》せん。人若《ひとも》し自己《じこ》の交際法《かうさいはふ》につき缺點《けつてん》を感得《かんとく》せば宜《よろ》しく之《こ》れが矯正《けうせい》に意《い》を用《もち》ひば必《かならず》ず理想《りさう》の域《ゐき》に達《たつ》せん、交際上《かうさいじやう》の大秘訣《だいひけつ》を次《つぎ》に摘記《てきき》して之《これ》を示《しめ》さん。

秘密《ひみつ》にして吳《く》れと言《い》はれ又秘密《またひみつ》にせざればならざることは例《たと》ひ半句《はんく》と雖《いへど》も漏《もら》すべからず他人《たにん》の書籍《しよせき》或《あるひ》は書翰等《しよかんとう》は決《けつ》して許《ゆる》しを受《う》けずして手《て》に取《と》り見《み》るべからず、他人《たにん》の感情《かんじやう》を害《がい》する言葉《ことは》は深《ふか》く注意《ちうい》して素振及《そぶりおよ》び口《くち》に出《だ》すべからず、人《ひと》の性行《せいかう》や事業《じげふ》を噂《うはさ》すべからず、他人《たにん》を不快《ふくわい》ならしむる言葉《ことは》を堅《かた》く避《さ》くべし、人格《じんかく》を卑《いや》しむる如《ごと》き言葉擧動《ことばきよどう》は堅《かた》く避《さ》くべし、親密《しんみつ》の間柄《あひだがら》と雖《いへど》も狎《な》れ過《す》ぎたる無遠慮《ぶゑんりよ》の言葉《ことは》は避《さ》くべし、他人《たにん》を非難《ひなん》すべからず、己《おのれ》を責《せ》めて人《ひと》を責《せ》めざるやうにすべし、阿諛《あゆ》に流《なが》れざる限《かぎ》りは他人《たにん》を喜《よろこ》ばしむる世辭《せじ》を用《もち》ゆべし、相手方《あひてがた》の長所美點《ちやうしよびてん》を認《みと》めて之《これ》を尊敬《そんけい》すべし、相手《あひて》が自負《じふ》する所《ところ》を認《みと》めそれを捉《とら》へて世辭《せじ》を述《の》ぶべし、如何《いか》にせば相手《あひて》を喜《よろこ》ばしむるかに注意《ちうい》して實行《じつかう》すべし、世間《せけん》にては相手方《あひてがた》を賞讃《しやうさん》する噂高《うはさたか》きことを告《つ》ぐべし。言語《げんこ》は勉《つと》めて自然的《しぜんてき》となすべし、虛榮心《きよえいしん》の雜《まじ》れる自慢噺《じまんばなし》を避《さ》くべし、談話中《だんわちう》自己《じこ》に關《くわん》することは成《な》るべく避《さ》くべし、自己《じこ》の長所《ちやうしよ》若《もし》くは短所《たんしよ》を語《かた》るを成《な》るべく避《さ》くべし、強《つよ》き斷言《だんげん》の言葉《ことば》を避《さ》くべし、勉《つと》めて謙抑《けんよく》の人《ひと》となるべし、萬事《ばんじ》に好意《かうい》を以《もつ》て慇懃《いんぎん》なるべし、已《おのれ》に向《むか》つて害《がい》をなすものと認《みと》むるも愛《あい》を以《もつ》てし決《けつ》して嫌惡《けんを》の情《じやう》を起《おこ》すべからず。相手《あひて》の家《か》族《ぞく》若《もし》くは友人《いうじん》に近況《きんきやう》を尋《たづ》ぬべし、異論者《いろんしや》の前《まへ》にては自說《じせつ》の主張《しゆちやう》を愼《つゝし》むべし、生《しやう》國《こく》や年齢等《ねんれいとう》の身元《みもと》は猥《みだり》に尋《たづ》ぬべからず、聽者《ちやうしや》の不快感《ふくわいかん》を惹起《じやくき》せるが如《ごと》き不潔《ふけつ》の談話《だんわ》は堅《かた》く避《さ》くべし、相手《あひて》が答《こた》ふるを好《この》まざることは質問《しつもん》すべからず、相手《あひて》が語《かた》らんとすることは質問《しつもん》するをよしとす、人《ひと》の顏《かほ》を餘《あま》り無遠慮《ぶゑんりよ》に凝視《ぎようし》すべからず。厚顏《こうがん》と無作法《ぶさはふ》とは堅《かた》く避《さ》くべし、高聲《かうせい》に議論《ぎろん》めきたることは避《さ》くべし、不《ふ》快《くわい》を聯想《れんさう》する如《ごと》き談話《だんわ》は一切《さい》避《さ》くべし、他人《たにん》を喜《よろこ》ばしむる爲《た》めには自我心《じがしん》を捨《す》つべし、相手方《あひてがた》に噺《はなし》あらんとせば宜敷《よろしく》默聽《もくちやう》すべし、用語《ようご》は常《つね》に簡短明瞭《かんたんめいれう》なるべし、確信《かくしん》なきことは噺《はなし》すべからず、何事《なにごと》にも忍耐《にんたい》し實意《じつい》を以《もつ》てすべし、之《こ》れ正《まさ》に交際《かうさい》の秘訣《ひけつ》なり。

色魔術《しきまじゆつ》と稱《しよう》して魔術、惡魅し男魔女魔互に魔術《まじゆつ》の競技《きやうぎ》をなす等云《とうい》ふ説《せつ》を大にす、

印度《いんど》にては主張《しゆちやう》するものある由《よし》なるも多《おほ》くは無稽《むけい》の流説《りうせつ》にして信《しん》を措《を》くに足《た》らず、然《しか》れども彼《か》の藝娼妓《げいしやうぎ》が客《きやく》を誑惑《たぶらか》して最愛《さいあい》の妻子《さいし》を棄《す》てしめ先祖《せんぞ》代々《だい〳〵》の家財《かざい》を傾《かたむ》けしむる如《こと》きは余《よ》の考《かんが》へにては眞《しん》に之《こ》れこそ現世《げんせい》に行《おこな》はれつゝある魔術《まじゆつ》と云《い》ふも穿《あな》ち誣言《ふげん》にあらずと信《しん》ずるも否《いな》か。

○寒《かん》を暑《しよ》に暑《しよ》を寒《かん》となす術《じゆつ》

○苦《く》を樂《らく》に樂《らく》を苦《く》にする術《じゆつ》

○木葉《このは》を紙幣《しへい》に見《み》せる術《じゆつ》

○動物《どうぶつ》が人間《にんげん》に見《み》ゆる術《じゆつ》

○幽靈《ゆうれい》又《また》は神佛《しんぶつ》を見《み》る術《じゆつ》

この術《じゆつ》の原理《げんり》は全《まつた》く一種《しゆ》の精神作用《せいしんさよう》に基くものである、即《すなは》ち精神《せいしん》に確信《かくしん》せる如《こと》く五官《くわん》の感覺《かんかくおよ》及び肉體《にくたい》に變化《へんくわ》を生《しやう》ずると云《い》ふ。

試《こゝろみ》に見《み》よ閉目《へいもく》して我《われ》は今金殿玉樓《いまきんでんぎよくろう》に座《ざ》して珍石奇木《ちんせきゝぼく》を以《もつ》て成《な》れる庭園《ていゑん》を眺《なが》め居《を》るものなりと心中《しんちう》に確《しか》く思《おも》ふて居《ゐ》れば身《み》は實地《じつち》その境《きやう》にあるが如《ごと》く爽快禁《さうくわいきん》ずる能《あた》はざる感《かん》をなす。之《こ》れに反《はん》して汚物累々《をぶつるゐ〳〵》なる其中《そのなか》に吾《われ》は今居《いまゐ》るなりとの觀念《くわんねん》せんか。身《み》は實際汚《じつさいを》物中《ぶつちう》にあるが如《ごと》く不快《ふくわい》に堪《た》へざるものである、催眠術《さいみんじゆつ》を應用《おうよう》し此作用《このさよう》を擴張《くわくちやう》すれば寒《かん》を以《もつ》て暑《しよ》とし暑《しよ》を以《もつ》て寒《かん》とし苦《く》を樂《らく》とし樂《らく》を苦《く》とする意《い》の儘《まゝ》なり（即《すなは》ち治病矯癖《ちびやうけうへき》）更《さら》に其作用《そのさよう》を高《たか》むれば木葉《このは》が紙幣《しへい》に見《み》へ動物《どうぶつ》が人間《にんげん》に見《み》ゆ（即《すなは》ち錯覺《さくかく》）或《あるひ》は全《まつた》く外界《ぐわいかい》に何物《なにもの》もなきに幽靈《ゆうれい》或《あるひ》は神佛《しんぶつ》を見《み》ゆるに至《いた》る（即《すなは》ち幻覺《げんかく》）ものなり此《こ》は只視《たゞし》覺《かく》に於《お》ける例《れい》を示《しめ》したるに過《す》ぎずして其他聽《そのたちやう》覺《かく》、嗅覺《しうかく》・味覺及《みかくおよ》び觸覺《しよくかく》も悉《ことごと》く視覺同樣《しかくどうやう》に變化《へんくわ》するものなり・斯《かく》の如《ごと》き精神《せいしん》作用《さよう》による變化《へんくわ》は自然《しぜん》に生《しやう》ずることがある、即《すなは》ち精神病者《せいしんびやうしや》の如《ごと》き之《こ》れなり或《あるひ》は人爲《じんゐ》によりて之《こ》れを自在《じざい》に起《おこ》す方法《はうはふ》あり即《すなは》ち催眠術之《さいみんじゆつこ》れなり。

催眠術《さいみんじゆつ》を應用《おうよう》すれば標題《へうだい》の如《ごと》き諸術《しよじゆつ》は勿論《もちろん》あらゆる不思議《ふしぎ》なる現象《げんしやう》を呈《てい》する

ものである。

△過去現在未來のことを知らす法

男女《だんぢよ》運命《うんめい》豫知術《よちじゆつ》を參照《さんしやう》せられたし。

催眠術を活用せる實驗奇例

△催眠者役者ごなつて狂言をなし
藝者となりて歌を唄ふ

（大正二年一月十九、二十、三、三、四日發行　新潟新聞）

（前略）案内《あんない》されて二階《かい》へ登《あが》つた、二階《かい》には精神研究會員《せいしんけんきうくわいゐん》で今夜《こんや》の催眠術實驗會《くわい》の幹事《かんじ》の一人《にん》なる北榮壽君《きたえいじゆくん》が居《ゐ》て「さあ此方《こちら》へ」と、座布團《ざぶとん》を持《も》つて火鉢《ひばち》の側《そば》へ座《すは》らせた、先着《せんちやく》の會衆《くわいしう》は「靜肅《せいしゆく》」と書《か》いたなげしのビラを見《み》詰《つ》めて廣《ひろ》い日本間《ほんま》の座敷《ざしき》に呼吸《いき》を呑《の》んで座《すは》り込《こ》んで居《ゐ》た、「茶《ちや》は御隨意《ごずゐい》におあがり下《くだ》さい」と書《か》いたビラも下《さが》つて居《ゐ》たけれども、神《かみ》の默示《もくじ》を受《う》けるクリスチヤン様《さま》に呼吸《いき》さへ呑《の》んで神妙《しんめう》に納《をさ》まつて居《ゐ》る、一間張《かんは》りの大《おほ》きな机《つくゑ》の上《うへ》に茶器《ちやき》が雜在無さそうに明《あか》るい電燈《でんとう》の光《ひかり》に反映《はんえい》して居《ゐ》た、森《しん》として何《なん》の音《おと》も聞《きこ》えない、（編者曰《へんしやいは》く靜肅《せいしゆく》に神々《かうぐ》しくする爲《た》めである）實驗室正面《じつけんしつしやうめん》の中央《ちうあう》が一間《ま》の床《とこ》に成《な》つて其處《そこ》には紺《こん》地《ち》の極彩色《ごくさいしき》の文珠菩薩《もんじゆぼさつ》が、白毛《しらけ》の獅子《しし》に乘《の》つて居《ゐ》る大軸《おほぢく》が掛《か》けられて五彩絢爛《さいけんらん》目覺《めざ》める樣《やう》な花籠《はなかご》がその前《まへ》に飾《かざ》られてある、つゝぢの床柱《とこばしら》を境《さかひ》に右手《めて》の違棚《ちがひだな》には幾《いく》つかの實驗《じつけん》の道具《だうぐ》や月琴《げつきん》やハモニカ等樣々《とうさまざま》な樂器《がくき》が飾《かざ》られて床《とこ》の左手《ゆんで》には大銀行家《だいぎんかうか》の書齋《しよさい》にある樣《やう》な大《おほ》きな事務用机《じむようつくゑ》が拭《ふ》き込《こ》んだ板面《はんめん》に電燈《でんとう》の光《ひかり》を輝《かゞや》かして銀《ぎん》の金具《かなぐ》がギラギラと光《ひか》つて居《ゐ》る、横手《よこて》組子《くみこ》の書棚障子《しよかしやうじ》を後《うしろ》に緋天鵞《びろうど》の椅《い》子《す》がズラリと並《なら》べられて「新聞記者席《しんぶんきしやせき》」と之《これ》もピラが下《さが》つて居《ゐ》る、實驗室中央《じつけんしつちうあう》には紅白《こうはく》の曇《くも》り硝子《がらす》に梅花《ばいくわ》の模樣《もやう》を拔《ぬ》いた丼型《どんぶりがた》の笠《かさ》が釣《つ》るされて電燈《でんとう》が隠《くゑ》もなく室《しつ》の四隅《ぐう》に麗《きらび》やかな光《ひかり》を浴《あび》せ、電燈《でんとう》の下《した》には鞣《なう》した牛皮《ぎうひ》の大《おほ》きな安樂椅子《あんらくいす》が置《お》かれてある、之《こ》れが施術椅子《しゆついす》だと北君《きたくん》が説明《せつめい》した、施術椅子《しゆついす》の横手《よこて》に深緑《しんりよく》色《しよく》のテエブル、クロオスを掛《か》けた大《おほ》きな丸《まる》テエブルがある、丸《まる》テエブルの後《うしろ》の方《はう》に寫眞屋《しやしんや》の撮影室《さつえいしつ》に在《あ》る樣《やう》な蛇腹《じやばら》の房《ふさ》を重《おも》い程《ほど》下《さ》げた椅子《いす》が配置《はいち》されてある丸《まる》テエブルの上《うへ》には新派劇《しんぱげき》の舞臺面《ぶたいめん》に飾《かざ》られる樣《やう》な玻璃《ガラス》製《せい》の水入《みづい》れとコツプとタガヤサンの硯箱《すゞりばこ》とがモツタイらしく飾《かざ》られて在《あ》る之《これ》も皆《みな》實驗《じつけん》に必要《ひつえう》な品《しな》だと北君《きたくん》は說明《せつめい》した、座敷《ざしき》の欄間《らんま》には展覽會《てんらんくわい》場《ぢやう》の樣《やう》にぐるりと金緣《きんぶち》銀緣《ぎんぶち》の洋畫《やうぐわ》の額《がく》が掛《か》け並《なら》べられてやはらかな電燈《でんとう》の光線《くわうせん》に打通《ぶつとほ》しの座敷《ざしき》は夢《ゆめ》の樣《やう》に眠《ねむ》つて居《ゐ》る靜寂《せいじやく》を破《やぶ》つて實驗室《じつけんしつ》に掛《か》けられて居《ゐ》る時計《とけい》が七時《じ》を打《う》つと間《ま》も無《な》く二人《ふたり》の靑《せい》年《ねん》が實驗椅子《じつけんいす》の前《まへ》に現《あら》はれて輕《かる》く會衆《くわいしう》に叩頭《こうとう》して「これから實驗《じつけん》を始《はじ》めます」と云《い》つた。

髮《かみ》の毛《け》を長《なが》く。左右《さいう》に分《わ》けた男《をとこ》は實驗椅子《じつけんいす》の上《うへ》へ倒《たふ》れる樣《やう》に腰《こし》を掛《か》けた。五分刈《ぶがり》の愛嬌者《あいけうもの》と云《い》つた顏《かほ》の造作《ざうさく》の男《をとこ》は其右《そのみぎ》に立《た》つた。分《わ》け髮《がみ》は被術者《ひじゆつしや》で、五分《ぶ》刈《がり》は施術者《しじゆつしや》である、施術者《しじゆつしや》は、被術者《ひじゆつしや》を最《もつと》も樂《たのしみ》とする樣《やう》に取《と》り扱《あつか》つて頭《あたま》から頤《あご》へ掛《か》けて白《しろ》い手拭《てぬぐひ》をフワリと冠《かぶ》せて「君《きみ》は非常《ひじやう》によく眠《ねむ》る」と被術者《ひじゆつしや》に囁《さゝや》いて輕《かる》く白布《しろぬの》の上《うへ》から頭《あたま》を四五回《くわい》撫《な》で下《おろ》してそれから眼《め》の邊《へん》を撫《な》せ手《て》を撫《な》せた、また「君《きみ》は非常《ひじやう》によく眠《ねむ》る」とくり返《かへ》して今度《こんど》は胸《むね》から下腹部《かふくぶ》の邊《へん》を輕《かる》く撫《な》せ廻《まは》した、恁《か》うして三分《ぷん》ばかりすると施術者《しやじゆつしや》は被術者《ひじゆつしや》の身體《しんたい》から手《て》を放《はな》して「君《きみ》は既《も》う眠《ねむ》つた非常《ひじやう》によく眠《ねむ》つた、君《きみ》はもつと深《ふか》く眠《ねむ》るもつと深《ふか》く眠《ねむ》る」と幾度《いくど》も小《ちひ》さい聲《こゑ》でくり返《かへ》し被術者《ひじゆつしや》に暗示《あんじ》して顏《かほ》に掛《か》けた白布《しろぬの》を取《と》り除《のぞ》いて「君《きみ》は非《ひ》常《じやう》によく僕《ぼく》の暗示《あんじ》に感應《かんおう》する、精神《せいしん》は爽快《さうくわい》である、君《きみ》の頭腦《づなう》は非常《ひじやう》に輕《かろ》い、君《きみ》の血液《けつえき》は非常《ひじやう》によく巡《めぐ》つて居《ゐ》る。君《きみ》の氣分《きぶん》は非常《ひじやう》に愉快《ゆくわい》である、君《きみ》は非常《ひじやう》によく僕《ぼく》の暗示《あんじ》に感應《かんおう》する」とくり返《かへ》した。

被術者《ひじゆつしや》は霞《かすみ》に醉《ゑ》ふた天使《てんし》の樣《やう》に輕《かる》く眼《め》を閉《と》ぢて頽然《たいぜん》として實驗椅子《じつけんいす》の上《うへ》に眠《ねむ》つて居《ゐ》る、此《こ》の間《あひだ》略《ほ》十分時《ぷんじ》。

△手に針を刺し貫かれたることを知らず

「御覧《ごらん》の通《とほ》り誠《まこと》によく眠《ねむ》りました、之《こ》れから極《ご》く簡單《かんたん》な實驗《じつけん》を御覧《ごらん》に入《い》れます」と云《い》つてそして「君《きみ》の手《て》は如何《いか》に下《さ》げやうとしても段々《だん／＼》上《うへ》へ上《あが》る」と暗示《あんじ》を與《あた》へて被術者《ひじゆつしや》の手《て》を上《うへ》に五六寸《すん》ばかり離《はな》れて施術者《しゆつしや》が糸《いと》を繰《く》る樣《やう》に手《て》を動《うご》かすと、催眠者《さいみんしや》の手《て》は感電《かんでん》した蛙《かへる》の足《あし》の樣《やう》にブル／＼と震動《しんどう》しながら段々《だん／＼》上《うへ》へ上《あが》つた、その手《て》が頭《あたま》より高《たか》く上《あが》つた時《とき》施術者《しゆつしや》は更《さら》に「君《きみ》の手《て》は既《も》う動《うご》かぬ木《き》の樣《やう》に堅《かた》く成《な》つた」と暗示《あんじ》を與《あた》へた、手《て》は其《そ》の通《とほ》り堅《かた》く宙《ちう》にふり上《あ》げられた儘《まゝ》動《うご》かぬ施術者《しゆつしや》はその堅《かた》くなつた手《て》を力《ちから》まかせに曲《ま》げ樣《やう》としたけれども實際《じつさい》木《き》の樣《やう》に動《うご》かうとも折《を》れやうともしなかつた。

「君《きみ》の手《て》は既《も》うやはらかに成《な》つた、平常《へいじやう》の通《とほ》り自由《じいう》になつた、君《きみ》の手《て》は段々《だん／＼》下《した》へ下《さが》る」と暗示《あんじ》した手《て》はその通《とほ》りになつた。

施術者《しゆつしや》は更《さら》に催眠者《さいみんしや》の手《て》と肩《かた》と並行《へいかう》する高《たか》さに持《も》ち上《あ》げて「君《きみ》の手《て》は非常《ひじやう》に廻《まは》る車《くるま》の如《ごと》くよく廻《まは》る」と暗示《あんじ》を與《あた》へた、催眠者《さいみんしや》の手《て》はその暗示《あんじ》の通《とほ》り大《おほ》きな圓《ゑん》を描《ゑが》いた車《くるま》の如《ごと》く廻《まは》つた。

次《つぎ》に施術者《しゆつしや》は手《て》の運動《うんどう》を中止《ちうし》させて今度《こんど》は裁縫用《さいほうよう》の針《はり》を圓《まる》テエブルの上から取《と》り上《あ》げて「此《こ》の手《て》は今君《いまきみ》のものでない、君《きみ》の手《て》でないから針《はり》を刺《さ》されても痛《いた》みを感《かん》じない、血《ち》も決《けつ》して出《で》ぬ」と暗示《あんじ》して三寸《すん》ばかりの針《はり》を電燈《でんとう》の光《ひか》にキラリとかざして催眠者《さいみんしや》の腕《うで》へズブと突《つ》き刺《さ》しズブ〳〵と肉深《にくふか》く押《お》し入《い》れた、氣《き》の弱《よわ》い婦人連《ふじんれん》は「アラツ」と思《おも》はず顔《かほ》を背《そむ》けたが催眠者《さいみんしや》は少《すこ》しも感《かん》せずに矢張《やは》り天使《てんし》の様《やう》に眠《ねむ》つて居《を》つた、突《つ》き抜《ぬ》けた針《はり》の先《さき》がポツチリも見《み》える位《くらゐ》まで突《つ》き刺《さ》されても血《ち》は少《すこ》しも出《で》なかつた、施術者《しゆつしや》は徐《おもむろ》にその針《はり》を抜《ぬ》いて取《と》つて局部《きよくぶ》を強《つよ》く五六回《くわい》ばかり摩擦《まさつ》した。(中略)

鐵石氏《てつせきし》は此催眠者《このさいみんしや》に長時間《ちやうじかん》の暗示《あんじ》を與《あた》へて樣々《さまざま》な實驗《じつけん》をなし會衆《くわいしう》に非常《ひじやう》な興《きよう》味《み》を感《かん》せしめた、表情變化《へうじやうへんくわ》の暗示《あんじ》を與《あた》へては分時《ふんじ》の間《あひだ》に西歐《せいおう》の名優《めいいう》に見《み》るが如《ごと》き極端《きよくたん》なる喜怒哀樂《きどあいらく》の情《じやう》を表《あら》はし人格變換《じんかくへんくわん》の暗示《あんじ》を與《あた》へて或《ある》は一口狂言師《くちきやうげんし》にして新舊兩派《しんきうりやうは》の種々《しゆ〳〵》なる狂言《きやうげん》を演《えん》せしめ藝者《げいしや》をして端唄《はうた》を唄《うた》ひ、月琴《げつきん》を彈《ひ》き、音《ね》樂《がく》につれて躍《をど》り然《し》かも其《そ》の態度《たいど》音聲《おんせい》に至《いた》るまで如何《いか》にも女《をんな》らしく藝者《げいしや》らしく或《あるひ》は高峰筑風《たかみねちくふう》として琵琶《びは》歌《うた》を唄《うた》ひ、呂昇《ろしよう》としては義太夫《ぎだいふ》を語《かた》れり、其《そ》の節廻《ふしまは》し音《おん》聲《せい》まで高峰筑風《たかみねちくふう》・及《およ》び呂昇《ろしよう》のそれに似《に》て聽衆《ちやうしう》を感動《かんどう》せしめた、會衆《くわいしう》の注文《ちうもん》により時《とき》の遞信大臣《ていしんだいじん》の後藤男《ごとうだん》に人格《じんかく》を變換《へんくわん》して鐵道問題《てつだうもんだい》に關《くわん》する演説《えんぜつ》をさせたり、只《たゞ》に人間界《にんげんかい》の人格《じんかく》に變換《へんくわん》した許《はか》りでなく・或《あるひ》は鷄《にはとり》に成《な》り或《あるひ》は犬《いぬ》になる妙術《めうじゆつ》に滿座《まんざ》閑《げき》として只《たゞ》驚嘆感激《きやうたんかんげき》の深《ふか》きさうごめきを聞《き》くのみであつた。

△瞬間催眠何人にも成功す

東京市京橋區桶町三十二番地田口順次郎方　豐村權十郎

拜啓《はいけい》御會《おんくわい》益々《ます〳〵》御隆榮《ごせいえい》の由奉大賀《よしたいがたてまつり》候《そろ》。小生《せうせい》貴會《きくわい》の教授書《けうじゆしよ》により斯術《しじゆつ》の研究《けんきう》を怠《おこた》らず候處《そろところ》其《そ》の効《かう》むなしからず今日《こんにち》は十人《にん》の内《うち》七人《にん》までは施術成功仕《しじゆつせいこうつかまつる》可樣相《べくやうあひ》成候《なりそろ》。尚第《なほだい》一の場合《はあひ》の瞬間催眠法《しゆんかんさいみんはふ》は十人《にん》が十人共《にんとも》催眠状態《さいみんじやうたい》を相《あひ》なすを得又瞬間《えまたしゆんかん》催眠法第《さいみんはふだい》二の場合《はあひ》の催眠法《さいみんはふ》も半分以上成功致居《はんぶんいじやうせいこういたしを》り候《さふら》はゞ誠《まこと》に樂《たのし》み尚勉強《なほべんきやう》を重《かさ》ね居《を》り候《そろ》。偖《さ》て小生貴會《せうせいきくわい》の教授法第《けうじゆはふだい》一方《はふ》を以《もつ》て施術《しゆつ》し左《さ》の諸病《しよびやう》を治療致候《ちれういたしそろ》。

三十七才《さい》の婦人胃痛《ふじんゐつう》に熱《ねつ》あり食進《しよくすゝ》まず、便秘《べんぴ》にて非常《ひじやう》に困《こま》り居《を》り候《そろ》も四回《くわい》の施術《しゆつ》にて全治致《ぜんちいた》し候《そろ》。

四十二才《さい》の婦人消化不良《ふじんせうくわふりやう》にて苦《くる》しめるを一回《くわい》にて全治《ぜんち》す。

四十三才《さい》の女胃《をんなゐ》かたるにて施術《しゆつ》を願《ねがつ》て來《き》た之《これ》も一度《ど》の施術《しゆつ》にて全治《ぜんち》す。

四十六才女肩《さいをんなかた》こりにて苦《く》るしめるを一回《くわい》にて全治《ぜんち》す。

右《みぎ》の施術《しゆつ》は皆貴會《みなきくわい》の教授法第《けうじゆはふだい》一法《はふ》に御座候《ござそろ》。

△葉書變じて紙幣となる

福井縣敦賀町中晴町五六　清水與市

我が姉《あね》の夫《をつと》昨年《さくねん》十二月《ぐわつ》十五日《にち》一人《にん》の友《とも》と兵庫《ひやうご》の地《ち》へ商業《しやうげふ》に行《ゆ》けり其本人《そのほんにん》より一度《ど》通信《つうしん》有《あ》りしのみにて、其後《そのご》一月《ぐわつ》五日《か》頃《ころ》になるも更《さら》に便《たより》なし姉大《あねおほ》いに心配《しんぱい》して我宅《わがたく》に來《きた》れり其《そ》れ故《ゆゑ》、小生《せうせい》の妹《いもうと》を催眠《さいみん》せしめ睡遊状態《すゐいうじやうたい》とをぼしき時汝《ときなんぢ》は姉《あね》様《さま》の夫《をつと》を尋《たづ》ね來《きた》れと命《めい》せしに彼《かれ》は漸《やうや》くにして左《さ》の如《ごと》く答《こた》へり。兵庫《ひやうご》にも居《を》らず丹後《たんご》に無事《ぶじ》に商賣《しやうばい》して居《ゐ》るから安心《あんしん》なさい尙反物《なほたんもの》も大部《だいぶ》賣《う》れた故《ゆゑ》二三日内《にちない》に歸《かへ》ると、答《こた》へたり。立合居《たちあひゐ》たる父母《ふぼ》又《また》は、姉様等誠《あねさまとうまこと》にせず其日《そのひ》は此《こ》れにて覺醒《かくせい》せしめたり。

然《しか》るに明《あく》る日《ひ》の朝本人《あさほんにん》の丹後《たんご》より端書《はがき》にて、茲《こゝ》二三日内《にちない》に歸《かへ》ると書《か》いてありたり。皆感心《みたかんしん》して其不思議《そのふしぎ》なるに驚《おどろ》きたり。

先《ま》づ私《わたくし》の妹《いもうと》を貴會教授《きくわいけうじゆ》の法《はふ》にて催眠《さいみん》せしめ今汝《いまなんぢ》は、蓄音機《ちくおんき》のなるのが聞《きこ》ゆと暗示《あんじ》すると聴《き》こゆると答《こた》へたり。其《そ》れより私《わたくし》は端書《はがき》三枚《まい》を取出《とりいだ》し此《こ》れは、壹圓札《さつ》なり、目《め》を開《ひら》いて御覧《ごらん》と暗示《あんじ》しけるに妹《いもうと》は目《め》を開《ひら》き見《み》て成程《なつほど》と答《こた》へり故《ゆゑ》に私《わたくし》は此《この》壹圓札《えんさつ》三枚《まい》あげましよと、彼《かれ》に渡《わた》せば大《おほい》に喜《よろこ》び懐中《くわいちう》に入《い》れたり、故《ゆゑ》に私《わたくし》は左《さ》の如《ごと》き殘續暗示《ざんぞくあんじ》を與《あた》へたり、汝《なんぢ》は覺《さ》めた後《のち》でも、三圓《えん》の札《さつ》であると深《ふか》く信《しん》じて居《ゐ》ますと云《いつ》て覺醒《かくせい》せしめたり。覺《さ》めた後汝《のちなんぢ》は三圓《えん》の金子《きんす》をどうする氣《き》ですか、彼《かれ》は銀行《ぎんかう》へ預《あづか》るつもりなりと裏表《うらおもて》を見《み》ては喜《よろこ》べり。其故私《そのゆゑわたくし》は汝《なんぢ》の持《も》つて居《ゐ》るのは札《さつ》にあらずと云《い》ふと、始《はじ》めて氣付《きづ》きて葉書《はがき》を投《な》げたり。殘續《ざんぞく》暗示《あんじ》の覺醒後迄《かくせいごまで》、其効《そのかう》を現《あらは》すのに驚《おどろ》けり。（神秘）

△透視千里眼亦成功

奈良縣宇智郡牧野村水澤　森本庄一郎

謹啓時下貴會益々御清榮《きんけいじかきくわいますますごせいえい》の條賀候《でうがしそろ》。其後《そのご》は意外《いぐわい》の御疎濶《ごそくわつ》に失《しつ》し候段平《そろだんひら》に御《ご》海《かい》容願上候《ようねがひあげそろ》。小生御蔭《せうせいおかげ》を以《もつ》し其後催眠術《そのごさいみんじゆつ》に於《お》ける經過《けいくわ》は、至極好結果《しごくかうけつくわ》を奏《そう》し已《すで》に被術者《ひじゆつしや》百名《めい》に垂《なん》れんとし手《て》に、かけし患者多《くわんじやおほ》くは、快方又《くわいはうまた》は全癒《ぜんゆ》せしめ候有樣《そろありさま》に有之《これあ》り誠《まこと》に前途《ぜんと》有望《いうはう》なるを、喜《よろこ》び居《を》り候《そろ》。

其實驗中《そのじつけんちう》に得《え》たる該術《がいじゆつ》の智識《ちしき》は實《じつ》に少《すくな》からず候《そろ》。今《いま》左《さ》に其大略《そのたいりやく》を、述《の》ぶべく候《そろ》。


先《ま》づ小生《せうせい》の實驗《じつけん》によれば施術《しゆつ》に要《えう》する時間《じかん》は二三分《ふん》乃至《ないし》五分《ぶん》までの間《あひだ》に感《かん》ずる者多《ものおほ》く（多數《たすう》は十五才以下《さいいか》）最《もつと》も早《はや》きは殆《ほと》んど一言《げん》の下《もと》に催眠《さいみん》いたし遲《おそ》きは十五分内外《ふんないぐわい》を要《えう》し候《そろ》。而《しか》して不感者《ふかんしや》と認《みと》むべき者《もの》も七八回《くわい》にて成功《せいこう》仕《つかまつ》り候中《そろなか》にも半睡狀態《はんすゐじやうたい》なる者多數有之其中《ものたすうこれありそのうち》にも夢《ゆめ》を見《み》たといふ者《もの》もあり、或《あるひ》は歡聲《かんせい》を發《はつ》する者《もの》もあり、或《あるひ》は寢言《ねごと》の如《ごと》きことを云《い》ふ者《もの》も有之候《これありそろ》。

施術方法《しゆつはうはふ》は大部分特殊催眠術第《だいぶぶんとくしゆさいみんじゆつだい》四章瞬間催眠法第《しやうしゆんかんさいみんはふだい》一法《はふ》を用《もち》ひ居《を》り候《そろ》。治療《ちれう》に就《つ》いて今日迄快癒又《こんにちまでくわいゆまた》は全癒《ぜんゆ》せしめし者《もの》は喫煙《きつえん》、齒痛《はいた》、足《あし》のしびれ、腹痛《ふくつう》、逆上《のぼせ》、寢小便《ねせうべん》、ヒステリー、癪氣《しやくき》、ちゆーぶ、負傷《ふしやう》、等《とう》に御座候《ござそろ》。

噫《あゝ》愉快《ゆくわい》〳〵一日《にち》に多《おほ》きは八名位《めいくらゐ》、施術《しゆつ》を依賴《いらい》され居《を》り候《そろ》。

施術方法《しゆつはうはふ》の詳明及《しやうめいおよ》び狀態《じやうたい》の變化《へんくわ》、催眠狀態中《さいみんじやうたいちう》の幻覺錯覺味覺聞覺及《げんかくさくかくみかくもんかくおよ》び透視《とうし》千里《り》眼等《がんとう》の實驗《じつけん》も致《いた》し好成績《かうせいせき》を得《え》候《そろ》に付報告致《つきはうこくいた》し度候《たくさふら》へ共目下《ども・くか》は業務多端《げふむたたん》に付《つき》其意《そのい》を得《え》ず候《さふら》へ共《ども》、何《いづ》れ便《こうびん》にてゆる／＼御報告申上候《ごはうこくまをしあげそろ》。

右《みぎ》の如《ごと》き次第偏《しだいひと》へに、先生《せんせい》が御懇篤《ごこんとく》なる御教示《ごけうじ》に依《よ》らずんばあるべからずと日夜感涙《にちやかんるゐ》に堪《た》へざると共《とも》に御會《ごくわい》の日《ひ》に月《つき》に増々御隆盛《ますくごりうせい》に赴《おもむ》かんことを祈《いの》り申《まを》し候《そろ》。(神秘)

△紛失したる壹千圓

丹波福知山内記二丁目寫眞館内　金森茂久

兄《あに》の親族宅《しんぞくたく》にて預《あづ》け金《きん》千圓《えん》の紛失事件《ふんしつじけん》に付《つ》き兄《あに》も災難《さいなん》の内《うち》に加《くは》はり居《を》り依《よつ》て内々私《ないしわたくし》に是非共催眠術《ぜひともさいみんじゆつ》にて調《しら》べ呉《く》れる樣《やう》の依賴《いらい》により私《わたくし》も氣《き》の毒《どく》に思《おも》ひ舞《まひ》鶴《づる》七日市《かいち》へ出張《しゆつちやう》致《いた》し先《ま》づ瀬野正臣《せのまさおみ》十四才《さい》を靜座《せいざ》せしめ立會人《たちあひにん》六人《にん》小生《せうせい》五回呼《くわいこ》

吸法《きよはふ》を行《おこな》ひ思念《しねん》する事《こと》強《つよ》く然《しか》る後《のち》第《だい》一法《はふ》にて施術《しゆつ》致《いた》し候處《そろところ》三分間《ぷんかん》にして淺催眠《せんさいみん》狀態《じやうたい》となりて此時《このとき》手《て》の運動《うんどう》の暗示《あんじ》によく感應《かんおう》した猶《なほ》一歩《ほ》々々《〱》に暗示《あんじ》を進《すゝ》めて睡《すゐ》遊狀態《いつじやうたい》に導《みちび》き雜誌《ざつし》一冊《さつ》を被術者《ひじゆつしや》の手《て》に乘《の》せ是《これ》は重《おも》い石《いし》なり上《あが》り得《え》ず──又紙《またかみ》を細長《ほそなが》く折《を》りて之《これ》は鐵《てつ》の板《いた》なり如何《いか》に力《ちから》を入《い》れるとも什《ど》うしても曲《まが》らないもつと〱力《ちから》を入《い》れて見《み》よ決《けつ》して曲《まが》らない。この時立會人《ときたちあひにん》笑《わら》ふ皆々《みな〱》暗示《あんじ》に成功致候《せいこういたしそろ》。汝《なんぢ》は私《わたくし》の云《い》ふ事《こと》をよく記憶《きおく》する一から十迄《まで》云《い》ふからよく覺《おぼ》へ置《お》くべし一度《ど》言《い》ひし事《こと》は忘《わす》れない一は吉太郎《きちたらう》二は德太郎《とくたらう》三は佐太郎《さたらう》四は六太郎《たらう》五は七郎《らう》六は吉《きち》郎《らう》七は次郎《じらう》八は十郎《らう》九は重十郎《しげらう》十は茂久《しげひさ》。右《みぎ》の暗示《あんじ》を何回《なんくわい》となく一から十迄前《までぜん》後《こ》に問《と》ひしが只《たゞ》六と八とは答《こたへ》を得《え》ず其他《そのた》は皆々的中《みな〱てきちう》。汝《なんぢ》の頭《あたま》を撫擦《なでさす》ると透視眼《とうしがん》になるぞと念力《ねんりき》と共《とも》に暗示《あんじ》を與《あた》えつゝ萬象如何《ばんしやういか》なる事《こと》も能《よ》く見《み》る樣《やう》になるサア擦《さす》つた大《だい》の菓子《くわし》箱《はこ》を被術者《ひじゆつしや》兩手掌《りやうてのひら》に乘《の》せたりこの箱《はこ》の中《なか》に何《なに》があるや被術《ひじゆつ》暫時《ざんじ》にして紙《かみ》と水引糸《みづひきいと》ありと答《こた》ふ中《なか》を見《み》しに的中《てきちう》。今度《こんど》は細長《ほそなが》き紙箱《かみはこ》を與《あた》へ此中《このなか》に何《なに》が入《こ》りありや暫時《ざんじ》にして嫁入《よめいり》の簪《かんざし》と答《こた》ふ的中《てきちう》。私《わたくし》の云《い》ひ付《つけ》により立會人《たちあひにん》の一人《にん》マツ枝《え》女《ぢよ》は流《なが》し元《もと》に行《ゆ》き盆《ぼん》に茶碗《ちやわん》をのせて持《も》ち來《きた》り之《こ》れを被術者《ひじゆつしや》の手《て》に持《もた》せ此中《このなか》に何《なに》があると言《い》ひしに暫時《ざんじ》にして栗《くり》と答《こた》ふ栗何個《くりなんこ》ありや二つありと答《こた》ふ的《てき》中《ちう》。其時正臣《そのときまさをみ》の妹《いもうと》十一才《さい》が右手《めて》に何《なに》か握《にぎ》り乍《なが》ら之《こ》れを的《あて》て御覽《ごらん》と云《い》ひし依《よつ》て

私《わたくし》は被術者《ひじゆつしや》に向《むか》ひ今八千代《いまやちよ》ちやんは何《なに》を握《にぎ》り居《ゐ》るやと問《と》ひしに直《たゞ》ちに消《けし》ゴムと答《こた》ふ其《それ》も的中《てきちう》。透視眼《とうしがん》は充分成功致《じうぶんせいこういたし》この時《とき》の小生《せうせい》の愉快此上《ゆくわいこのうへ》なし汝《なんぢ》は透視《とうし》眼《がん》は中々《なか〳〵》良《よ》く見《み》える神様《かみさま》の様《やう》である。この分《ぶん》なれば良《よ》い千里《り》眼《がん》になるさあ私《わたくし》が汝《なんぢ》の頭《あたま》を二分間撫擦《ふんかんなでさす》ると千里《り》眼《がん》となる……如何《いか》なる事柄《ことがら》であつてもよく明《あき》らかに間違《まちが》ひなく調《しら》べて答《こたへ》を得《う》る良《よ》い千里《り》眼《がん》になる。過去現在未來等《くわこげんざいみらいとう》の事《こと》は汝《なんぢ》はくはしく解《かい》し得《う》る樣《やう》にだん〳〵千里《り》眼《がん》が能《よ》くなつて來《く》るの暗示《あんじ》を強烈《きやうれつ》なる思念《しねん》と共《とも》に與《あた》へつゝ頭《あたま》を輕《かる》く撫擦《なでさす》る。サア什《ど》んな六《むつ》ケ敷事《しいこと》でも早速解《さつそくわか》る良《よ》い千里《り》眼《がん》となつた依《よつ》て汝《なんぢ》に調《しら》べて貰《も》らひたい事《こと》があるそれは神崎村《かんざきむら》の遠藤隆宣《えんどうたかのぶ》が明治《めいぢ》四十

五年四月《ねんぐわつ》七日《か》有路《あち》平野銀行《ひらのぎんかう》へ金《きん》千圓《ゑん》を預《あづ》け入《い》れ大正《たいしやう》三年《ねん》四月《とわつ》十七日《にち》全部《ぜん》引出《ひきだ》るんとせしにすでに全部《ぜんぶ》何者《なにもの》かが引出《ひきだ》してその行跡《ゆくあと》さへも不明《ふめい》なり之《こ》れは何人《なんぴと》が引出《ひきだ》し何人《なんぴと》の手《て》を經《へ》て當時《たうじ》何人《なんぴと》の手《て》にあるやと問《と》ふた。被術者《ひじゆつしや》暫《しばら》く沈考《ちんかう》の後《のち》云《い》ふ樣《やう》それは伯父《をぢ》樣《さん》が取《と》り出《いだ》し其《そ》してその金《かね》は○○女《をんな》○○男《をとこ》（特《とく》に名《な》は隱《かく》し置《お》く）の手《て》にあり兩人《りやうにん》の內何《うちいづ》れとも判明《はんめい》せずと答《こた》ふ。又次《またつぎ》に神崎村《かんざきむら》の遠藤《ゑんどう》の書《か》き遺《のこ》せし後證帳簿中《のちしようちやうぼちう》三枚切《まいき》り拔《ぬ》きあり之《こ》れ何人《なんぴと》が切《き》り拔《ぬ》きしやと問《と》ひしに暫時《ざんじ》にして被術者曰《ひじゆつしやいは》く三枚切《まいき》り取《と》りたる事《こと》は○○男《をとこ》が知《し》れり切《き》り取《と》りし人《ひと》は○○女《をんな》なり而《しか》して切取紙《きりとりがみ》は反古《ほご》にしたり記事《きじ》は瀬野《せの》西村遠藤《にしむらゑんどう》に取《と》りては大切《たいせつ》なる事《こと》なりと答《こた》ふ。これにて事件《じけん》は落着致候故汝《らくちやくいたしそろゆゑなんぢ》は元《もと》へ催眠《さいみん》になつた醒《さ》めて後氣分《のちきぶん》よき暗示《あんじ》を與《あた》へ心理法《しんりはふ》にて覺醒《かくせい》せしめたり立會人等《たちあひにんら》不可思議《ふかしぎ》なるに驚《おどろ》けり且《か》つ當家《たうけ》は災《さい》難《なん》を蒙《かうむ》り居《を》りし事《こと》とて非常《ひじやう》に嬉《よろこ》び合《あ》へり。其後樣子《そのごやうす》如何《いか》にと待《ま》ち居《を》り候處《そろところ》その通《とほ》りなりとの禮書來《れいしよきた》り小生《せうせい》の面目此上《めんもくこのうへ》なく嬉《うれ》しく存《ぞん》じかく御報申上候也《ごはうまをしあげそろなり》（神秘）

△一週日本懷を達す

横須賀市佐野二〇三　地方會員　佐藤　毅

却説《さて》小生《せうせい》儀《ぎ》軍籍《ぐんせき》に在《あ》るより斯學《しがく》に志《こゝろざ》し催眠術《さいみんじゆつ》により病患《びやうくわん》惡癖《あくへき》等《とう》を矯正《けうせい》の志《こゝろざし》を以《もつ》て諸種《しよしゆ》の催眠術書《さいみんじゆつしよ》を購讀研究《かうどくけんきう》せる幾冊《いくさつ》なるを知《しら》ず然《しか》るに催眠狀態《さいみんじやうたい》を生《しやう》ずる者《もの》あるも長時間《ちやうじかん》を要《えう》するか亦《また》不感應《ふかんおう》に終《をは》るを例《れい》とせり小生《せうせい》實《じつ》に遺憾《ゐかん》に存《ぞん》じ居《を》り候《そろ》に計《はか》らず貴會《きくわい》獨特《どくとく》の催眠法《さいみんはふ》あるを聞知《ぶんち》し早速《さつそく》入會《にふくわい》致《いた》し講義錄《かうぎろく》の配布《はいふ》を受《う》け熟讀《じゆくどく》すること週餘《しうよ》に及《およ》び後實地《のちじつち》に應用《おうよう》せし處《ところ》幸《さいはひ》にも初回《しよくわい》に功《こう》を奏《そう》せるに大《おほい》に力《ちから》を得《え》以來《いらい》數《すう》十回《くわい》の實驗《じつけん》應用《おうよう》を試《こゝろ》み候《そろ》に易《い》々と感應《かんおう》し一つの失敗者《しつぱいしや》を生《しやう》ぜず茲《こゝ》に我《わ》が年來《ねんらい》の志《こゝろざし》を貫徹《くわんてつ》するを得《え》たるは實《じつ》に會長閣下《くわいちやうかくか》の賜物《たまもの》と奉深謝《しんしやたてまつり》候《そろ》。

（精神時報）

△不可能と思ひし瞬間催眠

埼玉縣大里郡熊谷町仲町　齋藤覺三

拜啓《はいけい》送金《そうきん》毎《ごと》に確實《かくじつ》に教授書《けうじゆしよ》御發送被下《ごはつそうくだされ》難有《ありがたく》感謝致《かんしやいた》し候《そろ》講述《かうじゆつ》の親切《しんせつ》記事《きじ》の正確《せいかく》小生《せうせい》の他會《たくわい》より學《まな》びしは、雲泥《うんでい》の差異《さい》而《しか》して皆實行《みなじつかう》する事《こと》の出來《でき》るは實《じつ》に會長《くわいちやう》閣下《かくか》の賜《たまもの》を謝《しや》するに辭《じ》なき有樣《ありさま》に御座候《ござそろ》次便《じびん》には實驗報告書《じつけんはうこくしよ》御送付《ごそうふ》可申上候《まをしあぐべくそろ》小生《せうせい》去《さ》る二ケ年《ねん》斯學《しがく》を研究《けんきう》して瞬間催眠《しゆんかんさいみん》は不可能《ふかのう》と迄《まで》思《おも》ひしに今貴會《いまきくわい》より學《まな》びて始《はじ》めて實地《じつち》に行《おこな》ひ得《と》種々《しゆ〲》なる現象《げんしやう》を表《あらは》す事《こと》を得《え》たり右寸紙《みぎすんし》を以《もつ》て感謝《かんしや》仕候《つかまつりそろ》

（精神時報）

△病氣全快して研究者となる

靜岡縣駿東郡富岡村今里一　正會員　阪田貞雄

拜啓先日中《はいけいせんじつちう》は種々《しゆ〴〵》御厄介《ごやくかい》に相成《あひな》り誠《まこと》に難有御禮申上候御蔭様《ありがたくおんれいまをしあげそろおかげさま》にて病氣《びやうき》も全治《ぜんち》仕《つかまつ》り喜《よろこ》ばしき限《かぎ》りに御座候又御教授《ござそろまたごけうじゆ》に預《あづか》りし催眠術歸宅後《さいみんじゆつきたくご》早速實驗致《さつそくじつけんいた》し候處《そろところ》我《わ》れ乍《なが》ら實《じつ》に驚《おどろ》く程《ほど》の成績《せいせき》にて候全《そろまつた》く御會獨特《おんくわいどくとく》の名《な》にそむかず且《か》つ天下《てんか》の眞理《しんり》に御座候小生《ござそろせうせい》も之《こ》れより一層勉勵《そうべんれい》して貴會《きくわい》の名《な》を辱《けが》さゝることに勉《つと》め併《あは》せて人《じん》生《せい》の爲《た》めに貢獻致《こうけんいた》し度候乍略儀拙書《たくそろりやくぎながらせつしよ》を以《もつ》て感謝《かんしや》の意《い》を表《へう》し候匆々《そろさう〳〵》。(同上)

△一回にて全治す

東京市京橋區濱離宮内官舍　地方會員　野澤芳輝

冠省教授書反覆再讀《くわんせいけうじゆしよはんぷくさいどく》漸《やう》く斯學術《しがくじゆつ》の何者《なにもの》たるやを窺知《きち》し心窃《こゝろひそ》かに仙境《せんきやう》に入《い》るが如《ごと》く信念昂騰《しんねんかうとう》の概《がい》あり虛心平然實地施術《きよしんへいぜんじつちしじゆつ》を試《こゝろ》みしに瞬間《しゆんかん》にて感應催眠《かんおうさいみん》せしめ前報告書呈出以來《ぜんはうこくしよていしゆついらい》一喝催眠法無催眠法等何《かつさいみんはふむさいみんはふとういづ》れも好成績《かうせいせき》を呈《てい》し吾《われ》ながら驚嘆《きやうたん》仕《つかまつ》り候殊《そろこと》に不感應者《ふかんおうしや》なきと催眠狀態《さいみんじやうたい》の深淺《しんせん》の自在《じざい》なるとは確《たしか》に横井先生《よこゐせんせい》の賜《たまもの》なり

と奉深謝候《しんしやたてまつりそろ》。

芝區新錢座町　佐々木季雄（十三）

右者《みぎは》記憶力《きをくりよく》乏《とぼ》しく非常《ひじやう》の腦痛《なうつう》にて學校《がくかう》に於《おい》て體操《たいさう》する際《さい》は勿論《もちろん》平素《へいそ》の步行《ほかう》すら頭痛《づつう》を感《かん》じ瀕死《ひんし》せんとするの弱者《じやくしや》にて候《さふら》ひしが余《よ》の一回《くわい》の施術《しゆつ》にて美事《みごと》全治《ぜんじ》致候《いたしそろ》（下畧）（同上）

△惡癖の矯正及偵察の實驗

施術者　高知縣幡多郡奥田村弘見教員　山岱吉（四十七）

被術者　同縣同郡同村橘浦尋常小學校三學年生　依岡鐵吉（十二年）

被術者《ひじゆつしや》は性質脆弱《せいしつぜいじやく》にして人《ひと》に耻《は》ぢ怖《おそ》るゝの癖《くせ》あり故《ゆゑ》に讀書《とくしよ》するにも默《もく》して一語《ご》を發《はつ》せず而已《のみ》ならず未《いま》だ曾《かつ》て教師《けうし》と言語《げんご》を交《まじ》へし事更《ことさ》らになかりき余《よ》一日催《じつさい》眠狀態《みんじやうたい》となし汝《なんぢ》は本《ほん》を讀《よ》むに耻《はつ》かしき事《こと》のなき樣《やう》になつた又先生《またせんせい》と話《はなし》も出來《でき》る

樣《やう》になつたと繰返《くりかへ》し暗示《あんじ》し後《の》ち覺醒《かくせい》せしめ直《たゞ》ちに課書《くわしよ》を出《いだ》し讀《よ》ましむるに笑《えみ》を含《ふく》みながら朗讀《らうどく》せり其後《そのご》は讀書《どくしよ》を命《めい》ずれば直《たゞ》ちに聲《こゑ》を發《はつ》して讀《よ》み又問《と》ひを發《はつ》すれば速《すみやか》に答《こたへ》をなす等前癖《とうぜんへき》を矯正《けうせい》せり。

余《よ》や貴會々員《きくわいしゐん》となり日向《ひな》ほ淺《あさ》しと雖《いへ》ども兒童《じどう》に五十七名《めい》大人《だいにん》に十五名《めい》合計《がふけい》七拾二名《めい》に施術《しじゆつ》せしに悉《ことごと》く感應《かんおう》せざるものなし其內《そのうち》十才《さい》なる兒童富橋浦大黑《じどうたうたちよなつ、だいこく》久太郎《きうたらう》なるものの一名《めい》は四回《くわい》も施術《しじゆつ》せしに總《すべ》て催眠狀態《さいみんじやうたい》に至《いた》らざりし故《ゆゑ》五回目《くわいめ》には左《さ》の如《ごと》く施術《しじゆつ》して良果《りやうくわ》を得《え》たり。

一、被術者《ひじゆつしや》を椅子《いす》に據《よ》らしめ是《これ》から汝《なんぢ》を眠《ねむ》らしてやる何《な》んにも恐《おそ》ろしき事《こと》は無《な》いから安心《あんしん》せよ其《そ》の中手《うちて》を三つ打《う》たば醒《さ》めよと命《めい》ず。

二、初《はじ》め二三分間《ぷんかん》吹風琴《ふうふうきん》を吹《ふ》き次《つ》ぎに例《れい》の金球《きんきう》を詰《みつ》めさせつ（アーイーウーエーオー）を十四五回繰返《くわいくりかへ》し口唱《こうしやう》せしむれば被術者《ひじゆつしや》は催眠狀態《さいみんじやうたい》となれり

依《よつ》て暗示《あんじ》を與《あた》へて頭部《とうぶ》四肢等《しとう》に實驗《じつけん》せしに皆其功《みなそのこう》を奏《そう》せし故左《ゆゑさ》の教育的暗《けういくてきあん》

示《じ》を五六回繰返《くわいくりかへ》したり。

「汝《なんぢ》は行儀《ぎやうぎ》が能《よ》くなつたとゝ様《さま》や母様《はゝさま》の言《い》ふ事《こと》を背《そむ》かぬ様《やう》になつた人《ひと》と喧嘩《けんくわ》等《とう》をもせぬ様《やう》になつた」

斯《か》くして後《の》ち手《て》を三度《ど》打《う》ち覺醒《かくせい》せしめたり（此催眠時間《このさいみんじかん》二十分《ぷん》）其後《そのご》は前癖《ぜんへき》を矯正《けうせい》して別人《べつじん》の如《ごと》くなれり。

又余《またよ》が妻《つま》の妹《いもうと》に昨年生《さくねんうまれ》の男子《だんし》あり（余《よ》が住所《ぢうしよ》より妹《いもうと》の住地《ぢうち》まで里程《りてい》十二里餘《りよ》あり）本年《ほんねん》五月《ぐわつ》十二日《にち》其兒童《そのじどう》の大病《たいびやう》に罹《かゝ》りて甚《はなは》だ危篤《きとく》なるとの急報《きふはう》あり依《よつ》て余《よ》は其翌々日《そのよくよくじつ》即《すなは》ち十六日愚妻《にちぐさい》を催眠狀態《さいみんじやうたい》とならしめ其病勢《そのびやうせい》を偵察《ていさつ》せしむるに左《さ》の如《ごと》く語《かた》れり。
一、病人《びやうにん》は昨日《さくじつ》より快方《くわいはう》に向《むか》へり氣遣《きづか》ふことなし（昨日《さくじつ》とは五月《ぐわつ》十四日《か》なり）
二、看病人《かんびやうにん》は某々《はう〳〵》なり醫師《いし》は某《はう》なりと其《そ》の氏名《しめい》まで委《くは》しく語《かた》れり。
右偵察《みぎていさつ》せしめたる翌々日即《よくよくじつすなは》ち本年《ほんねん》五月《ぐわつ》十六日病人全快《にちびやうにんぜんくわい》せしとの郵報《いうはう》を得《え》た

り。

附言《ふげん》　人間以外《にんげんいぐわい》の動物犬《どうぶついぬ》、猫《ねこ》、蛙等《かへるとう》催眠《さいみん》せしめたれども單《たん》に催眠《さいみん》せしめたる而已《のみ》に止《とゞ》まり他《た》に奇異《きい》の現象《げんしやう》なければ畧《りやく》しぬ右報告《みぎはうこく》す明治《めいぢ》三十七年《ねん》六月《ぐわつ》十七日《にち》。

△奇妙の實驗

○一百七十四名を一度に催眠せしめたる實驗

施術者　岩手縣稗貫郡巻川町小路菅原方敎員　佐々木政雄

明治《めいぢ》三十七年《ねん》七月《ぐわつ》廿五日《にち》尋常科全體《じんじやうくわぜんたい》の團體催眠《だんたいさいみん》を行《おこな》へり即《すなは》ち尋常科《じんじやうくわ》一、二、三、四學年《がくねん》の生徒男子《せいとだんし》百〇一人女子《にんぢよし》七十三人計《にんけい》百七十四人《にん》につき實驗《じつけん》せり此日《このひ》晴天《せいてん》にして午後《ごゞ》一時《じ》なりき溫度《をんど》は八十一度弱《どじやく》なり此日《このひ》は自分《じぶん》ながら眠氣《ねむけ》を催《もよほ》してなんとなく催眠術《さいみんじゆつ》を施《ほどこ》されはせぬかと思《おも》はるゝ程《ほど》なりき先《ま》づ排列《はいれつ》のしかたは大《おほ》きい生徒《せいと》を眞中《まんなか》にし自分《じぶん》は兒童《じどう》より三間《げん》の距離《きより》にあり自分《じぶん》を見詰《みつ》めしむること六分強《ぶんきやう》の後《のち》心理的《しんりてき》暗示《あんじ》を與《あた》へたりしに豫想《よさう》より良果《りやうくわ》を得《え》たり此日《このひ》の生徒《せいと》の父兄《ふけい》懇和會《こんわくわい》ありし日故《ひゆゑ》父兄《ふけい》の多《おほ》くは來會《らいくわい》せり此樣《このさま》を見《み》て皆《みな》一驚《きやう》せざるものなし自分《じぶん》も斯《か》くまでには行《ゆ》かぬならん半數位《はんすうぐらゐ》はと思《おも》ひしに意外《いぐわい》にも催眠《さいみん》せざるもの男子《だんし》八人《にん》女子《ぢよし》五人《にん》にして皆年長《みなねんちやう》なりそれより懇和會《こんわくわい》に於《おい》て催眠術《さいみんじゆつ》は教育上《けういくじやう》に大《だい》なる利益《りえき》あることを述《の》べたるに來會者《らいくわいしや》獨《ひと》りとして感服《かんぷく》せざるものなかりしそれより二三の父兄《ふけい》の請《こ》ひにより五十二歳《さい》の男《だん》子と三十五歳《さい》の男子《だんし》と二十三歳《さい》の女《ぢよ》子《し》に施術《しゆじゆつ》せしに前《ぜん》二人《にん》は良果《りやうくわ》を得《え》たれど後《のち》の女子《ぢよし》に對《たい》して效果《かうくわ》をおさめず之《こ》れ精神狀態《せいしんじやうたい》の如何《いかん》によるものならんか。（催眠術獨稽古）

△鷄を催眠させたる實驗

施術者　三重縣四日市市袋町六十番地會社員　永田信一

余《よ》は明治《めいぢ》三十六年《ねん》九月《ぐわつ》十三日《にち》鶏《にはとり》に施術《しゆつ》せり其方法《そのはうはふ》は鶏《にはとり》を横《よこ》に伏《ふ》せ頸《くび》の處《ところ》を左手《ゆんで》にて壓《あつ》し右手《めて》は胴《どう》を壓《あつ》し無念無想《むねんむさう》の態度《たいど》を取《と》り鶏眼《とりめ》を凝視《ぎようし》せしに五分間《ふんかん》にして熟睡《じゆくすゐ》せり、熟睡《じゆくすゐ》せる故《ゆゑ》兩手《りやうて》を放《はな》し凝視《ぎようし》を解《と》きしに三十分後《ぷんご》覺醒《かくせい》せり其後《そのゝち》數《すう》十秒に試《こゝろ》みしに皆同《みなどう》一の成績《せいせき》を得《え》たり。（催眠術獨稽古）

△催眠旅行の大々快事

呉市東通遠樂座　宮田進

拜啓《はいけい》前略《ぜんりやく》貴書《きしよ》拜受《はいじゆ》仕《つかまつり》候《そろ》以後《いご》、晝夜《ちうや》一生懸命《しやうけんめい》に勉強《べんきやう》の結果《けつくわ》未《いま》だ十日《か》餘《あま》りに御《ご》座候《ざさふら》へ共《ども》早入《はやのと》に施術《しゆつ》致《いた》す事《こと》を得《う》るに到《いた》れり皆之《みなこれ》、先生《せんせい》の御恩《ごおん》と存《ぞん》じ感謝《かんしや》致《いたし》居《を》り候小生《そろせつせい》充分《じうぶん》の用意《ようい》の上《うへ》施術《しゆつ》可致《いたすべく》候《そろ》と存《ぞん》じ居《をり》候《さふら》ひし故《ゆゑ》、一心不亂《しんぶらん》の結果《けつくわ》又《また》御《ご》教書《けうしよ》の安《やす》き爲《た》め數日《すうじつ》の後《のち》早《はや》全書《ぜんしよ》を暗記《あんき》致《いた》す事《こと》を得《う》るに到《いた》り候《そろ》故《ゆゑ》十七日《にち》に初回《しよくわい》試驗《しけん》の爲《た》め十二才《さい》の女子《ぢよし》に施術《しゆつ》致《いた》し候《そろ》御《ご》教授書《けうじゆしよ》第《だい》一法《はふ》を以《もつ》て、施術《しゆつ》致《いた》し候處《そろところ》感性《かんせい》多《おほ》き者に御座候《ござさふら》ひし故《ゆゑ》、一分間内《ぷんかんない》に成功仕《せいこうつかまつ》り候《そろ》。小生《せうせい》の施術嚆矢《しじゆつかうし》にして又《また》、成功《せいこう》の嚆矢《かうし》に御座候《ござそろ》。貴會御教授書《きくわいごけうじゆしよ》の最密叮嚀《さいみつていねい》に御教授被下候《ごけうじゆくださかさふら》ひし、結果《けつくわ》と大喜《おほよろこび》致《いた》し居《を》り候其夜《そろそのよ》尚《なほ》一層研究致《そうけんきういた》し候《そろ》て十八日《にち》は、五名《めい》に施術致《しじゆついた》し候此《そろこ》れ皆變物變《みなへんぶつへん》質《しつ》、幻覺《げんかく》に御座候《ござそろ》、十九日《にち》は聞《き》き廣《ひろ》がり候《そろ》て多人《たにん》我家《わがや》に來《きた》り候故《そろゆゑ》、一名施術法《めいしじゆつほふ》を行《おこな》ひたるまゝ此者《このもの》を、見《み》せ置《お》き他《た》は皆遠距離《みなえんきより》に御座候《ござそろ》て前後《ぜんご》十數名《すうめい》に、施術《しじゆつ》致《いた》し候《そろ》。其内大略申上候《そのうちたいりやくまをしあげそろ》 氏名不明《しめいふめい》(十四才)男子施術致候《だんししじゆついたしそろ》て深《ふか》き催眠術状《さいみんじゆつじやう》態《たい》に成《な》りたる際《さい》モシ〳〵前方《ぜんぱう》より下手《へた》な自轉車乗《じてんしやの》りました故《ゆゑ》、もしさはり候《さ》へば巡番《じゆんばん》の處《ところ》へつれて行《ゆ》きなさいと言《い》ひ置《お》き、小生《せうせい》さはり候《さふら》へば一生懸命《しやうけんめい》につかまへましたので宜《よろ》しいと止《や》め同《おな》じく「もし飛行機《ひかうき》が東《ひがし》の山《やま》の方《はう》より飛《と》んで來《き》ましたよ良《よ》く見《み》て置《お》きなさい、一つ二つ三つ三つ共頭《ともあたま》の上《うへ》へ來《き》ました」と言《い》ひ候《さふら》へば天上《てんじやう》を眺《なが》め乍《なが》ら「くる〳〵」と又一人《またひとり》言《こと》を言《い》ひ乍《なが》ら「一つ降《お》りて來《き》た、二つ降《お》りてきた、三つ目《め》は軍艦攝津《ぐんかんせつつ》の前《まへ》に降《お》りた。二つの陸上飛行機《りくじやうひかうき》には、一人《ひとり》宛乘《つゝの》つて居《ゐ》るが海上飛行機《かいじやうひかうき》は三人乘《にんの》つて居《ゐ》る、あら一人《ひとり》は男子《だんし》一人《ひとり》は女子《ちよし》である」と言《い》ひ乍《なが》ら「大《おほ》きい眼鏡額《めがねひたへ》一ぱいの眼鏡《めがね》」とか「ぼと二つ」とか言《い》ひ居《を》り候《さふら》ひし故《ゆゑ》、其人《そのひと》の名《な》は如何《いかが》と尋《たづ》ね候處《そろところ》「アットウヲターと、其夫人《そのふじん》と申候《まをしそろ》「何《なに》式《しき》と申候所《まをしそろところ》カーチス式《しき》」と申候《まをしそろ》「一つは、ボールドヴイン式《しき》マース氏乘《しの》り、一つは奈良原式第《ならはらしきだい》三號乘人《がうのりて》技手《ぎしゆ》」と申候《まをしそろ》「其《そ》れ〳〵歸《かへ》りますよ、其《そ》れ飛《と》びました。一つ、二つ、三つ共《ともと》飛びましたそれ〳〵何所《どこ》かへ行《い》つてしまつた」何式《なにしき》が一番《ばん》に出發《しゆつぱつ》やと問《と》へば「一ボールドヴイン、二奈良原《ならはら》、三カーチス式《しき》」と申候《まをしそろ》「皆《みな》三回頭上《くわいづじやう》を廻《めぐ》りて行《い》つた。此所《こゝ》は降下場所《かうかはしよ》大阪城東練兵場《おほさかじやうとうれんぺいぢやう》ですよ、人《ひと》が多《おほ》く居《ゐ》られるでしよう、何萬人程《なんにんほど》ですか」「十萬人程《にんほど》」「よく見《み》ていなさい、西《にし》の方《はう》を、それ、來《き》ました」「あゝ來《き》た、來《き》た鳥《とり》の樣《やう》な小《ちひ》さい、あゝ、大《おほ》きくなつて來《き》た、あら〳〵あら廻《まは》る〳〵ウマイ〳〵上手《じやうづ》〳〵見事《みごと》降《お》りた。マース樣呉《さまくれ》から如何《いか》に早《はや》く來《き》たのですか萬歳《ばんざい》〳〵〳〵」と申候故《まをしそろゆゑ》「もし〳〵此度《こんど》は、カーチス式《しき》ですよ、此處《こゝ》は神戸《かうべ》の沖《おき》ですよ、西《にし》の方《はう》を見《み》て居《ゐ》なさい、來《き》ましたでせう」「來《き》た〳〵大《おほ》きい船《ふね》の上迄《うへまで》下《お》りて廻《まは》る〳〵あー波《なみ》をかぶつた。ウマイ上手《じやうづ》に來《き》た〳〵止《と》まれウヲター如何《いかゞ》ですか、岡《をか》に見《み》えましたか、モー一回《くわい》飛《と》びなさい「そうですか男二人《をとこふたり》ですか」誰《た》れとですか記者《きしや》とですか、成功《せいこう》を祈《いの》りますよ、あら〳〵〳〵ウマイ〳〵波《なみ》を切《き》つてもつとしつかり早《はや》く〳〵あら止《と》まつた。あら失敗殘念《しつぱいざんねん》」と申す故《ゆゑ》「モシ〳〵此度《こんど》は奈良原式《ならはらしき》ですよ、其所《そこ》は、貴君《あなた》の目《め》の前《まへ》ですよ、飛行機《ひかうき》が降《お》りて來《き》て乘人《のりて》が降《お》りて貴君《あなた》の前《まへ》に來《こ》られ候故《そろゆゑ》、其《その》人《ひと》が貴君《あなた》を見《み》ると同時《どうじ》に醒《さ》めます」と言《い》ひ其後《そのご》すぐ醒覺致《せいかくいた》し、大喜《おほよろこ》びなし居《を》れり、一つは十三才《さい》の男《をとこ》にゐいと、一聲閉眼《せいへいがん》、東京《とうきやう》。京城《けいじやう》。又神戸《またかうべ》楠公《なんこう》。舞子濱《まひこがはま》等《とう》を幻覺楠公宮內《げんかくなんこうきうない》に施術中《しやゆつちう》、豆《まめ》を菓子《くわし》に言《い》ひ與《あた》へ、舞子濱《まひこのはま》にて同《おな》じく梨《なし》と言《い》ひ與《あた》へ候《さふら》へば楠公內《なんこうない》にて菓子《くわし》を買《か》ひ食《ぐ》ひ又《また》、舞子《まひこ》の濱《はま》の松《まつ》の木下梨《きしたなし》を食《く》つたと云《い》ひ、皆々《みな〳〵》良《よ》く見《み》えたと大喜《おほよろこび》〳〵二十日《か》は前後《ぜんご》二十名程施術法《めいほどしやゆつぱふ》は面倒御《めんどうご》座《ざ》候《さふら》へば二三名宛《めいづゝ》一時《じ》に施術《しゆつ》　一聲《せい》皆《みな》成功《せいこう》仕《つかまつ》り候《そろ》。其夜《そのよ》二十八九才《さい》の海軍《かいぐん》兵曹《へいさう》に施術《しゆつ》致候處《いたしそろところ》、成功《せいこう》仕候之《つかまつりそろこれ》大人《だいにん》施術《しじゆつ》成功《せいこう》の嚆矢《かうし》なり。東京《とうきやう》大火《たいくわ》見物《けんぶつ》途中《とちう》より説明《せつめい》付《つ》き學校《がくかう》や、書店《しよてん》や四《よ》ッ角《かど》の果物屋《くだものや》中《なか》にも果物店《くだものてん》の半燒果物《はんやけくだもの》が山《やま》の如《こと》く有《あ》りと語《かた》れり。二十一日《にち》、二十二日《にち》等《とう》皆《みな》眠術法《みんじゆつはふ》を用《もち》ひず皆《みな》一聲《せい》と共《とも》に、催眠狀態《さいみんじやうたい》となす事《こと》を、得《う》るに到《いた》れり、未《いま》だ催眠術治療《さいみんじゆつちれう》は致《いた》さず有之候《これありさふら》へ共《ども》成功《せいこう》の暗示《あんじ》は頻々《ひんぴん》と御通知《ごつうち》申上可候《まをしあぐべくそろ》。

先《まづ》は成功《せいこう》の餘《あま》り嬉《うれ》しさに筆《ふで》をすべらし候故《そろゆゑ》亂筆《らんぴつ》御《お》許《ゆる》し被下度《くだされたく》是《かく》の如《こと》き斯術《しじゆつ》は皆先生《みなせんせい》の御《お》かげと深《ふか》く感謝致居候《かんしやいたしをりそろ》。右《みぎ》御《ご》一報《はう》まで。（神秘）

△死者に遇はしたる實驗

施術者　京都市上京區河原町荒神口下ル　藤井藤一

明治《めいぢ》卅七年《ねん》九月《ぐわつ》十三日《にち》余《よ》が十三才《さい》の少女《せうぢよ》を催眠狀態《さいみんじやうたい》となし汝《なんぢ》は最早《もはや》手《て》も足《あし》も

動《うご》かすこと出來《でき》ぬと暗示《あんじ》致《いた》し余《よ》が被術者《ひじゆつしや》に何《なん》でも見《み》たり聞《きい》たり出來《でき》るようになつたと暗示《あんじ》致《いた》し汝《なんぢ》の頭《あたま》に鳥《とり》が居《ゐ》るが見《み》えるやと尋《たづ》ねたるに被術者《ひじゆつしやみ》見えると答《こた》へたり汝《なんぢ》は何《なん》でも讀《よ》めるようになつたと暗示《あんじ》し余《よ》は紙《かみ》に親孝子《おやかうく》と書きこれをよみなさいと云《い》ふ被術者《ひじゆつしや》其《その》とうりに讀《よ》み候《そろ》又《また》余《よ》が狐《きつね》、猫《ねこ》、鳥等《とりとう》が啼《な》き居《ゐ》るが聞《きこ》えるかと尋《たづ》ね候處《そろところ》被術者《ひじゆつしや》聞《きこ》えると答《こた》へり又《また》余《よ》は被術者《ひじゆつしや》に汝《なんぢ》の祖母《そぼ》にあはしてやると暗示《あんじ》し汝《なんぢ》の傍《そば》に祖母《そぼ》が居《ゐ》ると云《い》ひ見《み》えるやと尋《たづ》ね候處《そろところ》見《み》えると答《こた》へたり此《こ》の祖母《ぼ》は三月前《つきぜん》死亡《しばう》致《いた》せしものに候《そろ》。(催眠術獨稽古)

△千里眼の養成

靜岡縣駿東郡御殿場町東田中沓間　杉山幸平

貴會《きくわい》の教授《ゆうじゆ》の親切《しんせつ》なると講義《かうぎ》の明瞭《めいれう》なると余《よ》の岩《いは》をも通《とほ》す貞心《まごころ》は遂《つひ》に空《むな》しからず。去《さ》る二月《ぐわつ》五日《か》初《はじ》めての施術《しじゆつ》をなし成功《せいこう》し勇氣《ゆうき》百倍《ばい》其《そ》の後《ご》はほとんど熱狂《ねつきやう》の不思議《ふしぎ》に念《ねん》のためと被術者《ひじゆつしや》と共《とも》に明朝行《みやうてうゆ》きたるに被術者《ひじゆつしや》のいひし如《ごと》く其《そ》の場《ば》所《しよ》に白《しろ》くなりて在《あ》り喜《よろこ》び勇《いさ》みてかへる、家内《かない》の者《もの》も實印《じついん》なる故非常《ゆゑひじやう》に安心《あんしん》し晩《ばん》には酒《さけ》一升愉快《しようゆくわい》々々……尙此事《なほこのこと》を近所《きんじよ》に知《し》れ渡《わた》り近所《きんじよ》の者《もの》の親戚《しんせき》にて長田喜逸《をさだきいつ》なるもの家出《いへで》したる故施術《ゆゑしじゆつ》せよとたのむ、一カツを以《も》つて吉野《よしの》さく及杉山《およびすぎやま》はるに施術《しじゆつ》したる處《ところ》兩名共《りやうめいとも》に名古屋《なこや》といふ。場所《ばしよ》は工場《こうぢやう》なりといふ余《よ》の尾張《をはり》の名古屋《こや》と思《おも》ひしに覺醒後《かくせいご》聞《き》きし所伊豆《ところいづ》の名古屋《なごや》なる事《こと》をいふ。果《はた》して的中するか否《いな》かは後便《こうびん》にて。余《よ》の千里《り》眼《がん》は養成《やうせい》の出來《でき》る事《こと》を信《しん》ず。（但《たゞ》し催眠術《さいみんじゆつ》によりてなり）（神秘抄）

◎美女を瞬間に催眠せしめし實驗

（雜誌新世界第六十五號抄錄）

△居合せし女を直に深く催眠せしむ

的《てき》にて三月五日《ぐわつか》まで過去《くわこ》一ヶ月間《げつかん》に六十三回《くわい》施術《しゆつ》して十七名《めい》を施術《しゆつ》し昨今《さくこん》にては拾中《ちう》の八九迄《まで》は施術《しゆつ》し得《う》る事《こと》を得《う》る事《こと》は自信《じしん》いたし居《を》り候《そろ》。施術《しゆつ》に熟練《じゆくれん》すればする程《ほど》趣味《しゆみ》出《い》で、福來博士《ふくらいはかせ》の催眠心理《さいみんしんり》。元良勇次郎先生《もとながゆうじらうせんせい》の心理學綱要等《しんりがくかうえうとう》を勉《べん》強《きやう》いたし居《を》り候《そろ》。此《これ》も貴會《きくわい》の他學會《たがくくわい》に秀《ひい》で又獨特《またどくとく》の心力波及《しんりよくはきふ》ある爲《た》め余《よ》も斯《か》く成功《せいこう》したり深《ふか》く貴會《きくわい》に謝《しや》す。

被術者　吉野さく　立會人　數名

右被術者《みぎひじゆつしや》は數度《すうど》の實驗《じつけん》により千里眼的性質《りがんてきせいしつ》を多《おほ》く備《そな》ふる事《こと》を知《し》り居《ゐ》たり、右《みぎ》の者《もの》や瞬間法《しゆんかんはふ》二法《はふ》を以《も》つて施術《しゆつ》しパッスと暗示《あんじ》によりて深《ふか》く誘導《いうだう》し御船千鶴子《みふねちづこ》と人格變換《じんかくへんくわん》し孃《ぢやう》は千里眼《りがん》なる事《こと》を暗示《あんじ》し更《さら》に余《よ》の質問《しつもん》に對《たい》し如何《いか》なる難問《なんもん》も孃《ぢやう》は必《かなら》ず的中《てきちう》する事《こと》を極《きは》めて恭《うやうや》しく暗示《あんじ》し杉山清吉《すぎやませいきち》（父の名《な》）の落《おと》したる實印《じついん》は何處《いづこ》にありやと問《と》ふ答《こた》へて曰《いは》く山《やま》なりと答《こた》ふ次《つぎ》に如何《いか》なる場所《はしよ》にありやと問《と》ふ東山《ひがしやま》（地《ち》名《めい》）笠尾《かさを》（場所《はしよ》の名《な》）なる事《こと》を答《こた》ふ。更《さら》に場所《はしよ》の様子《やうす》を詳《つまび》かに質問《しつもん》し餘《あま》り精神研究會《せいしんけんきうくわい》の古屋鐵石先生《ふるやてつせきせんせい》は催眠術應用萬病治療惡癖矯正《さいみんじゆつおうようびやうちれうあくへききやうせい》の實驗談中悲觀決《じつけんだんちうひくわんけつ》死《し》の女學生《ぢよがくせい》を樂觀者《らくくわんしや》に轉化《てんくわ》せしめたる最近《さいきん》の實話《じつわ》をせられ其《そ》の場《ば》に居合《ゐあは》せたる「よか樓《ろう》」（東京淺草雷門前《とうきやうあさくさかみなりもんまへ》に在《あ》り其《その》「よか樓《ろう》」に於《おい》ての實驗《じつけん》なり）の女給《ぢよきふ》せい子《こ》を瞬間《しゆんかん》に催眠《さいみん》せしめ奇々怪々《きくくわいくわい》なる實驗《じつけん》は來賓《らいひん》を驚嘆《きやうたん》せしめたり。

△不愛嬌者を愛嬌者とすることを得る所以

（催眠術實驗批評集）

次《つぎ》に催眠者《さいみんしや》に向《むか》ひ「一」と云《い》ふと喜《よろこ》び、二と云《い》ふと怒《いか》り、三と云《い》ふと哀《かな》しむ」と暗示《あんじ》して「一」と呼《よ》ぶや手《て》を擴《ひろ》げたり摺《す》つたりして笑《わら》ひ嬉《よろこ》び「二」と云《い》ふや一變《ぺん》して凄《すご》みを帶《お》び拳《こぶし》を握《にぎ》つて立上《たちあが》り打《うち》かゝらんとするかと思《おも》ふ途端《とたん》「三」と云《い》ふとメソ〳〵泣《な》き出《だ》し涙《なみだ》をハラ〳〵落《おと》して泣《な》き崩《くづ》れた。

古屋氏《ふるやし》は說明《せつめい》して年中《ねんぢう》クヨ〳〵悲《かな》しみ暮《くら》す陰氣《いんき》な性分《しやうぶん》も愉快《ゆくわい》な陽氣《やうき》な性分《しやうぶん》と

することが出來《でき》、短兵急《たんぺいきふ》で何時《いつ》も癇癪玉《かんしやくだま》を破裂《はれつ》さす人間《にんげん》を温良《をんりやう》な性質《せいしつ》と變化《へんくわ》さすことも出來《でき》、ヒステリーの如《ごと》き欠陷《けつかん》も此理法《このりはふ》によりて治療轉換《ちれうてんくわん》することが出《で》來《き》るのである。

△不和の夫婦を和合せしむることを得る所以

尙氏《なほし》は此外《このほか》に夫婦《ふうふ》の不和合《ふわがふ》なども調和《てうわ》することが出來《でき》る又兒童《またじどう》の如《ごと》き數學《すうがく》の出來《でき》ない者《もの》や愚鈍《ぐどん》に近《ちか》い者《もの》を怜悧《れいり》な性質《せいしつ》と變《へん》じ或《あるひ》は宗教《しうけう》を信《しん》せざるものは信心《しんじん》家《か》になり、怠惰者《たいだしや》が勤勉家《きんべんか》になる等《とう》全《まつた》く不思議《ふしぎ》であります、その不思議《ふしぎ》の理由《りいう》は詳《くは》しく申上《まをしあ》げる暇《いとま》がありませぬが其《そ》れは前《まへ》の奇異《きい》なる現象《げんしやう》で證明《しようめい》され得《う》べきものであると說明《せつめい》された、此實驗《このじつけん》は醫術藥物《いじゆつやくぶつ》の力《ちから》の及《およ》ばぬ方面《はうめん》には大《おほ》いに效果《かうくわ》あると思《おも》ふから茲《こゝ》に紹介《せうかい》して置《お》きます。

△瞬間催眠術秘傳

玆《こゝ》に説述《せつじゆつ》する瞬間催眠法《しゆんかんさいみんはふ》は清水式瞬間法《しみづしきしゆんかんはふ》である。創見者《さうけんしや》の記述《きじゆつ》によれば、曰《いは》く。

催眠術《さいみんじゆつ》を施《ほどこ》すとは幾多《いくた》の方法《はうはふ》がある、而《しか》して最《もつと》も普通《ふつう》に行《おこな》はれて居《ゐ》るものは凝視《ぎようし》。壓迫《あつはく》。摩擦《まさつ》。一喝《かつ》等《とう》の方法《はうはふ》であるが此《この》四種《しゆ》の中《うち》では一喝《かつ》を以《もつ》て最《もつと》も進歩《しんぽ》せる術《じゆつ》として居《ゐ》る、併《しか》し本會《ほんくわい》に於《おい》て行《おこな》ひつゝある余《よ》の創見《さうけん》せる瞬間催眠法《しゆんかんさいみんはふ》は是《これ》等《ら》の陳套《ちんたう》なる方法《はうはふ》を脱却《だつきやく》し全《まつた》く嶄新《ざんしん》にして獨得《どくとく》なりと言《い》ふを憚《はゞか》らぬのである。

瞬間催眠法《しゆんかんさいみんはふ》は字《じ》の如《ごと》く瞬間《しゆんかん》に眠《ねむ》りを催《もよほ》さす方法《はうはふ》であつて、一般《ぱん》の術者《じゆつしや》が理想《りさう》とし其域《そのゐき》に達《たつ》せん事《こと》を努《つと》めて居《ゐ》るのであるが、實際《じつさい》に臨《のぞ》んで行《おこな》ひ得《え》らるゝものは極《きは》めて稀《ま》れである。否《いな》殆《ほと》んど之《こ》れあるを聞《き》かない、併《しか》し習練《しふれん》すれば何人《なんぴと》にも行《おこな》ひ得《う》る處《ところ》で別段《べつだん》六《むつ》ケ敷《し》い事《こと》ではない、只《たゞ》斯術《しゆつ》に關《くわん》する理論《りろん》を充分《じうぶん》に咀嚼《そしやく》して以《もつ》て實地《じつち》に當《あた》る事《こと》が必要《ひつえう》である。

△瞬間催眠術の秘訣

被術者《ひじゆつしや》の心理《しんり》に働《はたら》く豫期《よき》作用《さよう》を利用《りよう》するにある、豫期作用《よきさよう》とは被術者《ひじゆつしや》が術者《じゆつしや》を信仰《しんかう》するの觀念《くわんねん》である、此觀念《このくわんねん》が充分《じうぶん》に惹起《ひきおこ》させて後《のち》施術《しじゆつ》をすれば好果《かうくわ》を奏《そう》する事《こと》疑《うたが》ひない、即《すなは》ち施術《しじゆつ》に取《り》かゝる前《ぜん》に於《おい》て先《ま》づ今《いま》術者《じゆつしや》の手《て》が動《うご》けば直《たゞ》ちに自分《じぶん》の眼《め》は開《あ》く事《こと》が出來《でき》ぬとか、直《す》ぐ眠《ねむ》らさるゝであらうとか、病氣《びやうき》は直《たゞ》ちに平癒《へいゆ》するとか云《い》ふ事《こと》を被術者《ひじゆつしや》に豫期《よき》さする丈《だ》けの作用《さよう》を働《はたら》かせる事《こと》が必要《ひつえう》である。

此作用《このさよう》を起《おこ》させる事《こと》に巧《たく》みなる者《もの》はやがて施術《しじゆつ》の秘訣《ひけつ》を心得《こゝろえ》たものと言《い》つて差支《さしつかへ》ない。

斯《か》く言《い》ふ時《とき》は或《あるひ》は信仰《しんかう》なく豫期作用《よきさよう》の働《はたら》かぬものに向《むか》つては全《ぜん》く催眠術《さいみんじゆ》はかゝらぬとの疑問《ぎもん》が起《おこ》るかも知《し》れぬ。併《しか》し信仰《しんかう》なく豫期作用《よきさよう》がなくとも催眠《さいみん》させ得《う》るだけの技倆《ぎりやう》を具《そな》へねば何人《なんぴと》をも眠《ねむ》らせる事《こと》が出來《でき》ると誇言《こげん》する譯《わけ》には行《ゆ》かない、本會《ほんくわい》は即《すなは》ち此方法《このはうはふ》を教授《けうじゆ》するのである。實《じつ》を避《さ》け虚《きよ》を衝《つ》き他《た》の知《し》らざる悠忽《しゆうこつ》の間《あひだ》に僅《わづ》かの言語《げんご》或《あるひ》は動作《どうさ》を以《もつ》て有力《いうりよく》に豫期作用《よきさよう》を起《おこ》さするのである。

斯《か》くして豫期作用《よきさよう》の働《はたら》き充分《じつぶん》なりと見《み》た時《とき》、被術者《ひじゆつしや》を椅子《いす》に倚《よ》らしめるとも又正座《またしやうざ》せしむるとも跪座《きざ》せしめるとも適宜《てきぎ》の位置《ゐち》を擇《えら》び其左右《そのさいう》の手《て》は掌《てのひら》を上《じやう》方《はう》に向《む》けて輕《かる》く膝上《ひざうへ》に置《お》かしめ。（術者《じゆつしや》は被術者《ひじゆつしや》に添《そ》ふて其右側《そのうそく》に蹲座し（術者《じゆつしや》は被術者《ひじゆつしや》の身體《しんたい》に觸《ふ》れざる樣注意《やうちうい》すべし）

左足《さそく》を被術者《ひしゆつしや》の後方《こうはう》に立《た》て左手《ゆんで》を其上《そのうへ》に載《の》せ右膝頭《みぎひざがしら》を被術者《ひじゆつしや》のそれに並行《へいかう》せしめ、右足指《うそくゆび》を疊《たゝみ》に着《つ》け踵《かゝと》を立《た》てゝ臀部《でんぶ》に當《あ》て上體《じやうたい》の姿勢《しせい》を正《たゞ》すべし、右手《めて》の拇指《おやゆび》と食指《しよくし》との力《ちから》を籠《こ》めて折《な》り枉《ま》げる、……被術者《ひじゆつしや》の眼《め》より一寸位《すんくらゐ》の間隔《かんかく》ある正面《しやうめん》に持《も》ち行《ゆ》き「虚心平氣《きよしんへいき》となりて熱心《ねつしん》に此《この》三本《ぼん》の指先《ゆびさき》を見《み》つめよ」と命《めい》じ、之《こ》れを凝視《ぎようし》するや術者《じゆつしや》は其指《そのゆび》を四十五度位《どくらゐ》の角度《かくど》を以《もつ》て徐々《じよ〳〵》と上方《じやうはう》一尺《しやく》五寸乃《すんない》至《し》二尺《しやく》位《くらゐ》の處《ところ》まで遠《とほ》ざけ、以《もつ》て被術者《ひじゆつしや》の目《め》と心《こゝろ》とを奪《うば》ひ置《お》き丹田《たんでん》の力《ちから》を絞《しぼ》りて「エイツ」と一喝《かつ》を加《くは》ふると同時《どうじ》に右手《めて》の指《ゆび》を被術者《ひじゆつしや》の兩眼《りやうがん》黑瞳《くろひとみ》に對《たい》して急速《きふそく》に逆行《ぎやくかう》するのである、爰《こゝ》に注意《ちうい》すべきは右手《めて》の運動《うんどう》と一喝《かつ》とが、シツカリと呼吸《こきふ》が合致《がつち》し滿心《まんしん》の精力《せいりよく》を注《そゝ》ぎ電光石火《でんくわうせきくわ》の早業《はやわざ》を要《えう》する事《こと》である、而《しか》して此《この》運動《うんどう》の終《をは》ると同時《どうじ》に「モウ其眼《そのめ》は絶對《ぜつたい》に開《あ》かない」と先《ま》づ斷言的暗示《だんげんてきあんじ》を與《あた》へ直《たゞ》ちに

「ソーラ其通《そのとほ》り眠《ねむ》くなつて來《き》た」

「ソラ其通《そのとほ》り催眠術《さいみんじゆつ》にかゝつて來《き》た」

「モウ君《きみ》は如何《いか》に起《お》きて居《ゐ》やうとしても起《お》きて居《ゐ》ることはできぬ」

「ソラ其通《そのとほ》り非常《ひじやう》に眠《ねむ》くなつて何《な》んとも言《い》へぬ好《よ》い心持《こゝろもち》になつた」

「サア君《きみ》は催眠術《さいみんじゆつ》にかゝつた」

「モウどうすることも出來《でき》ぬ」

と斯《か》く二三遍《べん》繰返《くりかへ》す内《うち》には被術者《ひじゆつしや》の心理《しんり》に充分《じうぶん》催眠《さいみん》心理《しんり》作用《さよう》が働《はたら》いて來《く》る、そこで
「サア君《きみ》は催眠術《さいみんじゆつ》に深《ふか》くかゝつて非常《ひじやう》に眠《ねむ》いから人《ひと》の話《はなし》や物《もの》の音《おと》などに頓着《とんぢやく》せず私《わたくし》が起《おこ》すまで安心《あんしん》して眠《ねむ》れ」

と今度《こんど》は命令的暗示《めいれいてきあんじ》を與《あた》へる。爰《こゝ》に被術者《ひじゆつしや》は全《まつた》く催眠状態《さいみんじやうたい》となるのである。

△反抗者催眠術

以下《いか》記述《きじゆつ》せる實驗例《じつけんれい》は專《もつぱ》ら古屋氏《ふるやし》反抗者催眠論《はんかうしやさいみんろん》に據《よ》りて引證《いんしよう》せるもの多《おほ》く而《じか》して絶對《ぜつたい》に如何《いか》なる反抗者《はんかうしや》と雖《いへど》もその秘術《ひじゆつ》の適用《てきよう》に於《おい》ては目的《もくてき》を達《たつ》すること的《てき》確《かく》なるを知《し》るべきである。

△反抗せる猛獸鳥類毒虫等を催眠せしむることが出來る

反抗《はんかう》せる猛獸《まうじう》及《およ》び鳥類《てうるい》及《およ》び毒虫等《どくむしとう》を催眠《さいみん》せしむることを得《う》ると雖《いへど》も、茲《こゝ》に古《ふる》屋《や》氏《し》の鶏《にはとり》に就《つい》ての實驗例《じつけんれい》を擧《あ》げて之《こ》れを紹介《せつかい》せん。

△鳥類の實驗　先《ま》づ机上《きじやう》に古新聞《ふるしんぶん》を敷《し》き机上《きじやう》を汚《けが》さゞる樣準備《やうじゆんび》し置《お》き而《しか》して後《のち》に牝鶏《めんどり》を持《も》ち來《きた》りて其古新聞紙《そのふるしんぶんし》の上《うへ》に載《の》せ然《しか》して余《よ》は其鶏《そのにはとり》を仰臥《ぎやうぐわ》せしめ左手《ゆんで》にて胴部《どうぶ》を抑《お》さへ右手《めて》にて首部《しゆぶ》を抑《おさ》へ傍《かたはら》に居《ゐ》る助手《じよしゆ》に拍手《はくしゆ》せしめ或《ある》ひは呼鐘《よびがね》を鳴《な》らして鶏《にはとり》を驚《おどろ》かしむれば鶏《にはとり》は恐怖《きようふ》の餘《あま》り大《おほい》に反抗《はんかう》し悶躁《もが》きて起《お》き上《あが》り飛《と》び去《さ》らんとす、然《しか》るを手《て》にて抑《お》さへ逃《に》ぐる能《あた》はざらしめ且《かつ》右手《めて》の指腹《ゆびはら》にて鶏《にはとり》の目《め》を撫《な》でたるに忽《たちま》ちにして催眠狀態《さいみんじやうたい》になれりよつて余《よ》は靜《しづ》かに極《きは》めて徐々《じよ〱》と手《て》を鶏《にはとり》の體《からだ》より離《はな》したるに鶏《にはとり》は其儘《そのまゝ》となり居《を》り然《しか》も木造《もくざう》の鶏《にはとり》に異《ことな》らず、

よつて其傍《そのかたはら》にて種々《じゆく》の音《おと》を發《はつ》して驚《おどろ》かする鷄《にはとり》は更《さら》に知《し》らざる者《もの》の如《こと》くなりし、又鷄《またにはとり》を眼《め》ゝ開《あ》かしめ眼《め》に近《ちか》づけて「マッチ」を點《てん》ずるも鷄《にはとり》は更《さら》に知《し》らざる者《もの》ゝ如《こと》くなりし。暫《しばら》くたちて余《よ》は覺醒法《かくせいはふ》を行《おこな》ひたれば鷄《にはとり》は俄然《がぜん》目《め》を醒《さ》まして起《お》き上《あが》り活潑《くわつぱつ》に飛《と》び廻《まは》れりと。

△獸類の實驗　余《よ》は催眠術實驗用《さいみんじゆつじつけんよう》として種々《しゆく》の獸類《じうるゐ》を飼養《しやう》せり、其中《そのうち》初學者《しよがくしや》にして之《これ》を實驗《じつけん》するも毫《がう》も危險《きけん》の虞《おそれ》なき「モルモット」を催眠《さいみん》せしめたる實驗談《じつけんだん》を逃《の》べん、その方法《はうはふ》は鷄《にはとり》を催眠《さいみん》せしむると殆《ほと》んど異《ことな》らず、先《ま》づ机上《きじやう》に紙《かみ》を敷《し》きモルモットを載《の》せ高音《かうおん》を發《はつ》して驚《おどろ》かしめ、逃《に》げ去《さ》らんとするを摑《つか》まへて仰臥《ぎやうぐわ》せしめ左手《ゆんで》にて胴部《どうぶ》を持《も》ち右手《めて》にて頭部《とうぶ》を持《も》ち右手《めて》の指頭《ゆびさき》にて眼瞼《まぶた》を撫摩《なでさ》すること數回《すうくわい》にして左手《ゆんで》を胴《どう》より離《はな》し。指腹《ゆびはら》にて胴《どう》を靜《しづ》かに臀部《でんぶ》に向《むか》つて撫《な》で下ぐること數回《すうくわい》なれば忽《たちま》ちにして催眠《さいみん》し不動《ふどう》の姿勢《しせい》となる、其時余《そのときよ》は手《て》の平《ひら》にてモルモットを動《うご》かしたるにモルモットは少《すこ》しも動《うご》かず死《し》せるものゝ如《こと》し、暫時《ざんじ》に

して醒覺法《せいかくはふ》を行《おこな》ひたれば俄然《がぜん》起《お》き上《あが》りて飛《と》び廻《まは》り嬉《き》々として遊《あそ》べり此實驗《このじつけん》をなすに少《すこ》しは熟練《じゆくれん》せざれば、モルモットは大《おほい》に反抗《はんかう》し悶躁《もが》きて催眠《さいみん》を妨《さまた》げんとす其場合《そのばあひ》にモルモットが勝《か》てば催眠《さいみん》は不成功《ふせいこう》となる、術者《じゆつしや》が勝《か》てば催眠狀態《さいみんじやうたい》となる、兩者《りやうしや》の精力《せいりよく》競《くら》べなりと。

△虫類の實驗　最《もつと》も催眠《さいみん》し易《やす》きは蛇《へび》、蛙《かへる》、とかげなりその實驗法《じつけんはふ》は大同小異《だいどうせうい》なり云々《うんぬん》。

△反抗せる人間の催眠法

反抗《はんかう》せる人間《にんげん》も眠眠《さいみん》せしめ得《う》るものである、只《た》だ人間《にんげん》は鳥獸《てうにう》と異《こと》なりて其人《そのひと》の意思《いし》の自由《じいう》を故《ゆゑ》なく猥《みだり》に束縛《そくばく》すること能《あた》はず意思《いし》の自由《じいう》は國法《こくはふ》と雖《いへど》も之《これ》を絶對《ぜつたい》に禁《きん》ずる能《あた》はず、普通催眠法《ふつうさいみんはふ》は被術者《ひじゆつしや》の精神《せいしん》をして催眠狀態《さいみんじやうたい》の性質《せいしつ》、催眠法《さいみんはふ》の原理《げんり》に適合《てきがふ》するやうに誘導《いうだう》して終《つひ》に其境《そのきやう》に至《いた》らしむるなり、然《しか》るに被術者《ひじゆつしや》が反《はん》抗《かう》して居《を》り決《けつ》して其意思《そのいし》を誘導感化《いうだうかんくわ》すること能《あた》はざる場合《ばあひ》は、鳥獣《てうじう》を催眠《さいみん》せしむると同様《どうやう》の方式《はうしき》により威壓《ゐあつ》を以《もつ》て強制的《きやうせいてき》に心身《しんく》の自由《じいう》を奪《うば》ふて催眠《さいみん》せしむるか、左《さ》なくば氣合術《きあひじゆつ》を應用《おうよう》して事更《ことさら》に被術者《ひじゆつしや》の精神《せいしん》に空虚《くうきよ》を生《しやう》ぜしめ、其虚《そのきよ》に突然切《とつぜんき》り込んで反抗精神《はんかうせいしん》を消滅《せつめつ》せしめ以《もつ》て催眠状態《さいみんじやうたい》となすなりと。

△反抗を催眠せし實驗

此《こ》の驚《おどろ》くべき實驗《じつけん》をなしたるは佐賀縣《さがけん》杵島郡《きねしまごほり》大町村《おほまちむら》福母炭礦内《ふくもたんくわうない》木村又男氏《きむらまたをし》なり（中略）

報告書《はうこくしよ》に曰《いは》く、余《よ》は二日《か》郷里《きやうり》に歸途《きと》、九鐵高瀬《てんたかせ》驛《えき》にて降車《かうしや》し大濱町《おほはまち》渡場《わたしば》にて舟《ふね》の來《く》るを待《ま》ちたり、偶々《たまたま》向《むか》ふより泥醉者《でいすゐしや》の來《きた》るあり、是此邊《これこのへん》に於《おい》て惡漢《あくかん》の聞《きこ》え高《たか》き「どぐら庄《しやう》」と云《い》へる者《もの》なり、余《よ》の傍《かたはら》に來《きた》り余《よ》に對《たい》して云《い》ふ様《やう》君《きみ》はこのごろ催眠術《さいみんじゆつ》とかいふ術《じゆつ》を行《おこな》ふそうじやが、明治《めいぢ》の今日《こんにち》そんな術《じゆつ》の有《あ》る理由《りいう》なく、按《あん》ずるに君《きみ》は夫《それ》を種《たね》に欺僞《さぎ》でもするならん、誠《まこと》そう云《い》ふ術《じゆつ》ならば自分《じぶん》に試《こゝろ》みよ、そんな馬鹿《はか》氣《げ》た事《こと》にかゝる人間《にんげん》は一人《ひとり》もないなどゝ暴言屁理屈《はうげんへりくつ》を云《い》ひつゝ居《ゐ》たれども余《よ》は醉中《すゐちう》の惡漢《あくかん》如《い》何《か》なる事《こと》をなさんも知《し》れずと汝等《なんぢら》にかゝる術《じゆつ》なしと逃《に》げんとすれば彼《かれ》はこの畜生《ちくしやう》と云《い》いつゝ余《よ》を打《う》たんとする勢《いきほひ》をなして余《よ》が眼中《がんちう》を凝視《ぎようし》し居《を》る故余《ゆゑよ》も後《おく》れはせずと軍人氣《ぐんじんき》質《しつ》となり、彼《かれ》の眼色《めいろ》を見詰《みつ》め凡《およ》そ十分時《ぶんじ》間程經《かんほどへ》たれども彼《かれ》は余《よ》を凝視《ぎようし》して總身《そうしん》に僕《はく》の振《ふり》を生《しやう》じ居《ゐ》たり、依《よつ》て余《よ》は期《き》逸《いつ》す可《べ》からずと思《おも》ひ突然《とつぜん》聲《こゑ》を發《はつ》して眠《ねむ》れと言《い》ひしに彼《かれ》は左手《ゆんで》を擧《あ》げて余《よ》を打《う》たんとせし故余《ゆゑよ》も一生懸命《しやうけんめい》となり、その手《て》は降《くだ》らぬと云《い》ひしに彼《かれ》は右手《めて》を下《さ》げ能《あた》はざりし余《よ》は再《ふたゝ》び貴様《きさま》は最《も》う眠《ねむ》つてしまつた、段々深《だん〳〵ふか》く眠《ねむ》ると暗示《あんじ》せしに彼《かれ》は全《まつた》く催眠狀態《さいみんじやうたい》となれり、余《よ》は嘻々《きゝ》として貴様《きさま》は余《よ》の飼馬《かひうま》だ、今《いま》より歸《かへ》るから用意《ようい》せよと暗示《あんじ》を與《あた》へたるに彼《かれ》は四《よ》つ這《は》ひとなりたるに依《よ》り試《こゝろみ》に彼《かれ》の脊《せ》に乘《の》りたるに凡《およ》そ二十分間程《ぶんかんほど》川原《かはら》を歩行《ほかう》したり、渡場《わたしば》にある人々《ひと〴〵》奇異《きい》の思《おも》ひして立止《たちどま》り見物《けんぶつ》し居《ゐ》たり、余《よ》はどーどーと云《や》ひたるに彼《かれ》は立止《たちど》まりしにより貴樣《きさま》は矢張《やに》り「どぐら庄《しやう》だ」と云《い》へば漸《やうや》く體《たい》を起《おこ》したり。余《よ》は言葉《ことは》を續《つゞ》けて貴樣《きさま》は品《ひん》行方正《かうはうせい》になつた、人《ひと》に對《たい》して大變叮嚀《たいへんていねい》になつた、貴樣《きさま》は余《よ》を大變恐《たいへんおそ》れる樣《やう》になつた、醒《さ》めても決《けつ》して忘《わす》れる事《こと》は出來《でき》ぬと暗示《あんじ》を反復《はんぷく》して今數《いまかず》を云《い》ふから十まで至《いた》らば醒《さ》めよと云《い》ひて覺醒《かくせい》せしめたるり彼《かれ》は大《おほい》に身振《みぶる》ひして川原《かはら》に手《て》を突《つ》き低頭平身《ていとうへいしん》したり、余《よ》は一笑《せう》して舟《ふね》に乘《の》り川《かは》を越《こえ》て郷里植島村《きやうりうゑじまむら》に歸宅《きたく》せり。

△暴行せる狂人を催眠せし實驗

佛國巴里《ふつこくはりい》のドクトルヴオイレン氏《し》は暴行《はうかう》を働《はたら》く狂人《きやうじん》を催眠《さいみん》せしめ暗示《あんじ》を以《もつ》て治療《ちれう》したりと云《い》ふ、その催眠法《さいみんはふ》は狂人《きやうじん》を腕力《わんりよく》にて助手《じよしゆ》に押《おさ》へさせ而《しか》してそれを催眠《さいみん》せしめ或《あ》る時《とき》は狹《せま》き「シヤケツト」中《ちう》に患者《くわんじや》を包《つゝ》みて眼《め》を開《あ》かせ置《お》き急《きふ》にマグネシユムの光線《くわうせん》を注入《ちうにふ》して催眠《さいみん》せしむと。

△反抗せる人間に手を觸れずして催眠せしめし實驗

余《よ》一日知人數名《じつちじんすうめい》と共《とも》に或《あ》る一堂《だう》に會《くわい》し談笑《だんせう》に時《とき》を移《うつ》せしに偶々《たま〳〵》催眠術《さいみんじゆつ》の噺出《はなしい》で座《ざ》をにぎやかならしめたり、時《とき》に一人《にん》催眠術《さいみんじゆつ》なるものは被術者《ひじゆつしや》の進《すゝ》んで受術《じゆじゆつ》を熱望《ねつばう》する場合《ばあひ》の外《ほか》は絕對的《ぜつたいてき》にかゝるものにあらずと余《よ》曰《いは》く其《これ》は普通《ふつう》の場合《ばあひ》のみを見《み》て速斷《そくだん》したるものなり普通施術《ふつうしゆつ》の目的《もくてき》は治療《ちれう》とか矯癖《けうへき》とかにあり、即《すなは》ち被術者《ひじゆつしや》の身體《しんたい》の惡《あ》しき處《ところ》を治《ぢ》するにあり其目的《そのもくてき》の場合《ばあひ》は深《ふか》く催眠《さいみん》せしむるが目的《もくてき》にあらず催眠《さいみん》は單《たん》に治病矯癖《ちびやうけうへき》の手段《しゆだん》としてなすなり、主《しゆ》たる目的《もくてき》は治病矯癖《ちびやうけうへき》にあり、治病矯癖《ちびやうけうへき》さへ出來《でき》れば他《た》は顧《かへり》みるの用甚《ようはなは》だ尠《すく》なし、然《しか》るに催眠《さいみん》のみは深《ふか》く強《つよ》くせしむることを第《だい》一義《ぎ》とし他《た》を犧牲《ぎせい》に供《きよう》せんか深《ふか》く催眠《さいみん》せしめ得《う》るも徒《いたづら》に身心《しんしん》を疲勞《ひらう》せしむるのみにて効力甚《かうりよくはなは》ゞ尠なしと云《い》ふや催眠術家《さいみんじゆつか》は甘《うま》く切《き》り抜《ぬ》けるものなりと冷笑《れいせう》せり、爰《こゝ》に於《おい》て爭論《さうろん》となり決局《けつきよく》千言《けん》萬語《こ》の議論《ぎろん》より事實《じじつ》の上《うへ》に於《おい》て勝敗《しようはい》を決《けつ》すること正當《せいたう》なれど、余《よ》曰《いは》く肉體上《にくたいじやう》にて反抗《はんかう》せざる以《い》上《じやう》は事實上《じつじやう》君《きみ》が如何《いか》に精神上《せいしんじやう》にて反抗《はんかう》するもそれを催眠《さいみん》せしむるは容易《ようい》なり、動物《どうぶつ》は肉體上《にくたいじやう》にて反抗《はんかう》するも催眠《さいみん》せしめ得《う》ればなり、然《しか》れども催眠法《さいみんはふ》も又《また》一の術《じゆつ》なれば猥《みだり》に施術《しじゆつ》することを得《え》ず、例《たと》へば君《きみ》は無財産《むざいさん》なり、一厘《りん》の資産《しさん》もなかるべしと云《い》はゞ君《きみ》怒《いか》りて我輩《わがはい》にも五萬圓《ゑん》や六萬圓《ゑん》の資産《しさん》はあると抗辯《かうべん》せらるゝならん、然《しか》れば余《よ》は何《な》に虚言《うそ》を吐《つ》くな君《きみ》に一厘《りん》の資産《しさん》あることをも認《みと》むる能《あた》はず若し果《はた》して五萬六萬の資産《しさん》あるならば余《よ》に其資産《そのしさん》を與《あた》へよ與《あた》ふること能《あた》はざれば有《いう》するとは僞《いつは》りなりと云《い》ひなれば友人《いうじん》曰《いは》く假令《たとへ》事實《じじつ》あるも猥《みだり》に無代《むだい》で資産《しさん》を悉皆《しつかい》人《ひと》に與《あた》ふることは出來《でき》ざるや無論《むろん》なりその出來《でき》ざることを強《し》ゆるは無理《むり》なりと、余《よ》曰《いは》く余《よ》の催眠術《さいみんじゆつ》は予《よ》の資産《しさん》なり、予《よ》は何等《なんら》有形《いうけい》の資産《しさん》なきも無形《むけい》の催眠術《さいみんじゆつ》にて口《くち》を糊《のり》し居《を》るものなり、其術《そのじゆつ》を戯《たはむ》れに施《ほどこ》し見《み》よと云《い》ふは予《よ》が君《きみ》に向《むか》つて君《きみ》の資産《しさん》を予《よ》に與《あた》へよと云《い》ふに異《こと》ならざるにあらずやと語末《ごいま》だ終《をは》らざるに一座《ざ》の友人《いうじん》異口同音《いくどうおん》に然《しか》り信《しん》に然《しか》るなり、よりて實際《じつさい》に催眠術《さいみんじゆつ》を行《おこな》ひ若《も》し催眠《さいみん》せされば金《きん》壹百圓《ゑん》を謝罪《しやざい》として提供《ていきやう》せよ、又若《またも》し眞《しん》に催眠《さいみん》せば被術者《ひじゆつしや》壹百圓《ゑん》を提《てい》供《きやう》せよと、予大《よおほい》に喜《よろこ》びて其旨《そのむね》を記《しる》せる契約書《けいやくしよ》を認《した》めて互《たがひ》に交換《かうくわん》し置《お》き愈々《いよいよ》實驗《じつけん》に取《と》り掛《か》れり其實驗法《そのじつけんはふ》は次《つぎ》の如《ごと》くなりき。

予《よ》は被術者《ひじゆつしや》を直立《ちよくりつ》せしめ其《そ》れより六尺許《しやくばかり》離《はな》れし處《ところ》に予《よ》も直立《ちよくりつ》し、予《よ》は清國《しんこく》傳來《でんらい》五鬼《き》の印《いん》を結《むす》びたれば被術者《ひじゆつしや》何《なに》をするのかと之《これ》を眺《なが》め居《ゐ》たり予《よ》は頗《すこぶ》る熱烈《ねつれつ》なる顏色《がんしよく》にて凝《こつ》て瞰《なが》め心力《しんりよく》を强烈《きやうれつ》と集注《しふちう》したりしに不思議《ふしぎ》や被術者《ひじゆつしや》は心中《しんちう》に恐《きよう》怖《ふ》を起《おこ》し手足《てあし》ブル／＼と震《ふる》へ來《きた》るや一寸待《ちよつとま》つて呉《く》れと云《い》へり予《よ》は大喝《たいかつ》一聲《せい》「許《ゆる》さず」と叫《さけ》ぶや被術者《ひじゆつしや》はバタリ後《うしろ》に倒《たふ》れたり見《み》れば昏睡狀態《こんすゐじやうたい》に陷《おちい》れり、よつて予《よ》は其身體《そのしんたい》を起《おこ》して椅子《いす》に凭《よ》らしめ尙眠《なほねむり》を進《すゝ》めて睡遊狀態《すゐいうじやうたい》となし杯泉《はいせん》の水《みづ》とビールを飮《の》ましめ皿《さら》を叩《たゝ》いて三味線《さみせん》の音《おと》に感《かん》せしめたる如《ごと》き奇現象《きげんしやう》を呈《てい》せしめて

後覺醒《のちかくせい》せしめ約束《やくそく》の如《ごと》く氣《き》の毒《どく》乍《なが》ら金《きん》壹百圓《ゑん》を奪《と》らしめたり

△催眠術を施さるゝことを知らずして遠く
離れ居る者を催眠せし實驗

△不承諾の美しき女學生を催眠せし實驗

此《こ》の可驚《おどろくべき》實驗《じつけん》をなしなる學者《がくしや》は岡山縣《をかやまけん》和氣郡《わけこほり》伊里村《いさとむら》中學教師《ちうがくけうし》小澤愿《をざはげん》一郎氏《らうし》にしてその報告書《はうこくしよ》に曰《いは》く、

「明治《めいぢ》三十七年《ねん》二月《ぐわつ》十五日自《にちじ》宅《たく》を出《い》で岡山《をかやま》に至《いた》らんと汽車《きしや》に乗《の》りたり傍《かたはら》に頗《すこぶ》る美《び》なる十八九の知《し》らざる女學生《ぢよがくせい》あり女學生《ぢよがくせい》も亦催眠術《またさいみんじゆつ》を施《ほどこ》さるゝことを知《し》らず然《しか》るに予《よ》は其《そ》の女學生《ぢよがくせい》に向《むか》ひ精神《せいしん》を注集《ちうしよ》して今汝《いまなんぢ》を眠《ねむ》らすべしと胸中《きようちう》に思念《しねん》する事《こと》八分間《ふんかん》にして其女學生《そのぢよがくせい》は眼《め》を閉《と》ぢ催眠状態《さいみんじやうたい》となれり由《よ》つて予《よ》は手帳《てちやう》を開《ひら》き汝今《なんぢいま》二回拍手《くわいはくしゆ》すべしと竊《ひそか》に記《しる》し思念《しねん》したるにその女學生《ぢよがくせい》は二回《くわい》の拍手《はくしゆ》をなし

たり。尙面白《なほおもしろ》き實驗《じつけん》を試《こゝろ》みんと思《おも》ひしも某女學生《それのぢよがくせい》に對《たい》し餘《あま》り失禮《しつれい》につき之《これ》にて醒《さ》めよと思念《しねん》したるにパット兩眼《りやうがん》を開《ひら》き覺醒《かくせい》せり、此實驗中予《このじつけんちうよ》の同僚《どうれう》同伴《どうはん》し居《を》りて始終《しじう》之れを實見《じつけん》せり。

（警察犯處罰令《けいさつはんしよばつれい》によりて濫《みだり》に催眠術《さいみんじゆつ》を施《ほどこ》したるものは罰《ばつ》せらるゝことゝなりたる今日《こんにち》にありてはかゝる實驗《じつけん》は法《はふ》に釋《ゆる》さゝる所《ところ》なり注意《ちうい》すべし）

△遠隔催眠術

△遠く離れ居りて催眠術を行ひし實驗

此驚《このおどろ》くべき不思議《ふしぎ》なる實驗《じつけん》をなしたる人《ひと》は京都府《きやうとふ》綴喜郡宇郷《つゞきこほりうざうがう》の口醫士《くらいし》神田英《かんだゑ》太郎氏《らうし》なり、被術者《ひじゆつしや》は山城國相樂郡瓶原村字河原吉村《やましろのくにさがらこほりかめはらむらあざかはらよしむら》四十吉氏《よそきち》（二十七年）にして報告《はうこく》したる文《ぶん》に曰《いは》く、

明治《めいぢ》三十八年《ねん》六月《ぐわつ》十三日午後《にちご》より被術者《ひじゆつしや》は胃痛《ゐつう》を起《おこ》し諸醫《しよい》に治療《ちれう》を求むれど

も治《ち》せず依《よつ》て予《よ》に往診《わうしん》を乞《こ》へり其日《そのひ》病用多事《びやうようたじ》にて其意《そのい》を得《え》ず、依《よつ》て使《つかひ》の者《もの》即《すなは》ち患者《くわんじや》の父《ちゝ》に實《じつ》は殘念《ざんねん》ながら本日《ほんじつ》は多用《たよう》に付《つき》往診《わうしん》致《いた》し難《がた》し、然《しか》れども患者《くわんじや》の苦痛《くつう》を察《さつ》するに依《よ》り今夕刻《こんゆふこく》八時《じ》より催眠術《さいみんじゆつ》を以《もつ》て遠隔治療《ゑんかくちれう》すべき故《ゆゑ》速《すみやか》に歸《かへ》り患者《くわんじや》に安心《あんしん》を與《あた》へられよとて歸宅《きたく》せしめたり即《すなは》ち其日《そのひ》夕刻《ゆふこく》八時《じ》に至《いた》り心念《しんねん》を專注《せんちう》して施術《しゆつ》せり同《どう》十四日《か》午後《ごご》六時《じ》半《はん》患家《くわんか》に至《いた》りしに患者《くわんじや》は臥床《ぐわしやう》に座《ざ》して予《よ》の來《きた》るを喜《よろこ》べり、此《こゝ》に於《おい》て身體《しんたい》一般《ぱん》の診斷《しんだん》をなせしに胃部《ゐぶ》疼痛《とうつう》全《まつた》く治《ち》し食慾《しよくよく》今朝《こんてう》より進《すゝ》むと云《い》ふ、此時《このとき》昨夜《さくや》如何《いか》なりしやと訪《たづ》ねたるに其患者《そのくわんじや》の母《はゝ》曰《いは》く先生《せんせい》の術《じゆつ》には實《じつ》に感《かん》じ入《い》れり、昨夜《さくや》八時《じ》には妾《わたくし》は患者《くわんじや》の側《そは》に看護《かんご》致《いた》し居《を》りしに八時《じ》五分頃《ふんごろ》急《きふ》に患者應答《くわんじやおうたふ》せず顔色蒼白《がんしよくさうはく》となり、四肢《し》又軟弱《またなんじやく》せり大《おほい》に驚《おどろ》き夫《をつと》に急《きふ》を告《つ》げたるに夫笑《をつとわら》ふて曰《いは》く之《こ》れは僕《ぼく》が先生《せんせい》に依賴《いらい》したる催眠術《さいみんじゆつ》にして今患者《いまくわんじや》に遠方《ゑんぱう》より先生《せんせい》が施術《しゆつ》くださる故《ゆゑ》なり決《けつ》して驚《おどろ》く勿《なか》れと言《い》はれ始《はじ》めて安心《あんしん》せり御蔭《おかげ》を以《もつ》て病人《びやうにん》は今朝《こんてう》より安眠《あんみん》する事《こと》を得《え》て胃病《ゐびやう》も治《ち》し御禮《おれい》の申樣無之《まをしやうこれなく》と又父《またちゝ》の曰《いは》く病人《びやうにん》は久《ひさ》しく不眠不食《ふみんふしよく》にてありしに昨夜《さくや》の御施術《こしゆつ》に依《よ》り始《はじ》めて安樂《あんらく》を得《え》たりと依《よつ》て患者《くわんじや》に諭《さと》すに心身聯合《しんしんれんがふ》の理《り》を以《もつ》てし身《み》に病《やまひ》あるのとき精神《せいしん》と共《とも》に患《わづら》へて不知《ふち》の間《あひだ》に重患《ぢうくわん》ならしむるものなり、君《きみ》は今日《こんにち》まで不要《ふえう》の心配《しんぱい》をなせり以後《いご》決《けつ》して無用《むよう》の心配《しんぱい》をなす事勿《ことなか》れと施術《しゆつ》一回《くわい》して藥劑《やくざい》を投《とう》じ其日《そのひ》午後《ごご》十一時《じ》歸《き》宅《たく》せりと。

△麻醉藥を用ひて行ふ催眠法

催眠術《さいみんじゆつ》を行《おこな》ふに當《あた》りて麻醉藥《ますゐやく》を用《もち》ひて行《おこな》ふ場合《ばあひ》二つあり、一は催眠感性《さいみんかんせい》の鈍《にぶ》き者《もの》に對《たい》して外科的手術《げくわてきしゆじゆつ》を爲《な》す場合《ばあひ》と他《た》は暴行《はつかう》を爲《な》す精神病者《せいしんびやうしや》にして他《た》の方法《はうはふ》にて催眠《さいみん》せざる場合之《ばあひこ》れなり麻醉法《ますゐはふ》は全身及《ぜんしんなよ》び局所法《きよくしよはふ》にして藥劑《やくざい》はクルロヽホロム、エーテル等《とう》は全身《ぜんしん》の場合《ばあひ》に用《もち》ひコカインは局所麻醉《きよくしよますゐ》に用《もち》ゆらる、その方法《はうはふ》は專門醫家《せんもんいか》の範圍《はんゐ》に屬《ぞく》すべきものなれば玆《こゝ》に省略《しやうりやく》す。

活用自在 催眠術秘傳篇 終

即座活用 空手護身秘術
付録：魔力催眠術秘伝

大正十年六月二十八日　初版発行（青文堂書房）
平成十五年八月十一日　復刻版初刷発行
令和五年三月九日　復刻版第三刷発行

著者　武揚軒健斎

発行所　八幡書店
東京都品川区平塚二—一—十六
KKビル五階
電話　〇三（三七八五）〇八八一
振替　〇〇一八〇—一—四七二七六三

ISBN978-4-89350-591-0 C0075 ¥2800E